Zu diesem Buch

Die Stellung des Protestkommunisten Robert Havemann ist einzigartig in der Geschichte des Sozialismus. Als Bürger der DDR und überzeugter Marxist ist er zu einem der bedeutendsten Kritiker des bürokratischen Sozialismus geworden, ohne seinen Staat zu verlassen. Seiner Ämter enthoben, seiner Lehrmöglichkeiten an der Universität beraubt, läßt Robert Havemann immer wieder seine mahnende Stimme hören. Als der Professor für physikalische Chemie im Wintersemester 1963/64 seine Vorlesung über «Naturwissenschaftliche Aspekte philosophischer Probleme» hielt, wurde nicht nur den über tausend Studenten deutlich, daß hier von einem anerkannten Naturwissenschaftler eine philosophisch fundierte Kritik am bestehenden System der DDR geübt wurde. Auch die Partei- und Staatsführung sah in den Freiheitsforderungen Robert Havemanns eine Gefährdung ihrer Allmacht. Im März 1964 wurde er seines Amtes an der Humboldt-Universität enthoben und aus der SED ausgeschlossen. In dem vorliegenden autobiographischen Buch, das in der DDR nicht erscheinen kann, sucht sich der Marxist Havemann Rechenschaft über seinen Weg aus dem Zuchthaus Hitlers in das Vernehmungszimmer des Staatssicherheitsdienstes zu geben. Szenen der jüngsten deutschen Geschichte erscheinen erregend neu: der Widerstand sozialistischer Arbeiter und Intellektueller gegen Hitler, bezahlt mit Folter und Tod, der Atomwaffenprotest, der den Naturwissenschaftler, von den Amerikanern als erster Leiter der Kaiser-Wilhelm-Gesellschaft nach 1945 seines Postens enthoben, besonders angeht, die tastenden Anfänge des Staatswesens der DDR, der 17. Juni 1953 aus der Perspektive der SED, die ideologischen Auseinandersetzungen um einen freieren Sozialismus, der Prager Frühling in der DDR, die spontanen Protestaktionen und die Prozeß-Welle nach der Intervention am 21. August 1968. Robert Havemann hält die DDR, den «ersten sozialistischen Staat deutscher Nation», für den «historisch besseren, zukunftsträchtigeren deutschen Staat», weil nur die hier begonnene tiefgreifende Veränderung dem Faschismus dauerhaft den Boden entziehe. Zum erstenmal erhalten wir authentischen Einblick in das Bewußtsein und die Beweggründe der Männer, die diesen Weg für richtig halten. Um so schwerer wiegen sein Zeugnis gegen die bürokratische Erstarrung, das Mißtrauen, die Knebelung eines sich frei entfaltenden wissenschaftlichen Marxismus, der die gesellschaftliche Veränderung vollenden könnte – wie seine ebenso scharfe Kritik am «kapitalistischen System» im Westen. Havemanns Buch ist ein Dokument intellektueller Unerschrockenheit und Aufrichtigkeit – eine leidenschaftliche Stimme für den humanen Sozialismus, eine Herausforderung auch für die Bürger der Bundesrepublik.

Robert Havemann, geboren 1910 in München, studierte Chemie, trat 1932 in die KPD ein. 1933 verlor er seinen Posten als Wissenschaftler; 1943, inzwischen habilitiert, vom Volksgerichtshof als Widerständler zum Tode verurteilt; die Vollstreckung wurde wegen kriegswichtiger Forschungen aufgeschoben. Nach dem Kriege als erster Leiter der Kaiser-Wilhelm-Gesellschaft von den Amerikanern suspendiert, 1952 Ruf als Professor für Physikalische Chemie an der Humboldt-Universität in Ost-Berlin. Seit 1946 Mitglied der SED, inzwischen sämtlicher Ämter in Partei, Universität und Akademie enthoben, widmet sich seither seinen theoretischen und schriftstellerischen Arbeiten. 1965 erschien in der Reihe rororo aktuell «Dialektik ohne Dogma?» (Nr. 683); seither Veröffentlichungen in der «ZEIT» und im «SPIEGEL».

Robert Havemann

Fragen Antworten Fragen

Aus der Biographie eines deutschen Marxisten

Rowohlt

Mit einer erstmals veröffentlichten Ballade von Wolf Biermann

Umschlagentwurf Werner Rebhuhn

Ungekürzte Ausgabe
Veröffentlicht im Rowohlt Taschenbuch Verlag GmbH, Reinbek bei Hamburg, November 1972

Satz Garamond (Linofilm-Super-Quick)
Gesamtherstellung Clausen & Bosse, Leck/Schleswig
Printed in Germany
ISBN 3 499 11556 5

Inhalt

Die ersten acht Stunden

Im Mai 1966 sprach mich an einem späten Nachmittag vor der Tür meines Hauses am Strausbergerplatz ein unauffällig gekleideter jüngerer Mann an, machte sich als Mitarbeiter des Ministeriums für Staatssicherheit kenntlich und teilte mir mit, ich möge am nächsten Tag morgens um 9 Uhr zu einer Zeugenvernehmung in der Magdalenenstraße erscheinen. Er gab die Hausnummer an und sagte, er werde vor dem Hause auf mich warten. Eine schriftliche Vorladung hatte er nicht. Ich vergaß auch danach zu fragen. Ich erschien pünktlich am angegebenen Ort. Es war nicht das Hauptgebäude des Ministeriums, sondern ein ganz unauffälliges Mietshaus. Ich wurde in eine Wohnung im Hochparterre geleitet, wo sich das Verhörzimmer befand. Es war von äußerster Dürftigkeit. In der Mitte ein schräg gestellter billiger Büroschreibtisch mit davorgestelltem niedrigerem, kleinerem Tisch. Rechts an der Wand ein runder Tisch mit zwei häßlichen Polstersesseln, ein Telefonapparat auf dem Tisch. Auf Aufforderung nahm ich dort platz. Zwei Verhörer, einer an meinem runden Tisch im zweiten Sessel, der andere am Schreibtisch sitzend, begannen mit dem Verhör, nein, so wurde mir nachdrücklich erklärt: mit der Zeugenvernehmung.

Ich will meine «Vernehmer» numerieren, um ihre Rangordnung einigermaßen zu bezeichnen. Ich nenne sie einfach «Stasi 1», «Stasi 2» und «Stasi 3». Die Bezeichnung «Stasi» für einen Menschen ist eigentlich unzulässig, denn Stasi ist einfach die Abkürzung für «Staatssicherheit». Es ist aber in Gebrauch gekommen, hierzulande, einen Angehörigen der Stasi als «Stasi» zu bezeichnen. Es sind Menschen, aber Menschen ohne Namen. Alles Persönliche an ihnen ist geheim. Eigentlich darf man sich nicht einmal ihre Gesichter merken. Ein merkwürdiger Unterschied zwischen der Stasi und der nazistischen Gestapo. Als ich im Herbst 1943 in der Prinz-Albrecht-Straße im «Gestapa», im Geheimen Staatspolizei-Amt, vernommen wurde, war der Name des Vernehmers kein Geheimnis. Er hieß Manig. War ein alter Kripo-Bulle mit Krampfadern und Leberleiden.

Stasi 1 perschien erst bei der dritten Vernehmung. Heute waren nur Stasi 2 und Stasi 3 anwesend. Stasi 3 saß im Sessel an einem kleinen runden Tisch, Stasi 2 am Schreibtisch. Stasi 3, ein dicklicher, gemütlicher Mann von knapp 50, Stasi 2, ein jüngerer, schlanker, bleicher, etwas intellektueller Typ.

Stasi 2 eröffnete die Vernehmung:

«Wir haben Sie hier zu einer Zeugenvernehmung in der Sache der Frau X. geladen. Wir sind die vom Staatsanwalt beauftragte Untersuchungsbehörde. Ich möchte Sie zuerst auf Ihre Rechte und Pflichten gemäß der Strafprozeßordnung hinweisen.»

Ich erfuhr, daß ich das Recht der Zeugnisverweigerung habe, wenn ich mit dem Beschuldigten direkt verwandt bin oder wenn meine Aussage zu einer strafrechtlichen Verfolgung gegen mich selbst führen könne. Auf meine Frage räumte Stasi 2 ein, daß dies auch für den Fall gelte, daß durch meine Aussagen Personen belastet werden, die mit mir direkt verwandt sind, die aber noch nicht als Beschuldigte gelten. Daraufhin erklärte ich, daß ich von meinem Recht zur Zeugnisverweigerung Gebrauch machen wolle. Ich sei bereit, Aussagen zur Person zu machen, aber nicht zur Sache.

Es ist eine alte Regel, deren strikte Befolgung ich jedem rate, der in ein politisches Strafverfahren verwickelt wird – ob nur als Zeuge oder als Angeklagter –, vor der Untersuchungsbehörde keinerlei Aussagen zu machen, außer man verfolgt einen ganz bestimmten Zweck. Man kann die Aussageverweigerung auch in die Form der offensichtlichen Lüge kleiden. Ich erinnere mich noch genau an die ersten Vernehmungen in der Prinz-Albrecht-Straße bei der Gestapo im September 1943: Ich mußte an einer Wand stehen, vor mir zwei Gestapobullen.

«Was wissen Sie über Dr. Groscurth?»

«Alles, er ist mein bester Freund, wie Sie wissen.»

«Wie ist die politische Einstellung von Dr. Groscurth?»

«Er ist ein überzeugter Nationalsozialist.»

Für diese Antwort, wie für viele andere, bekam ich den fälligen Faustschlag ins Gesicht. Merkwürdigerweise empfand ich dabei keinerlei Schmerzen. Die Wut der Bullen freute mich.

«Ich wußte gar nicht, daß die Greuellügen, die über die Gestapo im Umlauf sind, der Wahrheit entsprechen», sagte ich.

«Was bildest du Hund dir ein, du kennst uns wohl noch nicht. Wir haben noch ganz andere Methoden. Komm mal in den Keller mit uns», schrie der Bulle drohend.

«Sie glauben also, Sie könnten mich durch körperliche Mißhandlungen zu Aussagen bewegen. Wie dumm. Im Mittelalter hat man die sogenannten Hexen, unschuldige Frauen, so lange gefoltert, bis sie gestanden haben, sie hätten mit dem Teufel geschlafen. Wollen Sie von mir auch solche Aussagen?»

Durch solche Äußerungen versuchte ich die stumpfen Gehirne zu schocken, oft nicht ohne einen gewissen Erfolg. Einmal sagte ich in bewußt prahlerischer Pose:

«Sehen Sie, ich bin Wissenschaftler und weiß, daß Schmerzen etwas Subjektives sind. Es ist schon vorgekommen, daß einem Mann in der Schlacht ein Bein abgeschossen wurde, ohne daß er den geringsten Schmerz empfand. Er merkte nur, daß er nicht mehr laufen konnte. So ist das auch mit den Schmerzen, die Sie mir hier zufügen können. Wenn ich will, merke ich sie gar nicht. Aber ich warne Sie, Sie könnten heute abend von einer ganz bestimmten Art von Zahnschmerzen befallen werden, gegen die es kein Mittel gibt. Mit denen verglichen ist alles, was Sie mir antun können, ein Kinderspiel.» Die Wirkung solcher Reden war manchmal wirklich komisch. Man sah direkt, wie meine SS-Helden sich diese Zahnschmerzen vorzustellen suchten. Ihre Fäuste waren danach zumindest schlaffer. Oder ich dachte es nur, und das genügt ja auch, rein subjektiv.

Die Gestapo hat sich auf diese Weise fast eine Woche mit mir herumgeplagt. Als dann immer noch nichts aus mir herauskam, wurde ich vor einen «Höheren» gebracht. Ich schilderte ihm in stark untertriebener Weise die Verhörmethoden seiner Knechte.

«Sie müssen schon verstehen, wenn einem Beamten mal die Hand ausrutscht», entschuldigte er sich; «solche Schwierigkeiten wie mit Ihnen hatten wir überhaupt noch nicht», log er. «Mann, Sie müssen sich zu Ihrer Tat bekennen! Was sollen wir denn von Ihnen denken! Das ist ja Feigheit und Dummheit zugleich. Glauben Sie, daß Sie dadurch Ihren Freunden helfen? Im Gegenteil. Da sehen Sie sich mal Ihren Freund Groscurth an. Das ist ein Mann. Der bekennt sich, der steht zu seiner Tat! Aber Sie, Sie wollen einfach alles ableugnen.»

Dieser «Höhere» versuchte es auf die moralische Tour. Meine bisherigen Bullen waren stramme, untersetzte Schlägertypen. Er war ein schlanker, bleicher junger Mann, mit unsauberem Teint, übernächtigt und schwächlich. Als Antwort auf seine Rede erwiderte ich:

«Könnten Sie mir erst einmal warmes Essen besorgen? Ich habe seit Tagen nur kalte Suppen bekommen, weil man mich den ganzen Tag verhört hat. Abends im Keller hat man mir dann das erkaltete und erstarrte Essen vom Mittag in die Zelle gebracht.»

Er tat überrascht und empört, telefonierte, nach zehn Minuten kam das warme Essen. «Sehen Sie», meinte ich, «so geht es schon besser. Dafür bekommen Sie auch als erster eine Aussage. Allerdings würde es mich sehr freuen, wenn Sie mir aus meinem Koffer, der dort im Regal steht, eine Schachtel Zigaretten herausgeben würden. Es sind noch gute englische Capstan Navy Cut, die ich sehr liebe.»

Großzügig genehmigte er auch noch die Zigaretten. So ein «Höherer» läßt es sich schon was kosten, wenn er Aussicht hat, bei einem verstockten Gefangenen als erster das Eis gebrochen zu haben.

«Nun?»

Die Frage klang fast schüchtern. Ich hatte mir gerade die erste Zigarette angezündet, mit seiner Hilfe, denn ich hatte ja kein Feuer bei mir.

«Ihre Beamten haben mich öfter gefragt, ob ich feindliche Sender abgehört habe. Nun, ich gestehe es, ich habe sie abgehört, und zwar regelmäßig und gründlich. Da haben Sie meine erste Aussage.»

«Das hätte uns auch sehr gewundert, wenn Sie das weiterhin bestritten hätten! Aber wir wollen mehr von Ihnen wissen.»

«Aber das reicht doch schon für das Todesurteil. Darauf läuft die Sache doch sowieso hinaus.»

«Wer wird denn gleich mit dem Kopf in der Hand herumlaufen», versuchte er mich zu ermutigen. Es klang bei ihm wie eine stehende Redewendung.

«Ich weiß, daß ich nach Abschluß Ihrer Untersuchung zum Tode verurteilt werde. Können Sie also verstehen, daß Sie von mir keine einzige Aussage bekommen können, die ich nicht selbst bereit bin nach gründlicher Überlegung zu geben? Mit Zwang und mit Gewalt können Sie von mir nichts erfahren. Da müssen Sie andere Methoden anwenden. Sie müssen es mir leicht machen» – dies war eine dunkle Anzapfung – «und mich davon überzeugen, daß es auch von meinem Standpunkt aus richtig ist, Aussagen zu machen» – dies war eine plumpe Reverenz vor seiner Intelligenz.

Ich hatte es danach eine ganze Weile leichter, bekam auch wieder mittags warmes Essen und durfte während der Vernehmungen von meinen Zigaretten rauchen. Die eigentliche Wende im Stil der Vernehmungen bei der Gestapo wurde aber später durch das Heereswaffenamt herbeigeführt, das mich für kriegswichtige Forschungen brauchte. Das heißt, dies war der Plan meiner Freunde, die ich dort hatte, um mich zu retten, was ihnen schließlich auch gelang. Sonst säße ich heute nicht hier.

Stasi 2 erklärte, daß ich kein Recht zur Aussageverweigerung hätte. Direkte Verwandte ersten Grades seien nicht betroffen, und gegen mich läge nichts vor.

«Dann sagen Sie mir bitte, was vorliegt.»

«Das werden Sie schon im Laufe der Vernehmung erfahren, außerdem tun Sie doch nicht so, als ob Sie das nicht wüßten.»

Damit hatte er zwar recht. Aber gibt es nicht eine ganze politische Praxis, die darauf hinausläuft, daß die Leute tun, als ob sie nichts wüßten? Und das, obwohl sie genau wissen, daß alle es wissen, und auch wissen, daß sie das wissen.

Ich erwiderte:

«Ich bin zum Glück kein Jurist. So genügt es und muß es genügen, für mich, daß ich in Betracht ziehe, daß meine Aussagen gegen mich verwendet werden können, obwohl ich selbst fest davon überzeugt bin, daß dies rein rechtlich gesehen nicht möglich ist. Aber, ich bin eben kein Jurist und trotzdem vorsichtig.»

«Sie sind nicht vorsichtig, Sie haben kein Vertrauen zu den Organen unseres Staates!» klang es nun schon etwas drohend.

«Da mögen Sie recht haben, aber in einem anderen Sinne wahrscheinlich, als Sie meinen. Ich habe gelernt, daß man den Staat nicht unbedingt mit jedem seiner Organe identifizieren darf. Ich lernte einige Organe kennen, die keine Zierde dieses Staates sind.»

«Wie meinen Sie das?»

Ich fände es zum Beispiel ein Unrecht und eine Schande für einen Staat, sagte ich, wenn ein Wissenschaftler von heute auf morgen fristlos entlassen und aus wichtigen Forschungsarbeiten herausgerissen werde, mit der Begründung, die nachweislich unwahr sei. Ich hätte in einem Artikel für die Aufhebung des Verbots der KPD in Westdeutschland plädiert und für den Fall, daß die Bonner Behörden an ihrem Verfassungsgerichtsurteil festhalten, vorgeschlagen, eine neue kommunistische Partei zu gründen. Als Begründung für meine fristlose Entlassung sei aber angegeben worden, ich hätte mich für die Aufrechterhaltung des KPD-Verbotes eingesetzt, mit dem Bonner Verfassungsschutz zusammengearbeitet und die DDR verleumdet. «Und diese plumpen Lügen, obwohl jedes von diesen Organen meinen Artikel im Wortlaut vor sich hatte. Vielleicht verstehen Sie meine Vorsicht bei Äußerungen. Darum ziehe ich es jetzt vor, keine zu machen.»

«Sie dürfen aber Ihre persönliche Verbitterung nicht auf dem Rücken anderer austragen. Für Frau X. wird es sehr schlimm sein, wenn Sie keine Aussagen machen.»

Frau X., Studentin der Slawistik und osteuropäischen Geschichte an der FU in Westberlin, hatte im Wintersemester

1963/64 meine Vorlesungen über «Naturwissenschaftliche Aspekte philosophischer Probleme» an der Humboldt-Universität gehört. Wir hatten uns angefreundet, sie hatte uns gelegentlich besucht. Im März 1966 war sie bei der Rückkehr im «Glaspalast» – der für Westbesucher gebauten Halle im Bahnhof Friedrichstraße – verhaftet worden. Es war sogleich klar gewesen, daß meine Vorladung damit zusammenhing. In den letzten Wochen war die Hilflosigkeit, nichts zu wissen und nichts tun zu können, zermürbend gewesen.

«Ich bin nicht verbittert», erwiderte ich nach kurzer Überlegung, wie ich mich nach dieser Eröffnung verhalten sollte. «Ich bin zwar nicht erfreut über solche Vorgänge, die für mich mit ziemlichen Unannehmlichkeiten verknüpft sind. Aber ich betrachte diese ganz persönlich erfahrenen Tatsachen als eine beruhigende Bestätigung dafür, daß ich nicht gegen einen eingebildeten Feind kämpfe, wenn ich gegen den Stalinismus in diesem Staate auftrete. Zwar sitze ich hier als freier Mann vor Ihnen. Vor dem XX. Parteitag wäre das nicht so ganz sicher gewesen. In dieser Hinsicht sind schon Fortschritte gemacht worden. Aber Sie müssen zugeben, daß noch ein ganzes Stück Arbeit zu tun ist.» Stasi 2 starrte mich völlig sprachlos an. Stasi 3 gab irgendeinen unartikulierten Laut von sich. Er wollte wohl zeigen, daß er solche Äußerungen von Amts wegen nicht unwidersprochen hinnehmen durfte. Darum setzte ich schnell meine Rede fort, gewissermaßen mit einem Schuß Öl auf die Wogen, und sagte: «Mich als alten Kommunisten bedrückt dieses alles ganz besonders deshalb, weil ich zu denen gehöre, die diesen Staat mitbegründet haben und ihn trotz aller dieser Mängel, für die die Genossen hier ja auch nicht allein verantwortlich sind, immer noch für den besten deutschen Staat halte, der bisher existiert hat. Aber ich habe eben manchmal Angst um ihn.»

In meiner Erinnerung stieg das Jahr 1949 auf. Ich wohnte damals noch in Westberlin, in Dahlem am Faradayweg in der Direktor-Villa des Kaiser-Wilhelm-Instituts für Physikalische Chemie und Elektrochemie, in die ich, eigentlich wider meinen Willen, hineingetrieben worden war. Die Amis hatten zwei andere bescheidenere Wohnungen, die ich vorher hatte, für sich beschlagnahmt. Meine Stellung als Leiter der Verwaltung der Berliner Kaiser-Wilhelm-Institute – jetzt Max-Planck-Institute – hatte ich schon zwei Jahre zuvor verloren, auf Anordnung von OMGUS, d. h. Office of the Military Government of the United States of America. Man hatte mir damals vorgeworfen, ich hätte das Kontrollratsgesetz No. 25 verletzt, das die Kontrolle aller wissenschaftlichen Forschung in Deutschland regelte. In Wirklichkeit war es ein Gesetz, das wissenschaftliche Forschung verbot. Demnach war damals alles, was wir in Dahlem in den Instituten getan hatten, offiziell nur Vorbereitung auf zukünftige Forschung gewesen. Hatten wir trotzdem geforscht? Ja. Aber meine Entlassung war nur ein Vorwand gewesen. In Wirklichkeit hatten mich die Amis für einen russischen Spion gehalten. So war ich also nun Abteilungsleiter. Damals ging der bekannte Physiker-Chemiker Bonhoeffer von Ost nach West. Er wurde der Direktor des Instituts in Dahlem, mein Chef also. Auf seinen Vorschlag trat ich seine Nachfolge in Ostberlin an der Humboldt-Universität an und übernahm auch die Leitung des Instituts für Physikalische Chemie in der Bunsenstraße, ein in der Geschichte meiner Wissenschaft nicht minder berühmtes Institut. Es war noch fast in dem Zustand, in dem es der Krieg hinterlassen hatte. In einem halben Jahr erreichte ich, daß die schlimmsten Schäden ausgebessert und die ersten systematischen Forschungsarbeiten begonnen werden konnten. Die größte Schwierigkeit für mich waren die Vorlesungen. Ich hatte nie solche Vorlesungen gehalten. Bonhoeffer überließ mir seine Vorlesungsmanuskripte, damit ich es leichter hätte. Trotzdem müssen meine ersten Vorlesungen miserabel gewesen sein. Ich habe selten so geschwitzt und war immer froh, wenn ich die zwei Stunden hinter mir hatte.

Ich war Mitglied des Deutschen Volkskongresses geworden, der sich kurze Zeit später, nach der Gründung der Bundesrepublik Deutschland, als provisorische Deutsche Volkskammer konstituierte und die Deutsche Demokratische Republik mit Wilhelm Pieck als Präsidenten und Otto Grotewohl als Ministerpräsidenten proklamierte. Die Gründung der DDR fand in dem großen Saal des heutigen Hauses der Ministerien in der Leipziger Straße statt. In der Nazizeit war dieses riesige Gebäude das Reich Hermann Görings gewesen, das Luftfahrtministerium. Jetzt dient der Saal für Regierungs- und diplomatische Empfänge an den Staatsfeiertagen der bei uns diplomatisch vertretenen Länder.

«Übrigens war ich damals auch Stalinist», sagte ich.

«Was verstehen Sie eigentlich darunter?» Stasi 2 runzelte die Stirn.

«Damals verstand ich gar nichts darunter. Das Wort ‹Stalinismus› gehörte für mich zum Arsenal der Antikommunisten.»

«Dazu gehört es auch heute noch!»

«Nein, das hat sich mit dem XX. Parteitag geändert. Außerdem hat es auch schon vor dem XX. Parteitag gute Kommunisten gegeben, die dieses Wort mit Recht gebrauchten, weil sie begriffen hatten, was Stalinismus ist. Einer zum Beispiel war Trotzki.»

«Sie sind also heute Trotzkist?»

«Nein, das kann man nicht sagen. Aber meine Meinung über Trotzki, die früher einfach die offizielle Parteimeinung war, die ich übernommen hatte, ohne je eine Zeile von Trotzki gelesen zu haben, hat sich heute geändert. Trotzki war ein großer Revolutionär. Seine Ermordung im Auftrage Stalins war ein Verbrechen. In gewisser Weise gehört er allerdings, ebenso wie Lenin, zu den Wegbereitern des Stalinismus. Wenn man liest, was Rosa Luxemburg an der Politik Lenins kritisierte, so findet man, daß sie diese ganze schreckliche Epoche vorausgeahnt hat. In Trotzkis Buch über ‹Literatur und Revolution›, das er auf der Höhe seiner Macht schrieb, findet man wesentliche Elemente des späteren ‹sozialistischen Realismus› vorgezeichnet. Sie werden also zu Unrecht Stalin und seinem Theoretiker Shdanow zugeschrieben. Überhaupt ist das Wort ‹Stalinismus› irreführend, weil es den Eindruck erweckt, als sei allein Stalin die Ursache allen Übels gewesen. Diese Denkweise widerspricht übrigens den elementarsten Erkenntnissen des Marxismus. Allerdings, der Terminus ‹Periode des Personenkults› ist noch irreführender.»

«Aber Sie müssen doch zugeben, daß es in der DDR niemals einen Stalinismus gegeben hat!»

Dasselbe habe ein Genosse der zentralen Parteikontrollkommission bei meinem Ausschluß aus der Partei auch gesagt, erwiderte ich, aber das gehe jetzt zu weit. Er möge die betreffenden Stellen in «Dialektik ohne Dogma» nachlesen. Sie hätten das Buch ja oft genug beschlagnahmt. Es sei meiner Meinung doch das beste, die Zeugenvernehmung jetzt zu beenden. Ich würde von meinem Recht, die Aussage zu verweigern, Gebrauch machen. Ich erhob mich, um zu gehen.

«Nein, das geht nicht, was denken Sie! Die Vernehmung hat doch noch nicht einmal begonnen. Außerdem muß in jedem Falle ein Protokoll angefertigt werden, das Sie unterzeichnen müssen. Ferner sagten Sie ja, daß Sie bereit sind, Aussagen zur Person zu machen. Die sind auch sehr wichtig für die Aufklärung des Falles. Sie müssen bedenken, bevor die Untersuchung nicht beendet ist, kann der Fall der Staatsanwaltschaft nicht übergeben werden, die darüber zu entscheiden hat, ob ein gerichtliches Verfahren durchgeführt wird oder nicht. Und zur Klärung des Falles sind Ihre Aussagen von entscheidender Bedeutung. Sie könnten sehr dazu beitragen, die Dauer der Voruntersuchung abzukürzen.»

«Bitte, stellen Sie also Ihre Fragen», ergab ich mich.

Es folgte nun eine Klärung meiner Kenntnisse über die Person von Frau X. Das ging schnell.

Stasi 2 zuckte mit den Schultern, als ich erneut für Beendigung des Verhörs plädierte. «Frau X. wird wenig Verständnis dafür haben, wenn sie hört, daß ausgerechnet Sie die Aussage verweigern. Sie lassen sie ja direkt im Stich. Alle anderen Zeugen, die wir haben, und das ist mehr als ein Dutzend, haben bereitwillig ausgesagt. Es hat ja also gar keinen Zweck, wenn Sie hier die Aussage verweigern.»

«Wozu brauchen Sie denn dann meine Aussagen, wenn Sie durch andere Zeugenaussagen schon alles wissen, was Sie wissen möchten?»

«Weil erst durch Ihre Aussage ein wirklich abgerundetes Bild entsteht. Sie wissen das doch selbst ganz genau. Sie sind ein unentbehrlicher Zeuge. Es gibt auch Fragen, die nur mit Ihrer Hilfe geklärt werden können.»

Weil ich mich hierzu nicht mehr äußerte, fuhr Stasi 2 fort:

«Können Sie mir sagen, wie oft Sie Frau X. etwa besucht hat?»

Ich versuchte nachzurechnen.

«Es kommt nicht auf die genaue Zahl an», unterbrach Stasi 2 mein Grübeln.

«Aber ich sagte Ihnen doch schon, daß ich auf solche Fragen die Aussage verweigere.»

«Schade, ich hoffte schon, Sie hätten eingesehen, daß das gar keinen Zweck hat.»

Ich überlegte. Es konnte kein Zufall sein, daß man sie gerade jetzt verhaftet hatte. Ich war mir klar, die Verhaftung war nicht ihretwegen, sondern meinetwegen erfolgt. Sie war am 21. März verhaftet worden. Damals war schon der Termin für die Plenarsitzung der Akademie der Wissenschaften angesetzt, der 24. April, auf der über den Antrag auf «Beendigung meiner Mitgliedschaft» abgestimmt werden sollte, den der Präsident der Akademie, Werner Hartke, eingereicht hatte. Das Präsidium war übrigens sehr verärgert, weil ein internes achtseitiges Rundschreiben des Präsidenten, das nur den Mitgliedern der Akademie, außer mir, zugestellt worden war, in vollem Wortlaut in der Hamburger Wochenzeitung *Die Zeit* publiziert worden war. Es enthielt die peinliche Liste der gegen mich gerichteten Anklagen, peinlich allerdings für den Präsidenten. Werner Hartke war der Sohn des Professors Wilhelm Hartke. Beide waren Altphilologen und Historiker des klassischen Altertums. Wilhelm Hartke, der Vater, war Mitglied unserer Widerstandsgruppe «Europäische Union» gewesen. Er ist erst vor kurzem hochbetagt gestorben. Er war ein hervorragender Mensch.

Wie gut kann ich mich an die vielen Gespräche erinnern, die meine Freunde und ich im Jahre 1943 mit ihm hatten. Nach unserer Befreiung im Jahre 1945 setzte sich unsere Freundschaft noch über viele Jahre fort. Wilhelm Hartke war Sozialdemokrat und gehörte zu dem Kreis der entschiedenen Schulreformer um den preußischen Kultusminister Grimme. Als wir ihn kennenlernten, war er voller Entschlossenheit, unter Einsatz seines Lebens gegen die verhaßte Naziherrschaft zu kämpfen. Nach der Wiedereröffnung der Berliner Universität, der Humboldt-Universität, wie sie jetzt statt «Friedrich-Wilhelm-Universität» hieß, nach einem König der Wissenschaft benannt und nicht mehr nach einem König der Preußen, wurde Hartke Dekan der Pädagogischen Fakultät. Obwohl ich Mitglied der Mathematisch-naturwissenschaftlichen Fakultät war, berief er mich zum Gastmitglied seiner Fakultät. Er hoffte, daß er nun endlich die Ideen verwirklichen könnte, die ihn als Schulreformer beseelten.

Die Strafverhandlung vor dem Volksgerichtshof in Berlin gegen Hartke und Westermeyer, ein anderes Mitglied unserer Gruppe, fand Anfang April 1944 statt. Der Vorsitzende des Gerichts hieß Stier. Ich saß damals seit dem Dezember 43 im Zuchthaus Brandenburg. Gemeinsam mit meinen Freunden Groscurth, Richter und Rentsch war ich am 16. Dezember 43 unter Freisler zum Tode verurteilt worden. Man hatte das Verfahren gegen unsere Gruppe in eine Anzahl verschiedener Prozesse aufgeteilt. Wir vier, die Leitung der Gruppe, waren als erste verurteilt worden. Die Hinrichtung wurde aber verschoben, weil man uns als Zeugen für den anderen Prozeß bereithalten wollte. Ich wurde Anfang April von Brandenburg nach Berlin gebracht, um als Zeuge im Prozeß gegen Hartke und Westermeyer vernommen zu werden.

Das mir inzwischen vertraute Bild: die Richter in blutroten Roben. Einer der Beisitzer läßt absichtlich unter der lässig geöffneten Robe die braungelbe Amtswalter-Uniform sehen. Ein «Goldfasan» also, wie wir diese Leute nannten.

Als die Zeugenvernehmung durch den Vorsitzenden Stier begann, befand ich mich in einem Zustand größter innerer Spannung. Ich wußte ja nicht, zu welchen Ergebnissen der bisherige Lauf der Verhandlung geführt hatte. Ich wollte unter allen Umständen diese einzigartige Gelegenheit benutzen, den Angeklagten zu helfen. Dabei war es gar nicht notwendig, einen Freispruch anzustreben. Das Entscheidende war, das Todesurteil abzuwenden. Ein Freispruch wäre damals übrigens viel gefährlicher gewesen als eine noch so lange Zuchthausstrafe. Leute, die vor dem Volksgerichtshof freigesprochen wurden, brachte die Gestapo sofort ins KZ. Ein solcher Freispruch war ja für sie eine Blamage. Ihre Beweismittel hatten nicht gereicht. Um den Angeklagten helfen zu können, mußten meine Aussagen glaubwürdig sein. Sie durften nicht in offenkundigem Widerspruch zu bereits erwiesenen Tatsachen stehen. Ich war sehr nervös, ob ich etwas erreichen könnte.

«Schildern Sie uns die Art Ihrer Beziehungen, d. h. der Beziehungen Ihrer Organisation ‹Europäische Union›, zu dem Angeklagten Hartke. Es bestanden doch solche Beziehungen?» eröffnete Stier die Vernehmung.

«Nein, es bestanden nur sehr lockere persönliche Beziehungen zu dem Angeklagten.»

«Aber der Angeklagte hatte doch Kenntnis von dem Bestehen der ‹Europäischen Union›?»

«So? Ja – ich weiß nicht mehr recht. Gestatten Sie, daß ich mich erst einmal in Ruhe erinnere.»

«Vielleicht erzählen Sie einmal, wie Sie den Angeklagten kennengelernt haben.»

Mit dieser Frage Stiers hatte ich einen entscheidenden Spielraum gewonnen. Bei ihrer Beantwortung konnte ich versuchen, herauszubekommen, was das Gericht über Hartkes Beziehungen zu uns wußte und was nicht.

«Ja, soweit ich mich erinnere, habe ich Hartke einmal in der Wohnung Richters kennengelernt. Richter hatte mir schon vorher von ihm erzählt.»

«Was hatte Richter Ihnen denn erzählt?»

«Hartke sei ein sehr interessanter Mann, ein Meisterstenograph, der ich weiß nicht wieviel Silben in einer Minute schreiben könne. Ja, da war ich überrascht, einen seriösen Wissenschaftler vor mir zu sehen.»

«Bei Ihrer Unterredung wurde aber nicht nur über Stenographie gesprochen, sondern auch über die ‹Europäische Union›. Sie selbst haben Flugblätter der ‹Europäischen Union› aus der

Tasche gezogen und sie Hartke zu lesen gegeben.»

Ich sah jetzt, daß der Spielraum für eine Verteidigung Hartkes sehr klein geworden war. Ich machte einen verzweifelten Versuch:

«Ja, das stimmt. Es war nämlich so: Wir wollten bei dem Gespräch herausbekommen, ob Hartke bereit sein würde, sich unserer Gruppe anzuschließen.»

«Sie haben ihn also geworben. Hat er zugesagt?»

«Nein, wir haben ihn nicht geworben. Wir haben zuerst ganz allgemein über die politische Lage gesprochen, über den Krieg usw. Und dann habe ich ihm ein Flugblatt gezeigt. Ich sagte, ich hätte das Flugblatt in einer Telefonzelle gefunden. Ich wollte hören, was er zu dem Inhalt unseres Flugblattes sagt.»

«Nun, und was sagte er?»

«Er fand einiges interessant und sagte, er wundere sich, daß es immer noch Leute gäbe, die solche Sachen verbreiten.»

In diesem Augenblick schaltete sich der Goldfasan, der Beisitzer in Amtswalter-Uniform, ein:

«Darauf haben Sie Hartke gesagt, daß Sie selbst der Vertreter – oder ein Vertreter dieser Gruppe seien. Und dann hat Hartke sich bereit erklärt mitzumachen. So war es doch. Reden Sie doch nicht um die Sache herum!»

Nein, so sei es nicht gewesen, erwiderte ich. Die Frage lasse erkennen, daß man hier über die Grundregeln konspirativer Arbeit wenig wisse.

Diese Antwort wurde von den Zuhörern im Saal, wie man so sagt, mit Bewegung aufgenommen. Der Goldfasan zeterte mich an:

«Da möchte ich doch mal hören, was das für Regeln sind. Das ist doch eine Frechheit.»

Aber der Vorsitzende Stier besänftigte ihn:

«Wir wollen diese Regeln hören. Also bitte, Herr Zeuge.»

Eine dieser Regeln besage, erklärte ich, daß bei der Werbung neuer Mitglieder mit äußerster Vorsicht vorgegangen werden müsse. Eine illegale Widerstandsgruppe sei ja kein Kleingärtner-Verein. Gewöhnlich hätten wir darum Leute, die wir für geeignet hielten, an andere Mitglieder übergeben, deren bürgerliche Namen und deren Wohnadressen dem neuen Mitglied nicht bekannt gewesen seien.

«Ihre Unterredung mit Hartke», unterbrach mich der Vorsitzende, «verfolgte also den Zweck, erst einmal zu sondieren, ob Hartke als Mitglied überhaupt in Frage kam. Sie haben ihn gewissermaßen nur berochen.»

«So ist es!»

«Hartke wußte also nicht, daß Sie selbst Mitglieder der Organisation ‹Europäische Union› waren?»

«Eine solche Mitteilung an Hartke wäre in diesem Stadium ein schwerer Verstoß gegen die Regeln der Konspiration gewesen.»

Mit den Worten: «Ich danke. Ich habe keine Fragen an den Zeugen in bezug auf den Angeklagten Hartke mehr. Gibt es sonst Fragen? Nein», beendete Stier diesen Teil der Vernehmung und ging zu dem Fall Westermeyer über.

Damit, das wurde mir nun klar, war Hartke gerettet. Da ich mit einem solchen Erfolg, bei dessen Zustandekommen mir noch dazu in unerwarteter Weise der Vorsitzende Hilfe geleistet hatte, überhaupt nicht gerechnet hatte, erfaßte mich eine starke innere Unruhe. Offensichtlich war es mir gelungen, meinen Aussagen Glaubwürdigkeit zu verleihen, was natürlich zum größten Teil auch reines Glück war. Meine Aussagen wären ganz wertlos gewesen, wenn sie im Widerspruch zu anderen, dem Gericht bekannten Tatsachen gestanden hätten. Aber das war glücklicherweise offenbar nicht der Fall. Als ich nun nach Westermeyer gefragt wurde, befiel mich die Furcht, ich könnte hier weniger Glück haben und das ganze Gebäude meiner Glaubwürdigkeit selber wieder zum Einsturz bringen. So erklärte ich, über Westermeyer so gut wie nichts zu wissen, und empfahl dem Gericht, an meiner Stelle einen anderen Zeugen, den gleichfalls bereits zum Tode verurteilten Herbert Richter, zu laden. Stier ging sofort auf diesen Vorschlag ein, unterbrach die Sitzung und ordnete die Ladung Richters an. Diese Verhandlung, an der ich nicht mehr teilnahm, fand vier Wochen später statt. Richter hatte leider kein

Glück. Seine Aussagen mußten mit dem Gericht bekannten Tatsachen kollidiert sein. Westermeyer wurde zum Tode verurteilt. Hartke erhielt einige Jahre Gefängnis wegen Nichtanzeige des Flugblattes.

Wie so oft waren auch im Fall der Familie Hartke Vater und Sohn sehr verschieden. Stasi 2 ließ mir wenig Zeit, über diese Verschiedenheit nachzugrübeln.

«Frau X. hat ja auch noch ganz andere Sachen für Sie erledigt. Wie war das mit dem Brief des Akademiepräsidenten, der in der *Zeit* abgedruckt wurde?»

Ob er die Anklageschrift meine, mit der der Präsident meinen Ausschluß aus der Akademie betrieben habe, fragte ich.

«Das war internes Material. Wie haben Sie sich diesen Brief beschaffen können?»

«Ich las ihn in der *Zeit.*»

«Sie wollen uns doch nicht weismachen, daß Sie ihn nicht schon vorher gehabt haben.»

Weil diese Frage so ganz und gar nichts mit Frau X. zu tun habe, wolle ich sie beantworten, sagte ich. Bevor der Brief in der *Zeit* veröffentlicht worden sei, hätte ich natürlich wesentliche Teile gekannt. Auch durch eine Unterredung, die ich wegen meines Einspruchs gegen meine fristlose Entlassung als Leiter der Arbeitsstelle für Fotochemie mit dem Generalsekretär der Akademie gehabt habe, seien mir die wichtigsten Teile des Briefes bekanntgeworden. Rienäcker habe einen großen Teil der von Hartke vorgebrachten Anklagen wiederholt und dadurch das schon Gehörte bestätigt. Ob sie diesen Brief gelesen hätten? Ob er nicht ein Skandal sei? Ob sie sich vorstellen könnten, wie merkwürdig es für einen Kommunisten sei, daß nicht nur der Rektor der Universität, der meine fristlose Entlassung aus der Universität, und nicht nur der Staatssekretär, der diese Entlassung angeordnet habe, sondern nun auch der Präsident der Akademie, der meine politische Maßregelung betrieb, daß alle diese ehrenwerten Herren ehemals Mitglieder der Nazipartei gewesen seien?

Stasi 2 antwortete nicht.

«Warum behandelt die Akademie diesen Brief als geheimes Material, das nicht einmal ich als Angeklagter zu lesen bekommen darf? Schämt sie sich?»

«Das steht hier nicht zur Debatte.»

«Aber ich dachte, es interessiert Sie trotzdem. Vielleicht interessiert es Sie auch, daß zur gleichen Zeit, im Jahre 1944, während der jetzige Akademiepräsident sich offenbar des Vertrauens höchster Nazistellen erfreute, sein Vater als Mitglied unserer Widerstandsgruppe im Gefängnis saß. Ich weiß natürlich nicht, ob es stimmt, aber in einem namentlich, mit Adresse und Hausnummer gezeichneten Leserbrief an die *Zeit* wird behauptet, daß Pg. Werner Hartke im Jahre 1944 im Reichssicherheitshauptamt eingesetzt war, in einer Gruppe der Spionageabwehr. Zum Reichssicherheitshauptamt gehörte bekanntlich auch die Gestapo. Meinen Sie, daß er dort als Widerstandskämpfer tätig war?»

«Das sind alles gemeine Lügen der Westpresse! Wie können Sie so etwas überhaupt glauben! Genosse Hartke ist Mitglied des ZK. Und die Partei wird wissen ...»

An Lügen hätte ich vor dem XX. Parteitag auch immer gleich gedacht. Zum Beispiel hätte ich die Enthüllungen über die Verbrechen der Stalinzeit für Erfindungen gehalten. Ob er vielleicht das Buch «Darkness at Noon» von Koestler gelesen habe? Ich hätte es 1945 gelesen und sei empört gewesen, so wie er jetzt. Natürlich stehe in den Zeitungen nicht immer die Wahrheit, Vorsicht sei geboten.

«Wollen Sie behaupten, daß auch in unseren Zeitungen Lügen stehen?»

«Nein, das nicht, ich will nur behaupten, daß in unseren Zeitungen eine Lüge stand, nämlich als behauptet wurde, ich hätte mich für die Aufrechterhaltung des Verbots der KPD in der Bundesrepublik eingesetzt.»

Mit dem Wort «Lüge» verfährt man ja oft sehr leichtfertig. Wie häufig kommt es doch vor, daß jemand an die Unwahrheit glaubt, die er ausspricht. Es wäre Unrecht, ihn deswegen als Lügner zu bezeichnen. Zur Lüge gehört, daß man die Wahrheit weiß.

Es gibt eben zwei verschiedene Negationen der Wahrheit, die bewußte und die unbewußte, die Lüge und den Irrtum. Ein Irrtum ist keine Lüge und eine Lüge kein Irrtum. Wenn jemand die Unwahrheit spricht, soll man immer in Betracht ziehen, daß er sich nur irrt. Ich habe übrigens die Erfahrung gemacht, daß Irrtümer viel häufiger vorkommen als Lügen und daß Irrtümer eine ungleich größere Beständigkeit und Lebensdauer haben. Irrtümer sind eine Art von Glauben, der zum Unterschied von echtem Glauben fälschlich für Wissen gehalten wird. Die meisten Irrtümer machen ja die Menschen nicht selbst, sondern übernehmen sie leichtgläubig von anderen. Wem es gelingt, Menschen gläubig zu machen, der hat es leicht, ihre Irrtümer am Leben zu erhalten und ihnen neue einzupflanzen. Die Macht des Stalinismus beruht ja zu einem nicht geringen Teil auf Gläubigkeit. Allerdings nicht nur. Sie beruht auch auf dem Glauben an die Macht. Dieser Glaube ist fast das Gegenteil von Gläubigkeit. Er ist die unbedingte Voraussetzung jeder Macht. Wer diesen Glauben antastet, tastet die Macht selbst an. Der Zweifel ist darum die wirksamste Waffe der Revolutionäre. «De omnibus dubitandum est» war auch Wahlspruch von Karl Marx. Alle etablierten Systeme sind gegenüber Zweiflern empfindlich und mißtrauisch, und zwar mit Recht. Sie brauchen den blinden Glauben an die herrschende Macht, weil er ein Ausdruck der Furcht ist. Die Furcht vor der Macht ist hier das Analogon zur Gottesfurcht. Zweifel hebt diese Furcht auf und macht das System der Macht durchsichtig, macht seine Repräsentanten lächerlich.

Das Verhör dauerte nun schon ziemlich lange. Draußen, vor den vergitterten Fenstern, entfaltete sich ein wunderbarer Tag. Es war Mai, Frühling. Ich begann mich zu ärgern, in diesem muffigen, inzwischen von Zigaretten verqualmten Raum sitzen zu müssen. Die Mittagszeit rückte heran. Zu Hause erwarteten mich meine Kinder und das Mittagessen. Meine Frau kam nicht zum Mittagessen nach Hause, weil ihre Arbeitszeit im Deutschen Wirtschaftsinstitut bis nach vier Uhr dauerte.

Ob wir die Vernehmung jetzt nicht beenden könnten, fragte ich. Da es doch weiter nichts zu klären gäbe, würde ich gern nach

Hause zum Mittagessen gehen.

«Aber wir haben doch überhaupt eben erst angefangen», sagte Stasi 2. «Wir haben Geduld, und Sie müssen auch Geduld haben. Wir sind außerdem fest davon überzeugt, daß Sie Ihren Widerstand aufgeben werden. Wir werden Ihnen noch einige wichtige Tatsachen mitteilen, die Sie bestimmt beeindrucken werden, wenn Sie wirklich ein Anhänger unseres Staates sind, wie Sie behaupten, und kein Gegner.»

«Dann bitte ich darum, mir diese Mitteilungen nicht länger vorzuenthalten. Ich ...»

«Ich möchte vorher noch einige weitere Fragen stellen, auch wenn Sie sie nicht beantworten wollen. Ist Frau X. Mitglied einer Partei?»

«Ja, sie ist Mitglied der SPD.»

«Können Sie mir etwas über die politische Einstellung von Frau X. sagen? Wie steht sie zur DDR?»

«Frau X. ist überzeugte Sozialistin. Sie verbindet mit der DDR große Hoffnungen. Aber sie ist, ebenso wie ich, besorgt angesichts der Fortdauer gewisser politischer Erscheinungen, die dem Ansehen der DDR schädlich sind. Sie hofft, wie ich, daß wir diese Schwierigkeiten überwinden werden.»

«Wissen Sie, warum Frau X. damals nach Moskau gereist ist, zu welchem Zweck und in wessen Auftrag?»

«Soweit ich davon gehört habe, war es eine kurze Studienreise im Rahmen einer studentischen Gruppe.»

«Nein. Sie reiste, um Ihren ältesten Sohn, der in Moskau studiert, zu besuchen.»

«Es mag sein, daß sie ihn bei dieser Gelegenheit besucht hat. Aber der Zweck dieser Reise war das bestimmt nicht.»

«Was sagen Sie dazu, wenn ich Ihnen mitteile, daß Frau X. auf dem Umwege über Ihren Sohn nur das Ziel verfolgte, mit Ihnen in Kontakt zu kommen?»

«Dazu sage ich, daß das der reinste Unsinn ist. Sie kannte mich längst. Sie hatte unsere Familie ja schon vorher öfter besucht.»

«Irren Sie sich da nicht etwa? Kam nicht der Kontakt mit Ihrer

Familie und Ihnen erst nach dieser Moskaureise richtig in Gang?»

Diese Frage machte mich tatsächlich unsicher. Ich konnte mich wirklich nicht mehr genau erinnern, wie alles verlaufen war. Worauf zielten diese Fragen hin? Wahrheitsgemäß antwortete ich:

«Ich kann mich nicht mehr genau erinnern, wann und wie oft ich Frau X. bei Besuchen unserer Familie in Berlin gesehen habe.»

«Wissen Sie, daß Frau X. früher einmal längere Zeit in den USA war?»

«Ja, das muß aber schon vor einigen Jahren gewesen sein. Ich glaube, es hing auch irgendwie mit ihrem Studium zusammen.»

«Ich muß Ihnen sagen, daß wir uns wundern, daß ein politisch so erfahrener Mann wie Sie sich in der Auswahl seiner Freunde in diesem Fall derartig leichtfertig verhalten hat. Haben Sie denn niemals in Betracht gezogen, daß Frau X. in bezug auf Ihre Person in einem bestimmten Auftrag handelte?»

«Wollen Sie etwa behaupten, Frau X. sei als Agentin eines ausländischen Geheimdienstes tätig gewesen?»

«Ja.»

«Das ist einfach lächerlich. Ich lege meine Hand dafür ins Feuer, daß das der reinste Unsinn ist.»

«Nun, nehmen wir einmal an, es ist nicht erwiesen, daß sie im Auftrag der CIA tätig war, wenn auch vieles dafür spricht. Aber das Gegenteil ist auch nicht erwiesen. Meinen Sie nicht, daß es unsere unbedingte Pflicht ist, diese Frage einwandfrei zu klären? Das ist im Interesse der Staatssicherheit erforderlich. Wir appellieren deshalb an Sie, uns unsere Aufgabe zu erleichtern und alle Fragen, die wir stellen, genau zu beantworten.»

Zuerst war ich über das Ungeheuerliche dieser Verdächtigung einfach empört. Das Ekelhafte an solchen Verdächtigungen ist, daß man sofort wirkliche Zweifel bekommt. Ich grübelte fieberhaft, ob mir irgend etwas bekannt war, das einen solchen Verdacht auch nur spurenweise rechtfertigen könnte. Dazu kommt, daß dieser Verdacht Mißtrauen erzeugt. Man fühlt sich schon beinahe in gemeiner Weise hintergangen, alles Gute wird Lüge, alles Menschliche wird Betrug. Außerdem wird in hinterhältiger Weise die eigene Eitelkeit angesprochen, nicht nur negativ, als verletzte, sondern auch positiv: Welches Interesse man an dir hat, sieh mal an!

«Nein», erwiderte ich, «ich kenne Frau X. so gut, daß ich mit aller Bestimmtheit weiß, daß diese Vermutung Unsinn ist. Alles, was ich von ihr weiß, ist ein Beweis des Gegenteils. Ich lasse mich deshalb auf diesen Unsinn nicht ein. Ich bleibe bei meiner Aussageverweigerung.»

Als ich dies sagte, war ich mir in meinem Innersten keineswegs darüber klar, ob ich wirklich bei meiner Aussageverweigerung bleiben würde. Ich bestand aber zunächst einmal einfach darauf aus Prinzip. Ich wußte, daß man Aussagen praktisch nicht unwirksam machen kann. Darum soll man es sich ganz gründlich überlegen, ob man sie machen will. Ich beschloß, über diese Frage mindestens vierundzwanzig Stunden nachzudenken. Außerdem wollte ich hören, was man mir noch in dieser Hinsicht vorhalten würde. Im Grunde konnte es ja auch nur ein sehr simpler Trick sein, mich zu Aussagen zu bewegen. Warum wollte man denn unbedingt meine Aussagen, wenn man schon alles wußte?

«Das wird für Frau X. sehr unangenehme Folgen haben.»

Stasi 2 hatte offensichtlich bemerkt, daß seine «Enthüllungen» Eindruck auf mich gemacht hatten.

«Frau X.», fuhr er fort, «wird so lange hier bei uns bleiben, bis diese Frage geklärt ist. Wie lange das dauern wird, hängt nur von Ihnen ab.»

Frau X. eine Agentin! Was hätte sie von mir erfahren sollen? Um mich gab es doch überhaupt keine Geheimnisse. Im Gegenteil, alles was ich dachte, versuchte ich stets in aller Öffentlichkeit zu verbreiten. Ich war und bin gegen jede geheime konspirative politische Tätigkeit, wenn man als Kommunist im eigenen Staat politisch kämpfen will. Unter den Bedingungen des Faschismus war das anders. Da gab es keine andere Möglichkeit. Aber in der DDR als Kommunist muß man offen, legal, politisch operieren.

Nur das hat Sinn. Unsere Verfassung garantiert ja das Recht der freien Meinungsäußerung. Das Unglück ist nur, daß es so wenige in Anspruch nehmen. Natürlich, es war eine Tatsache, daß ich wegen freier Äußerung meiner Meinung politisch gemaßregelt worden war. Meine fristlose Entlassung war ein Skandal, sie war rechtswidrig. Seit Weihnachten 1965 war ich ohne einen Pfennig Einkommen. Das schüchterte viele ein. Außerdem sagten sie, ich hätte diesen Artikel nicht im *Spiegel* veröffentlichen dürfen. Überhaupt nicht im Westen! Beim Klassenfeind! Damit schadete ich der DDR und dem Sozialismus! Welcher Unsinn! Führende Repräsentanten der DDR hatten Interviews in westlichen Zeitungen und Zeitschriften veröffentlicht, selbst Walter Ulbricht! Im Gegenteil, es war doch gerade gut, wenn unsere kommunistischen Ansichten und Ideen einer großen Zahl von Lesern zugänglich wurden, die niemals eine kommunistische Zeitung lasen. Es kam doch nur auf den Inhalt an. Man hätte mir doch höchstens vorwerfen können, *was* ich gesagt hatte, aber nicht, *wo* ich es sagte. Hatte es nicht einen Plan gegeben, mit der *Zeit* einen Artikelaustausch durchzuführen? Leider scheiterte dieser Plan. Nein, das waren faule Ausreden von Leuten, die ihre eigene Feigheit rechtfertigen wollten, indem sie ihr den Mantel des Klassenkampfes umhängten. Nur in der DDR veröffentlichen hätte für mich die Verurteilung zu absolutem Schweigen bedeutet. Aber kann man, darf man schweigen, wenn man es mit unserer Sache wirklich ernst meint?

Ich fragte, welcher Anwalt Frau X. vertrete. Soweit ich gehört hätte, sei es Professor Kaul.

«Nein, das war vielleicht beabsichtigt. Die Vertretung von Frau X. hat jetzt Herr Rechtsanwalt Vogel.»

Vogel? Der Name war mir bekannt. War das nicht der Anwalt, von dem man sich erzählte, er organisiere den Austausch von Gefangenen zwischen Ost und West? Der berühmteste Austausch war Powers gegen Abel, der amerikanische U2-Pilot gegen den sowjetischen Agenten Abel. Ich beschloß, Vogel aufzusuchen. Und ich beschloß, zunächst bei meiner Aussageverweigerung zu bleiben. Ich wollte den ganzen Fall gründlich mit einem Anwalt beraten, auch die möglichen Folgen für mich erfahren. Wer war dieser Vogel, und wie hatte man seine Rolle einzuschätzen? Nun, ich würde mich genau erkundigen, ich kannte ja gute und ehrliche Leute unter den Berliner Juristen.

«Wie lange wird meine Vernehmung noch dauern? Ich möchte wissen, ob ich zum Mittagessen nach Hause fahren kann.»

«Nein, das wird heute nicht möglich sein. Aber, wenn Sie wünschen, bestellen wir gerne für Sie ein Mittagessen aus unserer Kantine.»

Ich dankte. Ich wollte die Vernehmung nicht noch durch Essen aufhalten. Ob ich zu Hause anrufen dürfe?

«Aber bitte sehr, Sie können gern telefonieren.»

Ich griff zu dem Telefonapparat auf dem kleinen runden Tisch, an dem wir saßen. Sofort hielt mich Stasi 3 am Arm fest. Dieser Apparat sei nicht der richtige. Ich wurde in einen Nebenraum geführt, wo ich mit einem «richtigen» Telefonapparat telefonieren konnte. Der Apparat auf meinem Tisch im Verhörzimmer war demnach ein Abhörapparat. Als ich später wieder in dem gleichen Zimmer saß, stand der Apparat nicht mehr auf dem Tisch. Vielleicht hatte man das Mikrophon inzwischen anders versteckt.

Daß Telefonapparate nicht nur abgehört werden, wenn von ihnen Gespräche geführt werden, war mir seit langem bekannt. So ein Apparat kann ganz friedlich und unbenutzt auf deinem Tisch stehen, und doch belauscht das Mikrophon darin jedes deiner Worte, selbst geflüsterte im weiten Umkreis. In der Nazizeit steckten wir einfach das ganze Telefon in eine gepolsterte Kochkiste. Sie war genügend schalldicht. Heute stellen wir ein Transistor-Radio neben das Telefon, damit die Abhörer wenigstens etwas Musik hören, während wir uns ungestört unterhalten. Aber es gibt ja auch noch andere, modernere Abhörgeräte, die unabhängig vom Telefon sind. Ich sollte sie später noch kennenlernen. Gegen sie hilft nur auf Krawall gestelltes Radio, während die Unterhaltung direkt «von Ohr zu Ohr» geführt wird. Aber wann habe ich so etwas schon gebraucht? Es kann ja jeder hören, was ich sage. Ich freue mich sogar darüber. So weiß man, daß nichts ungehört verhallt. Man hat seinen «heißen Draht» nach oben. Wer weiß, wie nützlich so etwas sein kann! Außerdem wird die sachgemäße Auswertung abgehörter Gespräche ungemein erschwert, wenn man gelegentlich die Bemerkung einstreut, die ganze Unterhaltung sei extra für die Abhörer gehalten, von denen man nun ja Gott sei Dank Kenntnis habe. Meine Abhörer jedenfalls werden das nicht bezweifeln, nachdem ihnen damals das Band gerissen ist. Davon aber später.

Stasi 2 unternahm jetzt einen neuen Anlauf.

«Sagen Sie uns bitte, welche Manuskripte Frau X. für Sie nach dem Westen transportiert hat. Daß sie Ihre Vorlesungsskripten dorthin gebracht hat, wissen wir schon.»

«Das haben viele getan. Ich hatte 1250 eingeschriebene Hörer. Wir druckten in der Akademie wöchentlich 1500 Exemplare, die fast alle verteilt wurden. Es handelte sich ja um eine öffentliche Vorlesung, die auch im Vorlesungsverzeichnis der Universität verzeichnet war. Es kamen regelmäßig viele Studenten aus Westberlin zu der Vorlesung.»

«Wie war das möglich? Wurden denn die Ausweise nicht kontrolliert?»

«Warum? Was sollten wir dagegen haben, wenn Westberliner Studenten bei uns eine marxistische Vorlesung besuchen? Im Gegenteil, wir waren über diese Besuche sehr erfreut. Auch die Parteileitung übrigens.»

Stasi 2 ließ durchblicken, daß ich die Vorlesung ohne den Ersten Sekretär der Universitätsparteileitung, meinen Freund Werner Tzschoppe, in der Tat nicht hätte zu Ende halten können.

Warum er das so negativ sehe, sagte ich. «Es war eine sehr wichtige Hilfe, die man ihm bestimmt einmal als Verdienst anrechnen wird.»

Werner Tzschoppe hatte sich keine einzige meiner Vorlesungen angehört. Vor den höheren Parteiorganen konnte er sich deshalb stets nur auf Berichte berufen. Diese Berichte waren aber widersprüchlich. Wäre er selbst Ohrenzeuge gewesen, so hätte er ein eindeutiges Urteil abgeben müssen. Außerdem verwies er auf meine Skripte, die immer kurz vor der neuen Vorlesung ausgegeben wurde. Sie war nach einer Bandaufnahme hergestellt und redigiert. So ging alles gut bis zum Ende des Semesters. Dann überreichte ich dem Genossen Kurt Hager, dem Vorsitzenden der Ideologischen Kommission des ZK, ein komplettes Exemplar aller Skripten. Es fehlte nur die Skripte des letzten, des vierten Seminars, über die Ungleichheit der Menschen, das nie erschienen ist. Es sollte erst zum Beginn des neuen Semesters ausgegeben werden, wenn die Vorlesung fortgesetzt wurde. Dazu kam es aber nicht.

Einige Zeit danach wurde ich in das ZK bestellt, zu Hager. Auch diese Unterredung, die über fünf Stunden dauerte, fand an einem kleinen Tisch statt, nicht, wie üblich, der hohe Herr am Diplomatenschreibtisch, der Sünder unten an einem davorgestellten Konferenztisch. Der kleine Tisch stand direkt an einer totgelegten Tür, deren Nische durch einen Vorhang verdeckt war. Sie begann mit einem über einstündigen Monolog Kurt Hagers. Er sprach freundlich, unbestimmt, er habe die Skripte bisher erst einmal oberflächlich «diagonal» gelesen. Einiges sei ja bestimmt nicht zu halten. «Kommst du da nicht manchmal in gefährliche Nähe von ...» – ich weiß nicht mehr was, es war auch keine Anklagerede. Ich wußte erst nicht, worauf er hinauswollte. Nach dem ersten Monolog sagte ich auf gut Glück selbst etwas. Aber er lief, sich entschuldigend, sofort aus dem Zimmer, kam nach einer Minute wieder zurück. «Also bitte, Robert, was wolltest du sagen?»

Ich war etwas verdutzt.

«Ich wollte sagen, daß ich mit dieser Vorlesung versucht habe, so gut ich es kann, als Naturwissenschaftler für die Ideen des Marxismus zu werben. Und wie du weißt, nicht ohne Erfolg. Eigentlich erwarte ich, daß ihr das anerkennt. Natürlich mag mir dabei dieser oder jener Lapsus oder auch ein schwerwiegender Irrtum unterlaufen sein. Aber das läßt sich doch klären. Ich habe ja dem Genossen Ley auf seinen Wunsch regelmäßig meine Skripten gesandt. Er bedankte sich schriftlich und bot mir an, den Text, den er noch kommentieren wollte, später als Buch zu veröffentlichen. Sachliche Kritik, zu der ich immer wieder aufgefordert habe, hat es leider von seiten unserer Philosophen und Gesellschaftswissenschaftler bisher nicht gegeben. Ich wünsche sie mir sehr.»

«Diese Diskussion wird es bestimmt geben. Aber was dabei herauskommen wird, kann ich jetzt noch nicht sagen. Dazu kenne ich auch deine Vorlesung noch nicht genug. Es gibt Genossen, die sagen, es sei der reinste Revisionismus.»

«Wenn es dieselben Genossen sind, die ich meine, wäre es mir direkt peinlich, wenn sie das nicht sagen würden.»

«Für dich ist also Revisionismus kein Vorwurf?»

«Zunächst muß man immer berücksichtigen, von wem ein Vorwurf kommt, wes Geistes Kind der Vorwurf also ist, welches die politischen Motive sind. Oft wollen diese Bewahrer der unverfälschten Lehre sich nur bei der Parteiführung anschmieren.»

«Daß du das nicht willst, nehme ich dir gerne ab, aber was willst du, Robert?»

«Für den Marxismus werben, d. h. für unsere Sache werben.»

«Aber du bekommst Beifall nicht für deinen Marxismus, sondern für deine eingestreuten politischen Anspielungen, du bekommst Beifall von den falschen Leuten.»

«Es mag auch solchen Beifall gegeben haben. Aber er münzte sich stets um. Es fand Zustimmung, daß ich ungeniert vieles beim Namen genannt habe und keine Scheu vor Tabus hatte.»

Die Unterhaltung dauerte endlos. Es war kein Streit, sondern die friedliche Atmosphäre zwischen Leuten, die sich kennen und Vertrauen zueinander haben. Er erzählte mir, daß man Christa Reinig jetzt nach dem Westen fahren lasse. Ich kannte keine Christa Reinig. Eine versponnene Dichterin vom Märkischen Museum, unterrichtete er mich. Er las mir das Gedicht vor, das Brecht nach dem 17. Juni geschrieben hatte, wo es heißt, die Regierung solle das Volk entlassen und sich ein neues wählen. Ob ich es für gut hielte, dies in der Brecht-Ausgabe des Aufbau-Verlages zu veröffentlichen. Er zuckte die Schultern, als ich meinte, daß Suhrkamp es bestimmt veröffentlichen werde.

«Du meinst also, wir sollen es abdrucken?»

«Ja, weil ich meine, daß das Nicht-Gedruckte mehr Wirkung gegen uns hat als das Gedruckte. Im übrigen hätte in diesem Fall das Gedruckte eine große Wirkung für uns.»

«Du meinst also auch, wir sollten deine Vorlesungen veröffentlichen?»

«Ja, warum nicht? Ich werde sie für diesen Zweck natürlich gründlich überarbeiten.»

«Na, wir werden sehen ...»

«Genosse Hager, ich möchte euch um eins bitten, übt meinetwegen soviel Kritik an meinen Vorlesungen, wie ihr für nötig haltet, aber, bitte, im Interesse der Partei, tut eins nicht, verprügelt mich nicht. Wenn ihr das tun werdet, werde ich ein ‹Held der westlichen Welt› und ein Held der DDR dazu. Aber zum Schaden der Partei, nicht zu ihrem Nutzen.»

Ich hatte mit einem Mal Angst. Es war mir klar, ich hatte in Illusionen gelebt. Bestimmt würde sich jetzt eine Meute von Schreiern gegen mich aufmachen. Es brauchte nur das Stichwort zu fallen. Noch war ich wohlbestallter Professor der Humboldt-Universität, Direktor des Physikalisch-Chemischen Instituts, Mitglied der Akademie der Wissenschaften, Vorsitzender des wissenschaftlichen Beirates für Chemie des Staatssekretariats für das Hochschulwesen, Leiter der Arbeitsstelle für Fotochemie der Forschungsgemeinschaft der Akademie der Wissenschaften, Prodekan der Mathematisch-Naturwissenschaftlichen Fakultät der Universität, Träger hoher Auszeichnungen, Empfänger eines hohen Gehaltes, Mitglied der Partei – wie lange noch? Ich hatte den Bogen überspannt, andere in Gefahr gebracht. Lohnte sich das? War das sinnvoll und vernünftig? Walter Ulbricht hatte sich mehrmals in entscheidenden Augenblicken für mich eingesetzt. War ich nicht doch ein Abtrünniger? Zu sehr von der eigenen Bedeutung überzeugt? Ehrgeizig und eitel?

«Was wir tun werden, hängt von den Beschlüssen ab, die die Partei fällen wird. Ich führe dies Gespräch mit dir, weil wir einen Beschluß fassen wollen.»

«Aber, Kurt, ich bitte dich, glaube mir, daß ich in keinem

Augenblick die Absicht hatte, der Partei zu schaden!»

«Das ist nicht entscheidend. Ob du der Partei genützt hast oder geschadet hast, wird sich herausstellen.»

«Aber das wird doch auch von euch abhängen. Es ist doch dasselbe wie mit dem Gedicht von Brecht, das du mir vorgelesen hast. Bekennt euch dazu, und es wird uns nützen!»

«Ich weiß noch nicht.»

«Aber ich weiß es ganz genau. Bis heute hat sich der Westen mit keinem Wort zu meinen Vorlesungen geäußert. Die letzte Vorlesung wurde von der DEFA gefilmt. Das hat sogar viele meiner Hörer zu der Meinung gebracht, daß meine Vorlesung von der Partei inszeniert worden ist. Viele haben gehofft, daß das so ist. Andere waren auch mißtrauisch, was sich aus diesem Ei entwickeln wird. Alles liegt in eurer Hand.»

Mit sehr gemischten Gefühlen fuhr ich nach Hause. Ich versuchte, diese und jene Äußerung Kurt Hagers noch einmal zu überdenken. Ich mobilisierte meinen Optimismus. Ich brannte darauf, dies Gespräch in allen Details, die mir damals noch geläufiger waren als heute nach vielen Jahren, mit meinen Freunden zu besprechen, mit Werner insbesondere, der ja über erhebliche Erfahrungen mit dem Apparat der Partei verfügte. Ich empfand das große Glück, einen solchen Freund zu besitzen, einen richtigen Kommunisten, und einen jungen dazu. Aber alle meine Hoffnungen wurden enttäuscht. Meine harte Analyse wurde gegen meinen eigenen Willen, entgegen meinen privaten Hoffnungen und persönlichen Schwächen, auf das brutalste bestätigt. Ich hatte doch wirklich gehofft, noch einmal, wieder einmal davonzukommen. Das gute Leben, das ich hatte, war doch auch angenehm, bequem. Hatte ich es nicht doch zu leichtfertig aufs Spiel gesetzt?

Ein bis zwei Wochen nach diesem Gespräch fand eine Plenarsitzung des Zentralkomitees statt. In dem Bericht des Politbüros, der von dem Sekretär des Bezirks Halle, Sindermann, erstattet wurde, wurde ich scharf angegriffen. Es wurde mir Verbindung mit revisionistischen Strömungen in der ČSSR vorgeworfen. Der Hauptvorwurf richtete sich gegen meinen Freiheitsbegriff, weil er den Klassenstandpunkt außer acht lasse.

Freiheit, dieses Urziel allen menschlichen Strebens! Aber: Freiheit für wen? Auch Freiheit für die Faschisten, Freiheit für die Ausbeuter, Freiheit für die Kriegstreiber? In der Partei berief man sich mit Marx auf ein Wort Hegels: Freiheit ist Einsicht in die Notwendigkeit. Ich hatte in meinen Vorlesungen die Wahrheit dieses philosophischen Satzes keineswegs bestritten. Aber ich hatte Hegels Wort gegen weitverbreitete Mißdeutung verteidigt. Bedeutet denn auch jede sklavische Unterwerfung unter gesellschaftliche Notwendigkeiten Freiheit? Es gibt eben auch gesellschaftliche Notwendigkeiten, die man nicht einsehen kann, weil sie mit der Würde des Menschen unvereinbar sind. Diese Notwendigkeiten kann man wohl begreifen, aber nur, um darum um so entschiedener für ihre Aufhebung zu kämpfen. Die Einsicht in diese Notwendigkeiten ist die geistige Voraussetzung für ihre revolutionäre Überwindung. War der Stalinismus eine Notwendigkeit? Eine Notwendigkeit, der man sich zu unterwerfen hatte? Hegel sagt in der Wissenschaft der Logik: «Nur was möglich ist, kann wirklich sein.» Der Stalinismus war und ist wirklich, weil er möglich ist. Eine der barbarischen Verzerrungen der Revolution, aber – eine mögliche. «Was als möglich bestimmt ist», sagt Hegel weiter, «kann sein, kann aber auch nicht sein.» Danach ist der Stalinismus wohl möglich, aber er wäre auch vermeidbar gewesen. Hegel argumentiert weiter: «Was jeweils möglich ist, ist es nicht zufällig, sondern es ist mit Notwendigkeit bestimmt.» Mit Notwendigkeit bestimmt, das meint: mit gesetzmäßiger Strenge, objektiv und unabhängig davon, ob es uns gefällt oder nicht. Der Stalinismus ist ein System der Unterdrükkung. Das Individuum ist rechtlos gegenüber der Staatsmaschinerie. Diese Maschinerie bestimmt, was notwendig ist. Wer diese Notwendigkeit nicht einsieht, verliert seine Freiheit. Du mußt einsehen, daß eine Reise in das kapitalistische Ausland für dich schlecht und gefährlich ist. Dort wirst du den Verlockungen und raffinierten Verwirrungsmethoden des Klassenfeindes ausgesetzt sein, denen du erliegen könntest. Weil dein Bewußtsein, dein Klassenbewußtsein noch nicht stark genug ist, dem zu widerstehen, läßt dich dein Staat in väterlicher Sorge um dein Wohl nicht reisen. Du mußt eben einsehen, daß es dir an Einsicht mangelt. Du bist noch nicht reif. Sonst würdest du das Ausreiseverbot nicht als Unfreiheit empfinden. Hier ist die Freiheit. Sieh sie nur ein. So etwa sieht die Freiheitsideologie der Mauer aus. «Was möglich ist, ist es mit Notwendigkeit.» Auch was unmöglich ist, ist es mit Notwendigkeit. Ich war dafür eingetreten, daß Freiheit die freie Wahl zwischen verschiedenen Möglichkeiten bedeutet und daß um so mehr Freiheit ist, je mehr Möglichkeiten uns die Gesellschaft bietet. Nie werden diese Möglichkeiten unbegrenzt sein. Aber je begrenzter sie sind, um so unfreier leben wir.

Engels hatte gesagt: «Mit freiem Willen handeln, heißt mit Sachkenntnis handeln.» Der Wille eines Menschen bestätigt sich ja nur dann wirklich frei, wenn auch das Ziel der Handlungen erreicht wird. Unsere Handlungen vollziehen sich zwar stets in der Gegenwart, aber ihr Ziel liegt in der Zukunft. Man muß die Folgen seiner Handlungen richtig voraussehen, um frei handeln zu können. Dazu gehört Sachkenntnis. Engels meinte, je mehr Sachkenntnis ein Mensch hat, um so eindeutiger ist seine Handlungsweise bestimmt – eben durch seine Einsicht in die zwangsläufigen Folgen seines Tuns, durch seine «Einsicht in die Notwendigkeit».

Viele marxistische Theoretiker sind der Ansicht, daß auch die unfreien Handlungen – unfrei, weil ohne Sachkenntnis unternommen – ihrerseits objektiven historischen Gesetzmäßigkeiten unterliegen, durch die sie determiniert sind. Es handelt sich um den Widerspruch zwischen Spontaneität und Bewußtheit. Gerade in den spontanen Handlungen, in denen der Mensch der Illusion größter Entscheidungsfreiheit unterliegt, setzen sich die objektiven gesellschaftlichen Gesetze durch, und zwar in der Regel gegen seinen Willen. Die bewußte Tat dagegen hat oft überhaupt keine Wahl. Sie scheint am unfreiesten und ist doch die wahre Freiheit. Ich meine, in diesen richtigen Gedanken liegen zwei gefährliche Tendenzen, zwei mögliche Irrwege, die zudem eng miteinander verwandt sind. Der eine Irrweg führt zu dem Sendungsbewußtsein einer elitären Minderheit, die allein über Bewußtheit zu verfügen meint. Der Kampf dieser Minderheit gegen die Spontaneität der Mehrheit ist hoffnungslos und führt, wenn es der Minderheit gelingt, die Macht an sich zu reißen, zur schonungslosen Unterdrückung der Mehrheit. Dabei erlebt sich diese Elite als die wahre Retterin und Führerin der Massen. Sie ist die Avantgarde der Geschichte. Der andere Irrweg führt zu einer metaphysisch-deterministischen Geschichtsauffassung. Danach läuft der historische Prozeß ab wie ein Uhrwerk, zwangsläufig und unabwendbar. Alles Geschehene geschah mit Notwendigkeit. Alles Zukünftige wird mit Notwendigkeit eintreten. Gelingt es, diesen Ablauf mit wissenschaftlicher Präzision vorauszusehen, so verwandeln wir uns zwar mehr und mehr in reine Zuschauer des großen Welttheaters, aber wir können uns wenigstens, wenn es gefährlich wird, auf die hinteren Bänke verdrükken oder uns ganz davonstehlen. Und das mit dem beruhigenden Bewußtsein, daß ja auch dies mit Notwendigkeit geschieht.

Beide Denkweisen, sosehr sie sich tatsächlich logisch widersprechen, finden wir fast immer in friedlicher Harmonie miteinander vereint in den gleichen Köpfen. Nur eins finden wir in diesen Köpfen nie, die Fähigkeit nämlich, die objektiven Gesetzmäßigkeiten zu erkennen, die ihre eigenen Handlungen bestimmt haben. Für sie gilt der Marxismus stets nur für die andern.

Man stelle sich vor, wie furchtbar es wäre, wenn wir den Lauf der Geschichte voraussehen könnten. Vielleicht würde sich mancher dann lieber gleich umbringen. Oder, was soll man denn tun, um zu verhindern, was womöglich Furchtbares geschehen wird, wenn dieses Furchtbare sowieso unabwendbar ist? Könnte man etwas tun, ohne die eigene Prämisse der Voraussehbarkeit wieder zu zerstören? Stellt man sich noch vor, auch andere «Vorausseher» würden sich ans Werk machen, um den Lauf der Geschichte zu stören, wie könnte da überhaupt noch vernünftigerweise von Voraussehbarkeit gesprochen werden? Alle Prozesse, auf die wir Einfluß ausüben können, oder zumindest: auf die wir *noch* Einfluß ausüben können, sind unvoraussehbar. Nur soweit ihr Verlauf noch nicht bestimmt ist, können wir ihn bestimmen. Was in der Zukunft unabwendbar ist, ist im Grunde schon in der Vergangenheit geschehen. Wir erleben davon nur die Folgen.

Vor Jahren hatte ich einmal einen sehr merkwürdigen Traum. Er gehört zu den wenigen Träumen, die man nie vergißt, die, so phantastisch sie sein mögen, sich durch eine überzeugende Realität auszeichnen. Ich träumte, wie ich aus tiefem Schlaf erwachend mich zu meiner größten Verwunderung in einem mir völlig fremden Zimmer auf einer Couch liegend vorfinde, völlig angekleidet. Ich hatte das unbestimmte Gefühl einer mir drohenden Gefahr. Stand also leise auf, schlich zur Gott sei Dank nicht verschlossenen Tür hinaus auf einen langen Flur, gelangte zur Wohnungstür und war endlich, unbemerkt, im Treppenhaus, auf dem Weg hinaus aus diesem unheimlichen Haus. Wie ich die bequeme läuferbelegte Treppe des vornehmen Bürgerhauses abwärts steige, geht plötzlich mein Vater neben mir, als wenn nichts wäre. So harmlos wie möglich frage ich ihn: «Wo sind wir hier eigentlich?» Seine Antwort nur ein besorgter Blick, es sei doch wirklich kein Anlaß zum Scherzen. Ich gebe es aber nicht auf: «Ach, weißt du, welches Datum wir heute eigentlich haben?» «Den Siebzehnten.» «April?» Er fast böse: «September, du weißt doch!» Ich gebe nun das Spiel auf und frage ihn ganz direkt: «Nun sage mir noch das Jahr, bitte.» «Neunzehnhunderteinundvierzig.» Ich erschrak furchtbar. Das war also das Geheimnis: einundvierzig. Ich kam aber direkt aus dem Jahre 1951. Aber jetzt war ich wieder im Jahre 1941. Ganz leichtfertig sagte ich: «Was sagst du dazu, ich war schon zehn Jahre weiter. Ich weiß viel, es wird dich interessieren, 1945 ist der Krieg zu Ende, Hitler verbrennt sich mit Benzin, der ganze Naziplunder ist zum Teufel ...» Er unterbrach mich ängstlich, ich dürfe solche Sachen nicht so laut sagen, ob ich nicht wisse, in was für einem Haus ich sei. «Man kann ja alles hören, was du sagst.» Jetzt erst fiel mir ein, daß solche Reden ja gefährlich waren – gewesen waren, aber ich war doch schon durch alles hindurch. «Du hast nur Angst, weil du nicht weißt, wie alles kommen wird.» «Du warst immer so leichtfertig», meinte er, «weil du glaubst, du weißt alles besser.» «Nein, in diesem Falle ist das etwas anderes, ich weiß es doch nur deshalb, weil ich alles schon erlebt habe.» Mein Vater blickte mir voll ins Gesicht:

«Mein lieber Robert», sagte er voller Verzweiflung, «was ist das bloß?» Ich hatte plötzlich das Gefühl, über Kenntnisse von ungeheurer Tragweite zu verfügen, und zwar über wirklich zuverlässige Kenntnisse. Als ich von der Idee ergriffen wurde, ich müsse diese Kenntnisse nun in der Widerstandsbewegung praktisch anzuwenden versuchen, wachte ich jäh aus meinem Traum auf. Ich wurde mir im Traum der Sinnlosigkeit solcher Kenntnisse bewußt. Ich konnte an der Zukunft, die ich kannte, nichts ändern.

Was wohl meine drei Stasi tun würden, wenn sie schon im Jahre 1976 gewesen wären? Würden sie auch erwachen? Ist es ihr Glück, daß sie nicht zuviel von der Zukunft wissen? Oder?

Doch auch Geheimpolizisten denken an die Zukunft. Es liegt im Wesen ihres Gewerbes, daß sie dabei stets von Sorge erfüllt sind. Sie fürchten den Augenblick, in dem ihre private Person den Schutz der staatlich garantierten Anonymität verlieren wird. Das kann schon unter «normalen» Bedingungen das Ende ihrer Karriere bedeuten. Wieviel schlimmer aber, wenn die staatliche Ordnung, deren Geschäfte sie betreiben, zusammenbricht!

Als ich im Herbst des Jahres 1943 in der Prinz-Albrecht-Straße in Berlin von der Gestapo verhört wurde, hatte mein Verhörer, Kriminalkommissar Manig, einmal einen solchen lichten Augenblick. An der Wand des ziemlich großen Raumes hing eine große Landkarte des europäischen Teils der Sowjetunion. Mit vielen kleinen Fähnchen war auf der Karte der Verlauf der «Ostfront» abgesteckt. Noch stand die Hitler-Armee tief in Rußland, aber ständige Angriffe der Roten Armee hatten die Front ins Wanken gebracht. Fast täglich meldete der Wehrmachtsbericht neue Einbrüche. Die Rückzüge der deutschen Truppen wurden im Wehrmachtsbericht als «Frontbegradigungen» umschrieben. Als Untersuchungshäftling erhielt ich täglich den «Völkischen Beobachter», war also in Kenntnis des Frontverlaufs.

Was ich an der Karte so interessant fände, daß ich dauernd darauf starre, fragte Manig.

«Die Fähnchen stecken falsch.»

«So?»

«Ja, die neuesten Frontbegradigungen sind noch nicht berücksichtigt.» Manig sah sich selbst die Karte genauer an. Plötzlich: «Diese Bolschewisten waren eben konsequenter als wir. Das haben wir davon. Wir hätten ebenso gründlich mit der Reaktion aufräumen müssen wie sie, noch gründlicher ...»

Ich hatte damals noch keine rechte Vorstellung davon, was er wohl alles unter «Reaktion» verstand. Ich war überzeugt, daß er mehr wußte als ich. Was er denn meine?

«Sie wissen ganz genau, was ich meine ...»

«Glauben Sie denn, daß es sich noch lohnt, uns alle umzubringen?» fragte ich vorsichtig.

Keine Antwort.

Ich schwieg und wartete, was dieses Gehirn jetzt ausbrüten würde. Es dauerte eine ganze Weile. An mir vorbeisehend schrie er fast:

«Mann, was denken Sie! Und, überhaupt, was werdet ihr denn dann mit uns machen?» Er machte die Bewegung des Halsabschneidens. Er hatte an die Zukunft gedacht.

Auch Stasi 2, eben noch bei meinen Vorlesungen 1964, fragte ohne Übergang:

«Sie verweigern also weiterhin die Aussage. Was meinen Sie eigentlich, wie wir da weiterkommen sollen? Was, denken Sie, soll nun mit Frau X. geschehen?»

«Entlassen Sie sie.»

«Frau X. hat geltende Gesetze verletzt, wofür sie, wie jeder andere auch, bestraft werden muß. In unserem Staat gibt es nicht zweierlei Recht. Die Urteile unserer Gerichte nehmen keine Rücksicht auf die Person. Jeder wird bestraft, wenn er unrecht getan hat, da kann es keine Ausnahmen geben. Meinen Sie nicht auch?»

Ich mußte an den Rechtsanwalt Vogel denken.

«Es gibt manchmal auch die Möglichkeit, auf die Interessen des Staates Rücksicht zu nehmen. Man kann Verfahren niederschlagen, aus Gründen der ‹Staatsraison›.»

«Ich verstehe nicht, was Sie damit meinen.»

«Ich meine, daß die Festnahme einer Studentin, die Mitglied der SPD ist und unserem Staat sehr positiv gegenübersteht, unvernünftig ist.»

Das Verhör wurde fortgesetzt, Fragen und keine andere Antwort als «Ich mache von meinem Recht der Aussageverweigerung Gebrauch»; irgendwann mußten sie es doch einsehen, daß dies Spiel sinnlos war. Die Einsicht kam nach Zeitplan, nicht nach sachlichen Gesichtspunkten. Gegen halb vier Uhr nachmittags hörten die Fragen auf. Stasi 2 begann, an Hand seiner Notizen, das Protokoll zu schreiben, viele Seiten. Ich verstand nicht, was es bei einem solchen Verhör, das doch eigentlich ohne Inhalt geblieben war, viel in ein Protokoll zu schreiben gab. Aber es wurde schließlich doch mindestens sechs Seiten lang, vielleicht noch länger, ich weiß es heute nicht mehr. Jede Seite mußte ich einzeln unterschreiben. Es war genau fünf Uhr nachmittags, also Dienstschluß, als ich entlassen wurde.

Im März 1966

Im März, am 21., wurde Frau X. verhaftet.

Im März ließ der damalige Präsident der Akademie der Wissenschaften seine achtseitige Anklageschrift gegen mich an die ordentlichen Mitglieder der Akademie verteilen, jenes schändliche Pamphlet, das vor der Plenarsitzung der Akademie am 24. März, auf der mein Ausschluß beschlossen werden sollte, in der *Zeit* veröffentlicht wurde. Im März wurde ich auch vor das Präsidium der Akademie geladen, wohl weil man mich dort bereits im voraus verurteilen wollte. Einer der Sekretäre las einen gewundenen Text vor, den er zweifellos nicht allein fabriziert hatte. Ich erklärte, nicht Stellung nehmen zu können, solange mir nicht der Brief zugänglich gemacht sei, den der Präsident an die Mitglieder verteilt habe. Ich könne nicht zu einer Anklage sprechen, die ich nicht kenne. Es war ein merkwürdiger Anblick, diese vielen meist sehr betagten Herren zu sehen – zu sehen, wie sie sich schämten. Ich kannte die meisten persönlich gut und schätzte sie hoch, wußte darum auch, was in ihrem Innern vorging.

Im März machte mir, auf mein wiederholtes Drängen, auch das Ministerium für Chemische Industrie ein erstes Angebot für eine wissenschaftliche Arbeit in der chemischen Industrie. Ich sollte physikalisch-chemische Forschungen an Polyacrylnitril-Fasern im Chemiefaserwerk Friedrich Engels in Premnitz bei Brandenburg durchführen. Ich nahm das Angebot an, allerdings unter der Bedingung, daß zunächst gemeinsam mit Fachleuten dieses Gebietes ein präziser Forschungsplan ausgearbeitet werden müsse, da ich selbst über keine speziellen Kenntnisse dieses technisch umfangreichen Gebietes verfügte.

Zu diesem Zweck wurde am 7. April eine Konferenz von Experten in Premnitz einberufen.

Am 24. März fand die denkwürdige Sitzung des Plenums der Akademie statt, auf der der Antrag des Präsidiums auf «Beendigung der Mitgliedschaft des Hrn. Havemann» nicht die erforderliche Stimmenzahl erhielt. Das war drei Tage nach der Verhaftung von Frau X. Die Abstimmung war nach den Regeln eines neuen Statuts durchgeführt worden, das erst ein Jahr zuvor in Kraft gesetzt worden war. Es forderte, daß bei der Abstimmung über einen Antrag auf Beendigung einer Mitgliedschaft mindestens $3/4$ der stimmberechtigten Mitglieder anwesend sein müssen und daß von den Anwesenden mindestens $3/4$ für den Antrag stimmen müssen. So wird gesichert, daß für einen Ausschluß wenigstens $9/16$, d. h. ein Sechzehntel mehr als die Hälfte der Stimmberechtigten stimmen müssen. Diese Stimmenzahl wurde nicht annähernd erreicht, obwohl das Präsidium statutenwidrig etwa 20 Stimmen nicht Anwesender als «Briefstimmen» mitzählte. Aber trotz dieser Abstimmungsniederlage beschloß das Präsidium der Akademie eine Woche später, am 31. März, mich «aus den Listen der Akademie zu streichen». Auch dieser Beschluß war statutenwidrig, er ist also nicht rechtswirksam. Aber er dokumentiert sich eindeutig als eine politische Maßregelung, und zwar als eine Maßregelung der Akademie durch die politischen Instanzen. Formal bin ich also noch Mitglied, aber mein Name steht nicht in ihren Listen! Wie lustig!

Am 7. April fand die Expertenkonferenz im Kunstfaserwerk in Premnitz statt. Es wurde beschlossen, ich solle in Zusammenarbeit mit den Experten einen detaillierten Forschungsplan ausarbeiten. Die erste Zusammenkunft mit einem der auf diesem Gebiet führenden Fachexperten, Dr. Gröbe, wurde für den 21. April in meiner Berliner Wohnung vereinbart. Es erwies sich nämlich als unmöglich, daß diese Beratung in den Räumen des Instituts für Faserstoffchemie durchgeführt werden konnte, weil die Akademie der Wissenschaften, der dies Institut angehörte, für mich ein generelles Hausverbot für alle ihre Institute erlassen hatte. Aber einen Tag vor dem verabredeten Termin, am 20. April, wurde auch diese Zusammenkunft abgesagt, weil – wie mir das Ministerium für Chemische Industrie mitteilte – der Direktor des Instituts für Faserstoffchemie seinen Mitarbeitern «jeden persönlichen Verkehr» mit mir verboten hatte. Unter diesen Umständen lehnte ich den Auftrag ab. Was wollte man eigentlich? Wollte man mich nur desavouieren, wollte man mich einschüchtern? Glaubte man, die Daumenschraube würde genügen, mich gefügig zu machen? Schließlich hatte ich seit meiner Entlassung keinerlei Einkommen mehr. Oder war das ganze Angebot in Premnitz überhaupt nicht ehrlich gemeint? Wollte man nur erreichen, daß ich ablehnte, um dann die eigenen Hände in Unschuld waschen zu können? Mit der wirtschaftlichen Daumenschraube war das übrigens nicht ganz einfach. Denn verschiedene mir befreundete Wissenschaftler mit hohem Einkommen griffen mir sogleich sehr hilfsbereit unter die Arme. Diese Beweise der Solidarität haben mir sehr geholfen.

Und was bezweckte man mit der Verhaftung von Frau X.? Diese Frage klärte sich schnell, als ich mit einem Freund sprach. Er hatte eine kühlere Einstellung zu dieser Frage als ich, vielleicht auch mehr Erfahrungen auf diesem Gebiet, allerdings wohl nur indirekte.

«Man will dich als Zeuge gegen Frau X. vor Gericht bringen. Sie soll auf Grund deiner Zeugenaussage bestraft werden. An Frau X. ist man gar nicht direkt interessiert. Man will nur erreichen, daß du vor aller Welt dastehst wie ein Schuft, der durch seine Aussagen eine Westberliner Studentin ins Gefängnis gebracht hat, womöglich um die eigene Haut zu retten.»

Demnach war meine Aussageverweigerung richtig gewesen. Was konnten sie mit einem Zeugen anfangen, der die Aussage verweigert? Sie hätten dann womöglich einen ihrer anderen Zeugen preisgeben müssen, woran sie natürlich nicht im geringsten interessiert waren. Demnach wurde durch meine Aussageverweigerung das Verfahren nicht verzögert, sondern beschleunigt. Je schneller die Stasi einsah, daß sie ihr Ziel nicht erreichen konnte, um so besser. Möglicherweise würde man dann ganz auf eine Gerichtsverhandlung verzichten und Frau X. stillschweigend abschieben. Bei der nächsten Zeugenvernehmung, die mir die Stasi schon in Aussicht gestellt hatte, würde ich also nicht nur bei meiner bisherigen Taktik bleiben, sondern darüber hinaus versuchen, ihnen die Idee eines Gerichtsverfahrens gründlich zu versalzen.

Eigentlich war dieser Plan, mich öffentlich in die Lage eines Zeugen der Anklage zu bringen, doch eine perfide Methode, sich mit mir auseinanderzusetzen! Hätte ich mir das früher je träumen lassen, daß ich einmal einen Kampf gegen den Staat zu führen haben würde, den ich nicht nur voller Begeisterung mitbegründet hatte, sondern den ich auch heute noch für die in Deutschland historisch entscheidende Errungenschaft des internationalen Kampfes der Arbeiterklasse für den Sozialismus halte! So abgegriffen diese plakative Formulierung von der «historisch entscheidenden Errungenschaft» inzwischen auch geworden ist, nur noch Füllsel in inhaltslosen Leitartikeln, über die man gerade darum so schnell hinweglesen kann, weil sie so reich an solchen Alibi-Formeln sind – eine Formulierung also, die praktisch keinen Informationswert mehr hat –: gerade jetzt in meiner paradoxen Lage muß ich sie, ruhig, Wort für Wort (wie ein Bekenntnis, nein: *als* Bekenntnis) aussprechen. Aber ich führe ja auch tatsächlich keinen Kampf gegen diesen Staat. Ich erlebe am eigenen Leib, was Stalinismus ist, und muß mich, zunächst einmal als Selbstverteidigung, gegen seine Willkür zur Wehr setzen, so gut und so schlecht ich das kann.

Der moderne Stalinismus ist raffinierter, verlogener und feiger als der ursprüngliche zu Stalins Lebzeiten. Der alte Stalinismus befand sich in Übereinstimmung mit den politischen, sozialen und ökonomischen Verhältnissen seiner Epoche. Von der Oktoberrevolution im Jahr 1917 bis zu dem Augenblick, als die Sowjetunion, noch vor den USA, im Jahr 1952 die erste militärisch brauchbare Wasserstoffbombe zündete, befand sich das erste Land des Sozialismus in der Situation einer belagerten Festung. Das war eine Zeit, die ungeheure Opfer kostete und auch erforderte. Heute hat zwar längst nicht nur in der Sowjetunion, sondern in der ganzen Welt eine andere Epoche begonnen. Ich will sie nicht eine «neue Epoche» nennen, weil das den Anschein erweckt, ich hielte die gegenwärtig anhebende Phase für dauerhaft und zukunftsträchtig. Aber es handelt sich nur um eine Phase des Übergangs, darum also auch um eine Phase der schreienden und sinnlos erscheinenden Widersprüche und Anachronismen. In unseren sozialistischen Staaten ist dies der Zeitabschnitt, in dem der Neo-Stalinismus, diese üble Nachgeburt des Sozialismus, in Zersetzung gerät und im Interesse der öffentlichen Hygiene auf den Müllhaufen befördert werden muß.

Stalinismus, ein in mehrfacher Hinsicht irreführendes Wort! Ursprünglich entstammt es dem Arsenal des Antikommunismus. Weil mehr als zwei Jahrzehnte lang alle Enthüllungen über die Greuel der Stalin-Ära die lautstärksten Argumente gegen den Sowjetstaat und gegen den Kommunismus bildeten, über die die Antikommunisten verfügten, waren diese Enthüllungen für alle überzeugten Anhänger des Kommunismus von vornherein unglaubwürdig, Greuelpropaganda. Natürlich gab es in der Sowjetunion und unter den ausländischen Emigranten, die während der Nazi-Zeit und danach in der Sowjetunion lebten, viele, die größtenteils am eigenen Leib oder zumindest am Leib ihrer Freunde und Genossen erfahren hatten, was Stalinismus ist. Aber sie schwiegen, auch als sie nach Ende des Zweiten Weltkrieges in ihre Heimatländer zurückgekehrt waren. Die, die nicht schwiegen, gingen in das Lager der Feinde über.

Die furchtbare Wahrheit der Grausamkeiten jener Zeit wurde erst durch den XX. Parteitag der KPdSU enthüllt. Das Wort «Stalinismus» drang auf die schmerzhafteste Weise in den Sprachschatz der Kommunisten ein. In der Sowjetunion, in der DDR und einigen anderen Ländern ist es auch heute noch verpönt. Dort spricht man verschämt von der Periode des Personenkultes, womit man das Wesen dieser krankhaften Entartung des Sozialismus nur noch mehr verdunkelt. Der Kult, der mit den führenden Persönlichkeiten des Staates und der Partei und ganz besonders mit *der* führenden Persönlichkeit getrieben wird, tritt zwar für den außenstehenden Beobachter besonders hervor. Für die Gegner des Kommunismus äußert sich in diesem Personenkult die Wesensverwandtschaft mit dem Faschismus und anderen modernen faschistoiden Diktaturen. Aber hier wie dort ist der Personenkult nicht die Ursache und nicht einmal das Wesen der Herrschaftsform, sondern nur die Folgeerscheinung der besonderen inneren Struktur, die sich in der Gesellschaft ausgebildet hat. Der Personenkult kann sogar in erheblichem Ausmaß abgebaut werden, ohne daß die stalinistische Struktur aufgelöst wird. Allerdings ist die Tendenz zur erneuten Ausbildung des Personenkultes nicht auszurotten, solange diese Struktur fortbesteht.

Das Wesen dieser Struktur ist nicht, wie eine verbreitete Meinung besagt, die Herrschaft einer neuen Klasse, der Klasse der Parteibürokraten und Apparatschiks. Die Partei- und Staatsbürokratie bildet keinen besonderen Körper innerhalb der Gesellschaft. Sie ist vielmehr einem verästelten und wuchernden System vergleichbar, dessen Fasern sich dem Mittelpunkt zu in immer mächtigeren Strängen vereinen. Sie ist dem Mycel eines Pilzes vergleichbar, das seinen Nährboden durchzieht und aussaugt. Dieses Geflecht hat zwar hierarchisch gesehen keine echte Schichtstruktur, denn in den verschiedenen Etagen dieser Hierarchie existiert kein oder fast kein System von Querverbindungen. Alle Verbindungen sind nur in zentraler Richtung gezogen. Aber doch gilt, daß jede der Quasischichten dieses Systems von der über ihr liegenden Schicht beherrscht wird und ihrerseits eine unter ihr liegende Schicht selbst beherrscht. Die gesamte gesellschaftliche Macht wird durch diese Struktur auf das Zentrum hin orientiert. Eine demokratische Meinungsbildung von unten ist absolut ausgeschlossen. Zwar bilden sich zu allen wichtigen Fragen die verschiedenartigsten Meinungen innerhalb der Bevölkerung. Aber diese Meinungen des Mannes auf der Straße sind fast immer gegen die offizielle Meinung, die von oben dekretiert wird, gerichtet. In der Presse, in Rundfunk und Fernsehen wird diese offizielle Meinung zwar unaufhörlich und unisono verkündet, aber trotzdem gelingt es nicht, die Ansichten und das Denken der Volksmassen mit Hilfe dieses staatlichen Informationsmonopols zu manipulieren. Auch innerhalb der strukturellen Fasern des Machtapparats bleibt das Denken der Staats- und Parteifunktionäre völlig schizophren. Sie wissen, was sie zu denken haben. Aber sie denken zugleich etwas anderes. Die wahren Ansichten dieser Leute kann man nur unter vier Augen erfahren und auch dann nur, wenn sie nicht fürchten, daß ein geheimer

Abhörapparat ihre Äußerungen aufnehmen kann.

Innerhalb des Machtapparats vollzieht sich ein unaufhörlicher Aufstieg der einzelnen Funktionäre, ein Aufstieg, der bei den meisten eines Tages mit einem jähen Absturz endet. Als Erich Apel, dessen Karriere etwas Kometenhaftes hatte, den Höhepunkt seiner Laufbahn erreicht hatte und Vorsitzender der staatlichen Finanzkommission geworden war, rief er – nach einigen Glas französischen Cognacs, die wir auf seinen neuen Erfolg getrunken hatten – wie in dunkler Vorahnung seines Schicksals: «Eins sage ich dir, Robert, ich werde nicht über die Klinge springen, ich nicht!» Solange der Funktionär zuverlässig und zweifelsfrei alle von oben kommenden Weisungen befolgt und nach unten überträgt, ist seine Karriere gesichert. Ein einziger selbständiger Gedanke, der auch nur eine Spur von Zweifel an der Richtigkeit der Staatsmeinung erkennen läßt, kann das Ende seiner Laufbahn bedeuten. Mit Argusaugen bewachen seine Konkurrenten jeden seiner Schritte und hören auf jedes seiner Worte. Dieser Druck von unten, dieses dauernde Nachdrängen der Anwärter auf seinen Posten veranlaßt ihn, lieber päpstlicher zu sein als der Papst, um ja nicht in den Verdacht zu kommen, er sei ein Versöhnler, ein Liberaler oder gar ein Aufweichler. Dieser Mechanismus des Mißtrauens und des Karrierismus bewirkt, daß jeder noch so entschiedene Schritt der Führung in Richtung auf eine Demokratisierung oder «Liberalisierung» sich immer wieder totläuft und in einer neuen Periode der harten Linie endet. Die stalinistische Struktur reproduziert sich auf diese Weise immer wieder. Wie einem Drachen wachsen ihr die abgeschlagenen Köpfe und Glieder stets von neuem nach. Die Tendenz der Verhärtung und Dogmatisierung, die geradezu automatisch wirksam ist, ist eine Struktureigenschaft, die nicht erst durch besondere Entscheidungen von oben herbeigeführt wird. Im Gegenteil, die Führung selbst lebt unter dem Druck dieser Tendenz, die nicht selten ihre Entscheidungsfreiheit einengt. Nur der Mann an der Spitze der Hierarchie kann ungestraft vorübergehende Wendungen herbeiführen. Aber solange diese hierarchische Struktur besteht, die zugleich die Voraussetzung seiner eigenen Macht ist, sind selbst seine ernst gemeinten Wendungen und Auflockerungsversuche immer nur von vorübergehender Wirkung. Auch er bleibt Gefangener des Systems.

Bisher sind alle Versuche zur Überwindung des Stalinismus daran gescheitert, daß es nicht gelang, die stalinistische Struktur aufzulösen und durch eine moderne, demokratische zu ersetzen, alle Versuche, wenn man von der Entwicklung in der ČSSR seit dem Januarplenum des Jahres 1968 absieht. Dort wurde die stalinistische Struktur tatsächlich weitgehend zerstört und der erste Schritt in eine neue Epoche getan, in die Epoche des freiheitlichen und demokratischen Sozialismus. Trotz des massiven Versuchs, diese Entwicklung durch Einmischung von außen aufzuhalten, erweist der Fortgang der Entwicklung in der ČSSR die Machtlosigkeit des alten Systems gegenüber dem neuen. Man kann die ČSSR beliebig unter äußeren Druck setzen, ihre äußere Bewegungsfreiheit einengen und die «Freiheit der Presse» verbieten – man kann den Stalinismus nicht restaurieren, ohne seine Struktur wiederherzustellen. Und diese Struktur ist nicht regenerierbar, wenn ihr einmal das Lebenslicht ausgeblasen worden ist. Die Politik der Intervention setzt sich tagtäglich von neuem ins Unrecht, der Intervent verliert sein Gesicht. David ist stärker als Goliath. Es ist auf die Dauer ganz unvermeidlich, daß sich die Ideen der KPČ gerade infolge der Intervention nun verstärkt auch in den Ländern der Interventen ausbreiten werden. Die Freiheit ist die Krankheit, an der der Stalinismus sterben wird.

Der Stalinismus ist keine für den Sozialismus typische Herrschaftsform. Im Gegenteil, er widerspricht allen Grundforderungen und Prinzipien des marxistischen Sozialismus. Er widerspricht dem Wesen des Sozialismus so absolut und tiefgreifend, daß er die Entwicklung des Sozialismus in den sozialistischen Staaten nicht nur aufgehalten, sondern überhaupt verhindert hat, daß eine Gesellschaftsordnung entstanden ist, die man uneingeschränkt als sozialistisch bezeichnen kann. Die sozialistische Revolution hat in diesen Ländern zwar die kapitalistischen Produktionsverhältnisse zerstört, aber sie war nicht fähig, neue sozialistische Produktionsverhältnisse zu schaffen. Dies ist nur möglich, wenn auch der Überbau umgewälzt und die sozialistische Demokratie errichtet wird, die nicht nur alle Errungenschaften der bürgerlichen Demokratie aufrechterhält, sondern überhaupt erst das Prinzip der Demokratie wirklich realisieren kann, weil mit der Beseitigung des Privateigentums an den Produktionsmitteln das letzte Privileg einer Klasse innerhalb der Gesellschaft aufgehoben wird, das mit wahrer Demokratie unvereinbar ist. Mit der Aufhebung des Privateigentums an den Produktionsmitteln wird zwar eine entscheidende Voraussetzung für die Verwirklichung des Sozialismus geschaffen. Aber sie allein führt den Sozialismus noch nicht automatisch herbei. Der nicht minder entscheidende zweite Schritt ist die Entfaltung der sozialistischen Demokratie. Wo sich der Stalinismus entwickelte, blieb dieser zweite Schritt aus, die Revolution blieb vor den Toren der neuen Zeit stehen und ward um ihre Ziele betrogen.

Ich sehe hauptsächlich zwei Gründe dafür, daß sich der Stalinismus in der Sowjetunion entwickeln konnte. Diese Gründe sind zwei historische Umstände, die von den russischen Revolutionären nicht geschaffen wurden, sondern die sie vorfanden, ohne sie mit einem Schlag überwinden zu können, ja, die sie selbst bis auf den heutigen Tag nicht völlig überwinden konnten, ohne daß ihnen daraus ein Vorwurf zu machen ist. Diese zwei Gründe sind:

1. Die erste sozialistische Revolution siegte in einem wirtschaftlich und politisch sehr rückständigen Land, dessen politische Ordnung noch weitgehend durch den Feudalismus geprägt war.

2. An den Sieg der Revolution in *einem* Land schloß sich keine siegreiche Revolution in anderen höher entwickelten Ländern an.

Nach Marx wird die kapitalistische Gesellschaft reif für die sozialistische Revolution, wenn sich die Produktivkräfte so weit entwickelt haben, daß der Grad ihrer «Gesellschaftlichkeit» in immer stärkeren Widerspruch zu den herrschenden kapitalistischen Produktionsverhältnissen geraten ist, wodurch diese Produktionsverhältnisse zur Fessel der Entwicklung der Produktivkräfte geworden sind. Mit der Revolution wird diese Fessel beseitigt, eine neue stürmische Entwicklung der Produktivkräfte setzt ein. Wenn man bedenkt, daß selbst in den höchstentwickelten kapitalistischen Staaten die Produktivkräfte sich immer noch stürmisch entwickeln, wobei allerdings bereits Widersprüche zu den herrschenden Produktionsverhältnissen deutlich hervortreten, dann kann man ermessen, wie weit die politisch-ökonomischen Verhältnisse im Rußland des Jahres 1917 von diesen Voraussetzungen der sozialistischen Revolution im Sinne Marxens entfernt waren. Hatte Marx also unrecht? Nein, denn die folgende tragische Entwicklung im ersten sozialistischen Land der Welt hat mit aller Deutlichkeit gezeigt, in welche Schwierigkeiten der Sozialismus in einem Land geraten kann, dessen Entwicklung noch nicht den erforderlichen ökonomischen Reifegrad erreicht hat. Man muß also die ungeheure Leistung der russischen Revolutionäre bewundern, die die immer mögliche Restauration des Kapitalismus in ihrem Land verhinderten, den barbarischen Angriff des Hitlerfaschismus erfolgreich abwehrten, eine große imponierende Industrie aufbauten, wenn auch unter unsäglichen Opfern, und die Sowjetunion heute zur militärisch und industriell führenden «Supermacht» entwickelt haben. Das alles war aber nur möglich unter der harten Knute des Stalinismus. Das soll nicht besagen, daß die wahnsinnigen Selbstverstümmelungen, der millionenfache Mord an guten Kommunisten, die grausame Herrschaft der Geheimpolizei, die dogmatische Verzerrung der marxistischen Theorie und Philosophie, daß alles dies unvermeidlich war. Aber, wie schon Marx sagte, die Menschen machen ihre Geschichte selbst, und die russischen Revolutionäre waren beim Machen ihrer Geschichte wirklich ganz auf sich selbst angewiesen, und so machten sie ihre Geschichte nicht so gut, wie es trotzdem möglich gewesen wäre, sondern in vielem unsäglich schlechter. Aber machten wir Deutschen unsere Geschichte nicht noch viel schlechter? Wir brachten 1919 keine Revolution zustande, wir brachten 1933 keine Einheitsfront gegen Hitler zustande, wir versanken in der entsetzlichen Barbarei des Faschismus. Unsere Aufgabe ist nicht, zu verurteilen, sondern zu lernen, die Zusammenhänge zu begreifen, die Tragik der russischen Entwicklung zu verstehen.

Die russischen Revolutionäre haben in fünfzig Jahren aus einem rückständigen Agrarland einen Industriestaat höchster Leistung gemacht, der den ersten Sputnik zur Reise um die Welt schickte. Man bedenke, was alles in diesen fünfzig Jahren geschah, um das Wachsen des russischen Riesen zu verhindern! Eine «normale» Entwicklung, eine demokratisch-kapitalistische Entwicklung hätte diesen gewaltigen Sprung nie zustande gebracht. Die Sowjetunion befand sich ununterbrochen in einer Art von Kriegszustand, ganz abgesehen von den furchtbaren Jahren des wirklichen Krieges. Ihre Wirtschaft war Kriegswirtschaft, Produktion nach den staatlichen Bedürfnissen ohne Rücksicht auf die ökonomischen Optimierungen. Es kam nicht darauf an, was es unter den gegebenen Bedingungen kostete, sondern es kam darauf an, daß es zustande gebracht wurde, wenn auch unter noch so großen Opfern. Aber heute ist es soweit, daß die Produktion von den Fesseln der Kriegswirtschaft befreit werden kann. Die Sowjetunion ist endlich reif für den Sozialismus. Der Stalinismus ist unzeitgemäß geworden.

Nach Marx entwickelt sich die neue gesellschaftliche Formation stets schon vor der Revolution im Schoße der alten, so der Kapitalismus im Schoße des Feudalismus, der Sozialismus im Schoße des Kapitalismus. Unter den Bedingungen des Stalinismus wurde diese Theorie revidiert. Stalin dekretierte, daß der Sozialismus sich erst nach Ergreifung der politischen Macht entwickeln könnte, weil die Arbeiter «im Schoße des Kapitalismus» keine ökonomische Macht erlangen könnten. Damit ließen sich die Schwierigkeiten des sozialistischen Aufbaus in einem Land leichter erklären. Die Idee der Weltrevolution wurde beiseite gelegt, weil sie nicht stattgefunden hatte. Die Revolution siegte in Rußland, weil dieser rückständige Staat das schwächste Kettenglied des Kapitalismus war. Lenin hatte gehofft, daß der Bruch der Kette die Revolution auch in den großen kapitalistischen Zentren initiieren würde. Aber war Rußland überhaupt ein Kettenglied des Kapitalismus? Ebensogut hätte man das von der

Türkei, von Persien oder den Balkanstaaten sagen können. Die Theorie vom schwächsten Kettenglied war das, was man eine Theorie «ad hoc» nennt, speziell für die eigenen Bedürfnisse geschneidert, brauchbar für den Moment, aber falsch. Die Revolution in einem Land hatte die Revolution in der Welt aus den Augen verloren. Sie sah nur noch sich.

Die Sowjetunion lebte bis zum Ende des Zweiten Weltkriegs in der kapitalistischen Einkreisung, das erste sozialistische Land der Welt in der Lage einer belagerten Festung. Diesem Zustand und der daraus erwachsenen Selbsteinschätzung entsprach das politische System des Stalinismus. Lenin soll einmal gesagt haben: Vertrauen ist gut, Kontrolle ist besser. Mißtrauen gegen jedermann ist die Grundstimmung in der belagerten Festung. Überall wittert man den versteckten Feind, die Fünfte Kolonne. Die Freizügigkeit im Innern wird aufgehoben. Für jede Reise wird eine Genehmigung vorgeschrieben. Die Grenzen werden hermetisch geschlossen. Über alle Vorgänge im Innern wird eine absolute Nachrichtensperre verhängt. Das Abhören ausländischer Sender ist verboten. Nur wenige Privilegierte haben überhaupt das Recht, einen Radioapparat zu besitzen. Die Sendungen des staatlichen Rundfunks werden über zentrale Hausanlagen verbreitet, die die in den Wohnungen angebrachten Lautsprecher mit Strom versorgen. Fotografieren außerhalb der Wohnungen ist fast ganz verboten. Ein immer dichter werdendes Netz der Geheimpolizei legt sich über das Land. Millionen wandern in die Zwangsarbeitslager, Millionen kommen dort um.

Unter diesen Bedingungen werden kriecherische Unterwürfigkeit und Heuchelei zum unentbehrlichen Mittel der Selbstverteidigung des Individuums. Das Widersinnige dieses ganzen Zustandes besteht aber darin, daß dieses System der Willkür und der Rechtlosigkeit nicht etwa darum geschaffen wird, weil eine kleine skrupellose Gruppe ihre Herrschaft sichern will, sondern weil wirklich das Land und das System aufs äußerste bedroht sind und die verantwortlichen Funktionäre ihre historische Mission darin sehen, die sozialistische Revolution mit allen Mitteln zu schützen und durch die schwere Zeit der kapitalistischen Einkreisung hindurchzuführen. Als dann 1941 der Überfall Hitlers auf die Sowjetunion erfolgt, wobei Hitler einen im Interesse der Sicherheit der Sowjetunion mit der Sowjetunion geschlossenen Freundschafts- und Beistandspakt ohne jede Ankündigung bricht, einen Pakt, der von der Sowjetunion minuziös erfüllt wurde und der Hitler überhaupt erst die Möglichkeit eröffnet hatte, seinen Eroberungskrieg zu beginnen, da wird mit einem Schlag die ganze grausame Politik des Mißtrauens, der Spionenfurcht, der Herrschaft der Geheimpolizei und ihrer Zwangsarbeitslager gerechtfertigt. Der Faschismus ist nicht mehr das Gespenst an der Wand, mit dem die Einfältigen erschreckt werden, sondern er ist zur furchtbaren Wirklichkeit geworden, bricht mit seinen Armeen tief in das Land ein, brandschatzend, mordend, alles verwüstend.

Im Januar des Jahres 1941 erfuhr ich zum erstenmal davon, daß Hitler für dieses Jahr den Angriff gegen die Sowjetunion plane. Ein Mitglied unserer Widerstandsgruppe «Europäische Union», Wladimir Broser, hatte diese Nachricht von einigen Generälen des Oberkommandos der Wehrmacht erfahren. Broser war ein Freund Georg Groscurths. Ich weiß nicht, wo Groscurth diesen merkwürdigen Menschen kennengelernt hatte. Dieser kleine alte Mann mit dem faserigen langen Bart und den flackernden und doch liebenswürdigen Augen war ein baltischer Jude, ein Sprachwissenschaftler und ein wahres Sprachgenie, er sprach über dreißig Sprachen, hatte lange Jahre in der Sowjetunion gelebt, hauptsächlich in Leningrad, war dann aber in den zwanziger Jahren nach Deutschland gekommen und hatte eine Deutsche geheiratet. Er lebte zwischen den Welten, war ein hervorragender Kenner der gesamten marxistischen Literatur, aber zugleich ein gläubiger Christ. Sein Geld verdiente er durch Sprachunterricht. Zu seinen Schülern, denen er Russisch beibrachte, gehörten auch die Generäle der Keithstraße. Offenbar genoß er ihr Vertrauen. Denn zwei Wochen vor dem Überfall auf die Sowjetunion erfuhr er von ihnen das genaue Datum, den 22. Juni. Broser gelang es, am nächsten Tag unter großen Vorsichtsmaßregeln unerkannt die Sowjetbotschaft Unter den Linden zu besuchen, wo er seine wichtige Nachricht übermittelte. Erst durch die Geheimrede Nikita Chruschtschows vor den Delegierten des XX. Parteitages der KPdSU haben wir erfahren, daß Brosers Mitteilung tatsächlich nach Moskau weitergeleitet worden ist, von Stalin aber als unglaubwürdig abgetan wurde.

Wir alle, und mit uns Millionen in der ganzen Welt, bangten damals um das Schicksal der Sowjetunion. Würde Hitlers gewaltige Kriegsmaschinerie den Sowjetstaat ebenso niederwalzen wie zuvor die Länder Europas? Die erste Woche nach dem Überfall gab es fast keine Nachrichten. Dann, an einem Sonntag, acht Sondermeldungen auf einmal, die große Siege und einen weiten Vormarsch meldeten. Es schien sehr schlimm zu stehen. Dann kam die Zeit der großen Kesselschlachten, wo große Teile der Roten Armee vernichtet wurden. Siege über Siege meldeten die Wehrmachtsberichte. Ströme sowjetischer Gefangener kamen ins Land. Aber dann kam der Winter. Hitlers Armeen blieben vor Leningrad und vor Moskau im eisigen russischen Winter stecken. In Deutschland führten die Nazis eine Pelzsammelaktion durch, für ihre frierenden Soldaten. Uns wurde das Herz wärmer.

Je mehr der Krieg voranschritt, wuchs unsere Bewunderung für die Sowjetunion. Hitler biß sich am Land des Sozialismus die Zähne aus. Die vielen von uns, die schon kleinmütig und verzweifelt geworden waren, faßten neuen Mut, neues Vertrauen. Als endlich im Frühling des Jahres 1945 die Rote Armee die in die Sowjetunion eingedrungenen Heere Hitlers zermalmt und aus dem Land verjagt hatte, kam sie zu uns als Befreier von der unmenschlichen Pest der verruchten Naziherrschaft. Zu uns? Wer waren wir? Wir, das war eine kleine Minderheit von Antifaschisten, die in den Konzentrationslagern und Zuchthäusern Nazi-Deutschlands mit knapper Not dem Tod entronnen war.

In den ersten Tagen des Mai 1945 langte unser Zug von rund 250 ehemaligen Insassen des Zuchthauses Brandenburg-Görden in Spandau an. Auf der Suche nach einer Unterkunft fanden wir eine große verlassene Wehrmachtskaserne am Rande Spandaus.

Sie enthielt alles, was wir brauchten. Wir beschlossen, uns dort für einige Zeit niederzulassen, bis wir Verbindung mit den militärischen und zivilen Verwaltungsorganen hergestellt hatten, die bestimmt sehr schnell Verwendung für uns haben würden. Wir kamen aus einem kleinen Dorf bei Nauen, der letzten Zwischenstation unseres Fußmarsches. Das Dorf war von seinen Einwohnern fast völlig verlassen worden. Für unsere Ernährung hatten wir dort zwei Kühe, viele Säcke mit Mehl, Gries und Hülsenfrüchten, Zucker und andere haltbare Nahrungsmittel requiriert, die auf zwei Bauernwagen von den Kühen gezogen wurden.

Sehr schnell gelang es uns, freundschaftliche Beziehungen zur sowjetischen Kommandantur in Spandau herzustellen. Diese Freundschaft kam auf eine etwas eigenartige Weise zustande. Wir alle befanden uns nämlich in einer schwierigen Lage, weil wir Menschen ohne irgendwelche Ausweispapiere waren. Als geschlossene Gruppe waren wir zwar in keiner Gefahr und wurden jederzeit von den Militärstellen respektiert, zumal eine ganze Anzahl von uns Russisch konnte. Aber als Individuen konnten wir uns nicht frei bewegen, ohne Gefahr zu laufen, unter dem Verdacht, entlaufene Kriegsgefangene zu sein, verhaftet zu werden. Und dieser Verdacht war noch der harmloseste von allen möglichen, wie Nazispion, SS-Führer, ausländischer Geheimagent und ich weiß nicht was noch alles. Was wir dringend jeder einzelne brauchten, waren Ausweispapiere. Aber niemand wollte sie uns ausstellen.

So schritten wir zur Selbsthilfe. Ich hatte in den letzten Monaten vor meiner Verhaftung bei meinem Freund Broser russischen Unterricht genommen. Das hatte allerdings nicht gereicht, mich auch nur in bescheidenem Umfang der russischen Sprache mächtig werden zu lassen. Aber eins hatte ich gelernt: die kyrillischen Schriftzeichen. Merkwürdigerweise gab es unter uns zwar eine ganze Reihe von Genossen, die fließend Russisch sprachen, aber die Schrift beherrschten sie nicht. So kam auf eine merkwürdige Weise ein Dokument in russischer Sprache zustande. Man diktierte mir in möglichst deutlicher Aussprache die Worte des Textes, und ich schrieb sie, so gut ich konnte, phonetisch in kyrillischer Schrift nieder. Zum Glück ist die russische Orthographie weitgehend phonetisch einheitlich. Der entstandene Text wurde auf eine Wachsmatrize übertragen und mit einem Rotaprint-Apparat 300mal abgezogen. Diese Hilfsmittel hatten wir in der Kaserne gefunden. Ein anderer Genosse, von Beruf Bildschnitzer, der seine schönen Schnitzmesser aus dem Zuchthaus mitgenommen hatte, schnitzte aus einem Stück Linoleum einen wunderbaren Stempel: Ein fünfzackiger Stern mit Hammer und Sichel, den Buchstaben KPD und: «Ausschuß der ehemaligen politischen Häftlinge des Zuchthauses Brandenburg». So erhielten wir jeder einen Ausweis in russischer Sprache, in dem zu lesen war, daß wir als ehemalige Häftlinge den Schutz der Militärbehörden genossen und die unterzeichneten Genossen jede Gewähr für uns übernehmen würden, sowie Name, Alter, letzter Wohnort und Beruf.

Sofort wurde ausprobiert, ob unsere Dokumente bei den Russen respektiert wurden. Es ergab sich, daß sie ausgezeichnet funktionierten. «Dokument serr gutt!» sagten die Posten. «Du guter Deutscher, Druschba!» Aber die Sache mit unseren selbstgefertigten Dokumenten kam dem Kommandanten von Spandau, einem bekannten General, zu Ohren. Da er in solchen Sachen offenbar doch nicht Anhänger der Do-it-yourself-Methode war und vielleicht der Wirksamkeit unserer Papiere nicht in allen Fällen traute, schließlich kannte er die Genossen der NKWD besser als wir, ließ er uns selbst Ausweispapiere anfertigen, die einwandfrei waren. Sie waren handschriftlich in schönster kalligraphischer Sauberkeit geschrieben und von ihm selbst schwungvoll mit einem dicken Rotstift unterschrieben. Wo ich je in die Verlegenheit kam, dieses Papier vorzulegen, wurde ich mit Beweisen der Freundschaft und Hilfsbereitschaft überschüttet. Was aber beinahe noch wichtiger war, der General ordnete an, daß die vollen Verpflegungssätze der Roten Armee ab sofort für uns bereitgestellt wurden. Damit waren unsere Hauptsorgen im Augenblick behoben.

Wir konnten uns jetzt frei bewegen. Es war um den 8. Mai, den

Tag der Kapitulation. Spandau bot einen merkwürdigen Anblick. Alle Häuser waren über und über beflaggt, mit roten Fahnen. Es war ein schrecklicher und zugleich lächerlicher Anblick. Über Nacht waren aus Nazis Kommunisten geworden! Bei den meisten roten Fahnen konnte man noch in der Mitte einen dunkleren roten Kreis erkennen. Dort war das Naziemblem, das schwarze Hakenkreuz auf weißem Grund, aufgenäht gewesen. Manche Familien hatten sich in eine Fahne geteilt, da war nur ein Halbkreis zu sehen, an der einen Fahne rechts, an der anderen links. Wir fühlten uns in diesem Heer von roten Fahnen, unseren Fahnen, doppelt einsam. Was stand uns da bevor in diesem Deutschland!

Wir hatten in unserer Gruppe viele Diskussionen mit den sozialdemokratischen Genossen. Es waren sehr fruchtbare Diskussionen. Wir Kommunisten waren zwar in der Mehrheit, die Sozialdemokraten bildeten nur eine kleine Gruppe neben anderen, neben kirchlichen Widerstandsleuten, SAP-Leuten und Anhängern verschiedener politischer Sekten. Aber auf beiden Seiten, bei uns wie auch bei den SPD-Genossen, herrschte die Erkenntnis, daß die Spaltung der deutschen Arbeiterbewegung nun endgültig überwunden werden müsse, wozu es erforderlich sei, daß beide Seiten nicht nur Kritik an den anderen, sondern in erster Linie an sich selbst zu üben hätten. Einige sozialdemokratische Genossen kehrten eines Tages von einer längeren Wanderung durch Spandau sehr bekümmert und niedergeschlagen zurück. Sie hatten sich mit vielen Leuten unterhalten. Keiner hatte etwas von ihnen wissen wollen. Alle waren für den Kommunismus. Sie meinten, es hätte gar keinen Zweck, die SPD überhaupt erst wieder aufzumachen. Dies waren wirklich ihre ehrlichen Meinungen. Auf dem Hintergrund des roten Fahnenmeeres war wirklich genug Anlaß zu Traurigkeit, aber wohl doch zu anderer. Bereits im Herbst 1946 stimmte die überwältigende Mehrheit der Spandauer für die SPD und gegen die Einheitspartei. Die Besatzungsmacht hatte gewechselt.

In diesen ersten Jahren nach dem Krieg, in diesem politisch und moralisch verrotteten Deutschland, wo der Kampf um die nackte Existenz selbst die leiseste Stimme des Gewissens, und gar eines politischen Gewissens, sofern das überhaupt vorhanden war, zum Schweigen gebracht hatte, in diesem elenden, zerrissenen, militärisch besetzten, hungernden Land war Demokratie nicht nur eine lächerliche Illusion, sie war einfach unangebracht. Was hätte schon herauskommen können, wenn diese Leute das Recht gehabt hätten, frei für sich selbst zu entscheiden. Nein, sie mußten geleitet werden, ohne gefragt zu werden, von klugen, fortschrittlichen und selbstlosen Leuten. Erfüllt von unserem Sendungsbewußtsein, hielten wir uns für die einzigen historisch Berufenen. Wir wurden zu Stalinisten, ohne es überhaupt zu merken.

Wir gingen daran, ein neues Deutschland aufzubauen. Der erste Schritt dazu, der sehr einfach getan werden konnte, war die Enteignung aller Konzerne und Großgrundbesitzer. Die Grundvoraussetzungen für ein sozialistisches Deutschland wurden geschaffen. Aber heute weiß die Mehrheit in unserem Land, daß dies nur der eine Schritt war, dem der zweite, entscheidende bisher nicht gefolgt ist.

Die zweiten acht Stunden

Die erste Zeugenvernehmung bei der Stasi hatte am Montag, dem 9. Mai, stattgefunden. Zur zweiten wurde ich sinnigerweise auf Freitag, den 13. Mai, geladen, auch wieder nur mündlich.

Ob die Genossen abergläubisch sind? Oder vielleicht darauf spekulierten, daß ich es bin? Die Vernehmung findet im gleichen Raum in der Magdalenenstraße statt. Wieder sind Stasi 2 und 3 anwesend.

«Wir hoffen, daß Sie inzwischen nach ruhiger Überlegung eingesehen haben, daß Sie nicht bei Ihrer Aussageverweigerung bleiben können», eröffnet Stasi 2 die Verhandlung. «Ich soll Ihnen übrigens von Frau X. sagen, daß sie überhaupt kein Verständnis für Ihr Verhalten hat. Sie hatte sich von Ihnen Hilfe in ihrer schwierigen Lage erwartet. Statt dessen lassen Sie sie kalt im Stich, und doch nur, weil Sie Nachteile für sich befürchten. Da ist Ihnen das Schicksal eines Menschen, der Ihnen einmal sehr vertraut war, völlig gleichgültig! Wirklich, wir verstehen eine solche schwächliche Haltung nicht. Außerdem, was fürchten Sie denn eigentlich? Sie sind weder verhaftet noch angeklagt. Nach unseren Gesetzen besteht auch gar keine Veranlassung, gegen Sie ein Verfahren zu eröffnen, auch wenn Sie Aussagen machen. Sie wissen doch nun inzwischen, daß wir alles Nötige über den Fall wissen. Wir haben mindestens ein Dutzend Zeugen und die Aussagen, die Frau X. selbst gemacht hat. Nur Ihre Aussage, die natürlich wichtig ist, fehlt noch. Und das hält das ganze Verfahren jetzt auf.»

«Wenn Sie so viele Zeugen haben und alles wissen, wozu brauchen Sie dann mich?»

«Weil Ihre Aussage das Bild abrunden würde. Außerdem sind Sie mehr als jeder andere Zeuge in der Lage, Frau X. zu entlasten. Wenn Sie also weiterhin die Aussage verweigern, wird Frau X. davon den größten Nachteil haben. Wir werden jedenfalls gezwungen sein, noch lange zu warten, und wir haben Geduld, und auch Zeit!»

Daß ich auf ihre Geduld keinen Einfluß hätte, wisse ich, erwiderte ich. Aber Geduld gehöre auch zu meinen gewissermaßen beruflichen Qualifikationen. Jeder experimentell arbeitende Naturwissenschaftler brauche an erster Stelle diese Eigenschaft, gerade weil er wirklich erfahren will, was ist. Darum würde ich bei meiner Aussageverweigerung bleiben. Es gäbe also nichts Neues für sie. Ich schlüge deshalb vor, die Vernehmung gleich zu beenden.

«Auf keinen Fall. Wir fangen ja gerade erst an. Wir sind fest davon überzeugt, daß Sie Ihre Einstellung schnell ändern werden, wenn Sie einiges von dem gehört haben, was wir Ihnen heute mitteilen wollen.»

Ob sie wirklich glaubten, aus einem Floh einen Elefanten machen zu können?

«Was meinen Sie mit ‹Floh›? Erklären Sie das näher.»

«Ach, eigentlich hat das nichts mit dieser Sache zu tun. Ich dachte nur an den Floh, der einmal Friedrich Engels gebissen hatte.»

«Ach, Sie meinen Friedrich Engels, den Marx-und-Engels-Engels! Was hat der Engels hiermit zu tun?»

«Ich sagte schon, gar nichts, ein Floh hat ihn einmal gebissen.»

Stasi 2 machte ein ziemlich ärgerliches Gesicht.

«Ich will Ihnen erzählen, was es mit dem Floh auf sich hat, der den Engels gebissen hat. Wenn es Sie interessiert? Ist ein Stückchen marxistische Philosophie.»

«Bitte.»

«Der große Friedrich Engels hat sich einmal über die Leute lustig gemacht, die daran glaubten, daß alles, was in der Zukunft geschehen wird, schon heute determiniert ist. Engels war der Meinung, daß die Zukunft immer unbestimmt ist.»

«Das kann nicht wahr sein. Der Marxismus lehrt doch, daß die Geschichte nach strengen Gesetzen abläuft. Wie kann da die Zukunft unbestimmt sein?»

«Das ist nur scheinbar ein Widerspruch. Die Dialektik besteht gerade darin, daß Gesetzmäßigkeit und Zufälligkeit, Bestimmtheit und Unbestimmtheit eine Einheit bilden, daß das eine erst durch das andere überhaupt ermöglicht wird, daß es ohne Zufälligkeit keine Gesetzmäßigkeit geben kann und umgekehrt.»

«Ich halte nichts vom Zufall. Wenn mir jemand bei einem Verhör sagt: das war Zufall, dann kann ich 10 : 1 wetten, daß er lügt. Nichts ist zufällig. Wie können Sie als Naturwissenschaftler den Zufall für möglich halten? Sie haben es doch dauernd mit Vorgängen zu tun, die ganz gesetzmäßig ablaufen.»

«Das will ich nicht bestreiten. Aber Vorgänge, die zufällig sind, unterliegen doch stets auch bestimmten Gesetzmäßigkeiten. Außerdem haben auch zufällige Ereignisse stets ganz bestimmte Ursachen. Wenn jemand zu Ihnen sagt: das war zufällig, so will er Ihnen vielleicht einreden, es gäbe dafür keine Ursache. Aber natürlich ist es Ihre Aufgabe, herauszufinden, welche Ursache das zufällige Ereignis hatte. Nehmen wir an, jemand wurde erschossen, sagen wir auf der Jagd. Die Kugel galt einem Wildschwein, traf aber einen Jäger. Das war dann doch Zufall. Aber der Tod des Mannes hatte eine klar erkennbare Ursache.»

«Wenn aber der Schuß mit der Absicht abgegeben wurde, den Jäger zu töten, in der Hoffnung, man würde das Ganze dann für einen bedauerlichen Zufall erklären, dann wäre doch der Tod des Jägers kein Zufall gewesen!»

«Doch, auch dann. Der geheime Mordschütze hätte doch auch sein Ziel verfehlen können, der Mann wäre dann ebenso zufällig am Leben geblieben, wie er nun zufällig ums Leben kam. Zum Glück genügt die böse Absicht nicht, damit ein Mordanschlag auch Erfolg hat. Der Zufall ist dabei der Hauptverbündete des Opfers.»

«Aber ich bin der Meinung, auch wenn der Schuß danebenging, so hatte das seine Ursachen. Der Schütze zitterte vor Erregung oder – ein Windstoß lenkte die Kugel aus ihrer Bahn, das Opfer bückte sich plötzlich. Ob die Kugel traf oder nicht traf, das ließe sich in jedem Falle ganz genau erklären, wenn man nur die Einzelheiten dabei alle wüßte.»

«Gerade darüber machte sich Friedrich Engels lustig. Er spottet über diese Art von Deterministen, die – wie er wörtlich sagt – glauben, daß diese Erbsenschote 5 Erbsen enthält und nicht 4 oder 6, daß der Schwanz dieses Hundes 5 Zoll lang ist und nicht eine Linie länger oder kürzer, daß diese Kleeblüte dieses Jahr durch eine Biene befruchtet wurde und jene nicht, und immer durch diese bestimmte Biene und zu dieser bestimmten Zeit, daß dieser bestimmte verwehte Löwenzahnsamen aufgegangen ist und jener nicht, daß mich vorige Nacht ein Floh um vier Uhr morgens gebissen hat und nicht um 3 oder 5, und zwar auf die rechte Schulter, nicht aber auf die linke Wade, das alles seien Tatsachen, die durch eine unverrückbare Verkettung von Ursache und Wirkung, durch eine unerschütterliche Notwendigkeit hervorgebracht sind, so zwar, daß bereits der Gasball, aus dem das Sonnensystem hervorging, derart angelegt war, daß diese Ereignisse sich so und nicht anders zutragen mußten.»

«Wo kann man das nachlesen? Hat Engels das wirklich geschrieben?»

«Das steht in der ‹Dialektik der Natur›, in dem Abschnitt über Zufälligkeit und Notwendigkeit.»

«Ich will es Ihnen glauben. Aber sagen Sie mir noch, wer, meinen Sie, entscheidet darüber, was nun zufällig geschieht?»

«Ich würde sagen, wahrscheinlich der liebe Gott.»

Stasi 2 grinste mich irritiert an. Deshalb fügte ich hinzu:

«Aber leider glaube ich nicht an den lieben Gott.»

Mit der größten Deutlichkeit erinnerte ich mich der stundenlangen Diskussionen über das gleiche Thema mit dem Genossen Max Frenzel damals nach unserem Auszug aus Brandenburg. Um die Sache «endgültig zu klären», hatten wir uns an einem schönen warmen Nachmittag im Mai 1945 auf ein Stück frisch grünende Wiese im Gelände unserer Spandauer Kaserne gesetzt, zwei alte Militärdecken als Sitzunterlage. Max Frenzel war ein harter Knochen. Ich glaube, er hatte mehr Ausdauer und Geduld als mein etwas weichlicher Stasi 2. War ja auch ein alter Arbeiterfunktionär, im Zuchthaus war er Schusterkalfaktor gewesen. Er hatte, vielleicht von dieser Tätigkeit, etwas Ledernes an sich, aber im guten Sinne. Ich mochte ihn sehr gern. Damals hatte ich leider die lustige Engels-Stelle nicht parat. Die hätte ihm wahrscheinlich mehr imponiert als alle meine Weisheiten über die Quantenmechanik. Ich erzählte ihm einfach, die moderne Physik hätte den Zufall entdeckt. Das müßte man nun verdauen und verstehen lernen.

Max Frenzel ließ sich aber auf die Physik gar nicht ein. Davon verstehe er nichts, er habe nur oft genug beobachtet, daß Naturwissenschaftler ziemlichen Unsinn redeten, wenn sie allgemeine Schlußfolgerungen aus den Ergebnissen ihrer modernen Wissenschaft zögen. Er hätte schon Leute kennengelernt, die mit Hilfe der modernen Physik die Existenz Gottes beweisen wollten. Ich mußte dabei an den Freiherrn von Weizsäcker denken. Max fragte einfach und direkt:

«Glaubst du, daß der Sozialismus und der Kommunismus die zukünftige Gesellschaftsordnung sind, daß sie mit unausweichlicher Notwendigkeit kommen werden, ebenso wie dieser verruchte Faschismus untergehen mußte?»

«Ich will tun, was in meinen Kräften steht, zum Sieg des Sozialismus beizutragen. Aber Marx sagte, die Gesellschaft hat auch noch eine andere weniger schöne Alternative, nämlich den Untergang in die Barbarei.»

«Unser Kampf ist erforderlich, damit sich die Gesetze der Geschichte durchsetzen. Die Menschheit führt diesen Kampf seit Anbeginn. Das gehört gerade zu den wesentlichen Grundbedingungen der Gesetzmäßigkeit des historischen Ablaufs. Der Untergang in die Barbarei ist nur möglich, wenn wir in unserem Kampf erlahmen. So meinte das Marx. Weil er der Ansicht war, daß die Menschen ihre Geschichte selbst machen und selbst machen müssen, ohne daß ihnen dabei ein Gott oder ein transzendentes Gesetz hilft. ‹Es rettet uns kein höheres Wesen, kein Gott, kein Kaiser noch Tribun. Uns aus dem Elend zu erlösen, müssen wir nur selber tun›, heißt es in der Internationale. Aber dieser revolutionäre Kampf geht aus den Widersprüchen mit gesetzmäßiger Notwendigkeit hervor, die sich im Laufe der Entwicklung der Gesellschaft herausbilden. Daraus folgt für mich die Unausweichlichkeit unseres Sieges, er ist historisches Gesetz.»

Das war die Sprache der Revolution, erfüllt vom festen Glauben an unsere Sache, an ihren Sieg. War dieser Glaube nicht eine unbedingte Notwendigkeit? Konnten Revolutionäre siegen, die den gefährlichen Krankheitskeim des Zweifels in der Brust trugen? Sichtbar vor unseren Augen noch in den Schwaden des Pulverdampfs des Nazizusammenbruchs leuchtete schon das Morgenrot der neuen Zeit, unsrer Zeit!

«Wir müssen jetzt zur Sache kommen», unterbrach Stasi 2 meine Erinnerungen.

«Aber ich hoffe, es hat Sie interessiert.»

«Was?»

«Ich meine, der Zufall. Oder ziehen Sie für diesen Fall den lieben Gott vor? Engels meinte auch, das sei die einzige Alternative, wenn man ohne den Zufall auskommen will.»

Stasi 2 und Stasi 3 tauschten ein Schriftstück aus und unterhielten sich dabei in der Grimassensprache. Als sie sich einig waren, überreichte mir Stasi 2 das Schriftstück. Es war das Protokoll einer Vernehmung von Frau X., viele Seiten lang, in Schreibmaschine, jede Seite trug ihre Unterschrift. Ich machte mich in Ruhe an das Studium des Protokolls.

Die Vernehmungen während der Voruntersuchung dienen normalerweise zwei Zwecken: der Aufklärung des Falles und der Einstudierung des Theaterstückes, das man Prozeß nennt. Bei politischen Prozessen dienen sie nur dem letzteren. In einem politischen Prozeß ist die anklagende Seite ja in keiner Weise an einer Aufklärung des Falles interessiert. Jede wirkliche und sachliche Aufklärung führt in einem politischen Prozeß unvermeidlicherweise dazu, daß sich die Rollen vertauschen. Der Ankläger wird zum Angeklagten. Darum wird der Ankläger stets die Öffentlichkeit ausschließen, wenn auch nur ein Schatten der Möglichkeit vorhanden ist, daß der Angeklagte aus der Rolle fällt, die in der Voruntersuchung mit ihm einstudiert wurde. Der

Ausschluß der Öffentlichkeit wird mit der Sicherheit des Staates begründet. Aber es wird nicht gesagt, wer die Sicherheit des Staates gefährdet hat, niemand anderer nämlich als die Organisatoren des ganzen Verfahrens selbst. Stets sind die Machthaber deshalb froh, wenn sie den Prozeß hinter sich haben. Sie sind noch einmal davongekommen, niemand hat gemerkt, daß sie die Angeklagten waren. Politische Prozesse gehen meist ganz besonders glatt über die Bühne. Nicht nur, weil sie mit besonderer Sorgfalt einstudiert und vorgeprobt werden, sondern weil die Staatsmacht sich fast immer auf eine der rührendsten Schwächen des Menschen verlassen kann, auf die Angst. Weil die Staatsmacht in politischen Prozessen immer im Unrecht ist, bedroht sie den Angeklagten einerseits mit maßloser Rache, versucht aber andererseits ihn immer wieder mit dem Zuckerbrot ihrer Gnade zu verlocken. Wirkliches Recht hat sie nicht anzubieten.

Jeder Staat, der seine Bürger verfolgt, wenn sie ihn kritisieren, gegen ihn aufhetzen oder ihn verleumden, ist seinem Wesen nach autoritär. Er bezieht seinen Rechtsanspruch aus seiner Macht. Nehmen wir die drei Staatsverbrechen unter die Lupe: Kritik, Hetze und Verleumdung. Kritik ist immer nützlich. Besteht sie zu Recht, so sollte der Staat sie beherzigen. Besteht sie zu Unrecht, kann der Staat nur Ansehen gewinnen, weil ihm Gelegenheit gegeben wird, sich einwandfrei zu rechtfertigen. Staatsfeindliche Hetze, was bedeutet dieser Terminus? Man versteht darunter den Versuch, durch Anruf der Öffentlichkeit Anhänger für die vorgebrachte Kritik am Staat und seinen Entscheidungen zu gewinnen. Es ist dies also nur eine Form, in der sich die Kritik am Staat öffentlich betätigt. Und Verleumdung? Wenn es sich wirklich um Verleumdung handelt, so hieße das, daß die Kritik auf unwahren Behauptungen beruht, deren Zweck die Diffamierung des Staats und seiner Repräsentanten ist. Aber was ist leichter für den Staat, als den Verleumder zu entlarven? Allerdings kann dies nur mit Erfolg erreicht werden, wenn sich die Auseinandersetzung mit dem Verleumder im vollen Licht der Öffentlichkeit vollzieht. Wer seine Kritiker der Verleumdung bezichtigt, zugleich aber das Licht der Öffentlichkeit scheut, beweist damit nur, daß er selbst der Verleumder ist.

In einem wirklich demokratischen Staatswesen kann es keine Strafverfolgung wegen Kritik, staatsfeindlicher Hetze und Staatsverleumdung geben. Die Abschaffung jeder strafrechtlichen Verfolgung mit solchen Begründungen gehörte zu den bedeutendsten Errungenschaften der neuen sozialistischen Demokratie in der ČSSR.

Die Unterdrückung jeder öffentlichen Äußerung von Kritik hat auch eine Kehrseite. Die von Mund zu Mund hinter dem Rükken des Staates üppig wuchernde Kritik ist nicht weniger unduldsam und oft auch nicht weniger unsachlich als die Kritik des Staates an seinen Bürgern. Wie es in einem politischen Witz heißt, ist hier wirklich schon längst der Kommunismus ausgebrochen: Alle haben von allem genug. Für jeden wirtschaftlichen Erfolg, jede wirklich fortschrittliche Neuerung honoriert man nicht den Staat, sondern bildet sich ein: Das haben wir *trotz* dieser Leute erreicht. Es liegt im Wesen der modernen Entwicklung – und das gilt für alle Länder und Systeme –, daß Autoritäten nicht nur antiquiert wirken, sondern mit den unvermeidlicherweise selbstgefälligen Formen ihres Gehabes einfach lächerlich werden. Besonders die Jugend hat einen wachen Sinn für die Komik der Herrschenden. Zwar ist dies noch keine Lächerlichkeit, die tötet, aber sie hebt bereits einen großen Teil der Macht der Autoritäten auf. Macht beruht ja immer in erster Linie auf dem Glauben an die Macht. Wer an diesem Glauben zweifeln macht, der rührt an die Grundlagen der Macht. Die Bewegung der Hippies begegnet den Autoritäten mit freundlichem Spott und nachsichtiger Geringschätzung. Die politisch militantere Jugend der APO entlarvt die Verlogenheit des demokratischen Theaters, indem sie den Machtapparat zu immer neuen Willkürakten provoziert.

In den sozialistischen Ländern besorgt der Machtapparat die Argumente, die ihn lächerlich machen, tagtäglich selbst. Seine wichtigsten Hilfsmittel dafür sind Presse, Rundfunk und Fernsehen. Das ist der Aberwitz der Geschichte, daß gerade die Unterdrückung der freien Meinungsäußerung das wirksamste Mittel ist, um die staatlich dekretierte Meinung und Denkweise unglaubwürdig und lächerlich zu machen. Das äußert sich auf mannigfache Weise. Der staatliche Propagandaapparat verwandelt sich in eine riesige Reklameabteilung für alles, was er kritisiert. Wird eine Theateraufführung kritisiert, ein Film politisch diffamiert oder gegen einen Roman polemisiert, so können sich die Beteiligten über mangelnden Besuch oder Absatz nicht mehr beklagen. Je sklavischer, je genauer und gewissenhafter ein Funktionär, ein Publizist, ein «Vorgesetzter» die staatliche Meinung vertritt, um so geringer ist sein öffentliches Ansehen. Wer auf seinen Ruf Wert legt, muß dafür sorgen, daß wenigstens die Fama ihm eine gelegentlich geäußerte «abweichende» Meinung nachsagt. Nur dadurch kann er sich Vertrauen erwerben, daß er wenigstens eine kleine Portion des behördlichen Vertrauens opfert.

Von außen betrachtet erscheint der stalinistische Staat mit seinem bis ins Feinste verästelten Herrschaftssystem und seinem allgewaltigen Polizeiapparat als absolut unerschütterlich und unüberwindbar. Von innen erkennt man aber, daß der Schein trügt. Weil sein autoritäres System längst anachronistisch geworden ist, ist er labiler und instabiler und auch gegen äußere Bedrohung viel weniger widerstandsfähig als das System der sozialistischen Demokratie, zu dessen angeblicher Rettung die Panzer der fünf besorgten Freunde nach Prag rollten, gerufen von Leuten, die niemand finden konnte, um zu retten, was es nicht mehr gab: den Stalinismus. Nirgends war der Sozialismus weniger gefährdet als in der ČSSR. Zum ersten Mal in der Geschichte des Sozialismus genossen die Partei und ihr Staat die Zustimmung und Unterstützung der überwältigenden Mehrheit der Bürger. Die KPČ hatte die Hauptgefahr für den Sozialismus überwunden, den Stalinismus. Der Versuch, ihn zu retten, kam zu spät. Der zweite Schritt auf dem Wege zum Sozialismus war schon getan.

«Nun, was sagen Sie zu dem Protokoll?» Stasi 2 beherrschte nur mühsam den Stolz seines Polizistengehirns. «Das hätten Sie wohl nicht gedacht!»

«Aber natürlich nicht. Das haben Sie ja gedacht!»

«Was habe ich gedacht?»

«Was da in dem Protokoll steht.»

«Wollen Sie behaupten, das Protokoll sei nicht echt?»

«Wieso? Es muß doch nicht alles unecht sein, was Sie sich gedacht haben.»

«Also, reden Sie nicht herum, ich erwarte von Ihnen eine Stellungnahme zu dem Protokoll.»

«Zum Stil oder zum Inhalt?»

«Zum Inhalt natürlich!»

«Sie wissen doch, daß das nicht geht. Den Inhalt fand ich ganz interessant, eine Abschweifung in die Vergangenheit. Aber der Stil war dem nicht angemessen, zu trocken, finde ich.»

Ich gab ihm das Protokoll zurück.

«Haben Sie denn immer noch nicht eingesehen, daß Ihre Aussageverweigerung vollständig sinnlos ist?»

«Im Gegenteil, jetzt habe ich erst ihren Sinn ganz erfaßt. Sie doch auch, nicht wahr?»

«Aber Sie bringen sich doch nur in die größten Schwierigkeiten.»

«Nein, umgekehrt, um mich nicht in Schwierigkeiten zu bringen, muß ich leider Sie in Schwierigkeiten bringen.»

«Uns können Sie gar nicht in Schwierigkeiten bringen. Wir tun hier nur unseren Dienst. Außerdem haben wir Zeit und nochmals Zeit. Alles, was Sie mit Ihrem Verhalten erreichen können, ist, daß es länger dauert, länger als nötig.»

«Bei diesem schönen Wetter ist das ja keine schöne Aussicht.»

Stasi 2 vertiefte sich nun selbst in die Lektüre seines Protokolls. Schließlich, nach längerem Schweigen, raffte er sich zu einer neuen Frage auf:

«Wissen Sie eigentlich, wie hoch die Strafen sind für solche Vergehen, wie sie Frau X. in diesem Protokoll gestanden hat?»

«Handelt es sich denn überhaupt um Vergehen?»

«Ach, Sie meinen wohl, Ihre Freunde und Bekannten können machen, was sie wollen, haben gewissermaßen Sonderrechte?»

«Nein, im Gegenteil, ich bin entschieden dagegen, daß es in

unserem Staat überhaupt Sonderrechte gibt. Aber das liegt ja nur daran, daß bei uns zuviel verboten ist. So verwandeln sich die einfachsten Rechte in Sonderrechte. Lao Tse hat das in sehr einfachen Worten gesagt: Je mehr Dinge es auf der Welt gibt, die man nicht tun darf, desto mehr verarmt das Volk. Je mehr die Gesetze und Befehle prangen, desto mehr gibt es Diebe und Räuber. Will man beim Herrschen alles untersuchen und aufspüren, so zeigt das Volk nur Mängel und Fehler.»

«Wer ist Lao Tse? Ich kenne nur Mao Tse, Mao Tse-tung. Sind Sie etwa Maoist geworden?»

«Nein. Lao Tse lebte vor zweieinhalb Jahrtausenden, ein Philosoph.»

«Scheint eine ziemlich veraltete Philosophie zu sein. Wo kämen wir hin, wenn wir allen Leuten alles erlauben würden! Das politische Bewußtsein ist noch viel zuwenig entwickelt. Was meinen Sie, wie viele Nazis hier noch unter uns herumlaufen!»

«Das kann man wohl sagen. Der Rektor der Universität und der Staatssekretär für Hochschulwesen, die mich aus der Universität gefeuert haben, waren beide PGs. Und von dem Präsidenten der Akademie der Wissenschaften, der mich aus den Listen der Akademie streichen ließ, heißt es sogar, daß er im Reichssicherheitshauptamt war. Jetzt ist er Mitglied des ZK.»

«Wenn daran etwas wahr sein sollte, was ich nicht ohne weiteres glauben kann, dann haben diese Leute jedenfalls jetzt eine andere Meinung als früher. Warum soll ein ehemaliger Nazi seine Fehler nicht einsehen können? Unter den Bedingungen unseres sozialistischen Staates ändert sich das Bewußtsein der Menschen. Sie wissen doch: Das gesellschaftliche Sein bestimmt das Bewußtsein.»

«Besonders, wenn es mit einem hohen Gehalt verbunden ist. Sie meinen den alten deutschen Spruch: Wes Brot ich eß, des Lied ich sing!»

«Hatten Sie nicht auch ein hohes Gehalt und einen Einzelvertrag? Sind Sie etwa für die Gleichmacherei? Soll ein führender Wissenschaftler, der bedeutende Beiträge zur Entwicklung unserer Industrie leistet, nicht mehr Geld bekommen als ein einfacher

Arbeiter? Ob er früher Nazi war, ist doch nicht wichtig, wenn wir nur dafür sorgen, daß er es heute nicht mehr ist.»

Ganz im Gegenteil, erwiderte ich, gerade die belasteten Nazis seien doch die gefügigsten Knechte. Sie seien jederzeit bereit, die Dinge zu tun, mit denen man sich die eigenen Hände nicht schmutzig machen wolle. Diese schmarotzende Schicht von Privilegierten gehöre zum System des Stalinismus. Die Herren Präsidenten etwa bezögen monatlich 15000 bis 20000 Mark. Da sei Lenin anderer Meinung gewesen. Nach seiner Ansicht sollten die höchsten Gehälter im sozialistischen Staat äußerstenfalls das Vierfache des Verdienstes eines einfachen Arbeiters betragen. Diese Herren verdienten aber das 30- bis 40fache.

«Na, übertreiben Sie da nicht doch!»

«Nein, ich nicht, wir!»

«Wenn wir diesen Leuten dies Geld nicht in den Rachen gestopft hätten, dann wären sie nach dem Westen abgehauen. Seit wir die Mauer haben, konnten wir einen Teil dieser überhöhten Gehälter ja schon abbauen. Der Klassenkampf mit dem westdeutschen Kapitalismus hat uns viel Geld gekostet, auch in der Form solcher Gehälter. Gut, daß wir jetzt unseren Schutzwall haben.»

Ich fände es nicht gut, sagte ich.

«Aber die Leute liefen uns doch einfach weg, jede Woche viele Tausende, an einem Tag die Belegschaft eines ganzen Großbetriebs, der Zahl nach. Was blieb uns da anderes übrig?»

Die entscheidende Frage sei, warum die Leute wegliefen, erwiderte ich, warum denn die Arbeiter und Bauern aus dem Arbeiter- und Bauernstaat in den bösen kapitalistischen Westen flüchteten.

«Weil sie in raffinierter Weise verführt wurden, vom Westen. Außerdem lebten die meisten noch zu sehr in der Vorstellungswelt der bürgerlichen Gesellschaft mit ihren verlogenen Illusionen von Freiheit und Gleichheit. Und viele waren eben noch Nazis.»

«Glauben Sie nicht, daß man die Leute auch zum Sozialismus verführen könnte? Mit der Mauer wird man das aber kaum erreichen. Da ist es wie in der Ehe. Wer seine Frau einsperrt, kann sicher sein, daß sie ihn betrügt.»

«Der Vergleich hinkt; denn nachdem wir die Mauer haben, können uns die Leute einfach nicht mehr betrügen. Das haben sie ja gerade vorher getan.»

Es sei mir zweifelhaft, ob man das Betrug nennen könne, wenn Leute von einem der einfachsten Menschenrechte Gebrauch machten, nämlich dorthin zu gehen, wo es ihnen besser gefalle. Daß es ihnen hier nicht mehr gefiele, könnten wir ihnen nicht vorwerfen. Da müßten wir uns an die eigene Nase fassen. Aber wie sei es heute? Seine Leute vom Außendienst und die Abhörkolonnen hörten doch eine Menge von dem, was die Leute wirklich dächten. Ob er sich da nicht viel betrogener vorkomme?

Ich verschluckte den Vergleich, der mir auf der Zunge lag. Unser Gespräch hatte einen viel zu ernsten Charakter angenommen. Das Wetter draußen war wieder schön wie beim erstenmal, und ich stritt mich in dieser verräucherten Stube mit den beiden Stasis über unseren Staat. Was sollte dabei herauskommen? Die Mittagszeit war gekommen. Stasi 2 bot mir Essen aus der Kantine an. Ich lehnte ab. Ich hatte keine Lust, bei Leuten zu essen, bei denen ich unfreiwillig zu Gast war. Außerdem wollte ich für den Rest der Zeit des Verhörs meine volle Wachheit aufrechterhalten. Essen macht mich immer müde und unaufmerksam. Ich ließ mir ein Kännchen Kaffee servieren.

Stasi 2 und 3 gingen abwechselnd in einen der Nachbarräume, für jeweils fünf bis zehn Minuten. Allein lassen durften sie mich ja wohl nicht mit meinem Kaffee und ihren Abhörgeräten. Sie müssen ihr Essen ziemlich hastig heruntergeschlungen haben. Das nennt man Diensteifer.

Mit welcher Hast hatte ich im Brandenburger Knast immer mein Essen vertilgt. Wehe, wenn die Schüssel noch nicht leer war, wenn der Kalfaktor den Nachschlag austeilte. Dann bekam man meist gar nichts mehr. Wir haben damals sehr gehungert. Mein Freund Groscurth hatte ausgerechnet, daß die Grundration, die wir Todeskandidaten erhielten, einen Nährwert von weniger als 1000 Kalorien täglich hatte. Dazu war es kalt, Winter, schlecht geheizt und unsere Kleidung dünn. Groscurth und ich hatten in den ersten Wochen nach unserer Verurteilung im Dezember 1943 zwei Zellen, die nebeneinander lagen. Kleine Einmannzellen im Erdgeschoß des A-Flügels von Haus 1. Von da zur Hinrichtungsstätte war nur ein kurzer Weg. Wegen der Kälte lehnten wir uns immer die meiste Zeit an den kleinen, dreirippigen Zentralheizungskörper neben der Tür. Unsere beiden Heizkörper befanden sich zum Glück an der gemeinsamen Wand der beiden Zellen. Mit einem abgerissenen metallenen Hosenknopf konnte man sehr schön leise an den Heizkörper klopfen. So unterhielten wir uns stundenlang. Normalerweise wird im Knast zum «Morsen» nicht das Morsesystem benutzt, sondern das «Fünfersystem». Das Alphabet mit seinen 25 Buchstaben wird in fünf Abschnitte zu je fünf Buchstaben aufgeteilt. Am besten schreibt man sich die fünf Buchstabenreihen, solange man das System noch nicht beherrscht, in ein Quadrat, das in fünf mal fünf Felder aufgeteilt ist. Für jeden Buchstaben gibt es zwei Zeichen, eins, das die Reihe angibt, in der der Buchstabe steht, das zweite, das die Stellung innerhalb der Reihe bezeichnet. A heißt also: tack – tack, B tack – tacktack, Z schließlich tacktacktacktacktack – tacktacktacktacktack. I und J werden nicht unterschieden. Groscurth und ich benutzten ein selbsterfundenes, nicht ganz so sparsames System, das sich aber von dem Fünfersystem nur dadurch unterschied, daß das Alphabet nicht in fünf, sondern in drei Abschnitte zu zweimal acht und einmal neun Buchstaben aufgeteilt war. Der erste Abschnitt begann mit A, der zweite mit I und der dritte mit R. Ich erzähle dies, weil diese Kenntnisse für jeden, der damit rechnen muß, den Knast kennenzulernen, sehr nützlich sind. Diese Wochen nach dem 20. Dezember 1943, etwa bis Ende Februar 1944, waren die letzte Zeit, in der ich mit meinem Freund Georg auf diese Weise nahen Kontakt haben konnte. Später wurde ich in eine andere Zelle verlegt, zuerst in den B-Flügel, dann in den C-Flügel, wo ich den Genossen Willy Richter kennenlernte, der dort Kalfaktor war. Heute ist er Professor in Dresden.

Ich habe Georg Groscurth nicht wiedergesehen. Er wurde am

8. Mai 1944 hingerichtet, gemeinsam mit Herbert Richter und Paul Rentsch. Das Todesurteil gegen mich wurde zwar nicht aufgehoben, aber ich erhielt, zunächst für ein halbes Jahr, Vollstrekkungsaufschub. Durch das Heereswaffenamt wurde im Zuchthaus Brandenburg ein physikalisch-chemisches Laboratorium für mich eingerichtet, in dem ich kriegswichtige Forschungen durchführen sollte. Mit dem Ausbau des Labors, das in einer Spülzelle des Arresthauses untergebracht wurde, wurde am 1. Mai 1944 begonnen.

Ich war natürlich sehr glücklich, als mir die Entscheidung eröffnet wurde. Ich hatte also eine reale Chance, mit dem Leben davonzukommen. Und hatte die Möglichkeit, endlich wieder mit anderen Menschen in Berührung zu kommen als mit den Schiens und den meist widerlichen, kriminellen Kalfaktoren. Ich bekam Kontakt mit der illegalen Parteizelle, die ausgezeichnet arbeitete. Das wußte ich, weil unsere Gruppe schon Kontakt mit ihr gehabt hatte, als wir noch in Freiheit waren.

Daß dieser Plan zu meiner Rettung glückte, verdankte ich in erster Linie dem Professor Dr. Wolfgang Wirth, Oberstarzt im Heereswaffenamt, und den Professoren Günther und Heubner, den Direktoren des Physikalisch-Chemischen und des Pharmakologischen Instituts der Berliner Universität. Aber daß diesen Wissenschaftlern überhaupt die Möglichkeit offenstand, einen solchen Plan zu fassen und zu realisieren, beruhte auf der großen Macht der Fachleute gegenüber den Politikern, von der sie leider nur allzu selten wirklich nützlichen Gebrauch machen. Wirth, Günther und Heubner riskierten viel, aber sie waren sich einig in ihrem Abscheu gegen das verbrecherische NS-Regime.

Zur Einrichtung meines Laboratoriums war es erforderlich, daß verschiedene spezielle Tischlerarbeiten nach meinen Plänen in der Tischlerei des Zuchthauses ausgeführt werden mußten. Demzufolge waren zahlreiche Zusammenkünfte mit dem Tischlermeister Schwichtenberg, einem SPD-Genossen, der zu dieser Arbeit im Zuchthaus dienstverpflichtet worden war, und dem inhaftierten Genossen Edu Wald das erste hocherfreuliche Ergebnis dieser Entwicklung. Ich hatte auf diese Weise endlich die

Verbindung zu den Genossen. Die Tischlerei war nämlich die Zentrale der Parteizelle. Das war sehr zweckmäßig, denn Tischler werden sehr vielfältig gebraucht und kommen deshalb überallhin, innerhalb und auch außerhalb des Zuchthauses. Edu Wald war einer der Hauptkalfaktoren der Tischlerei, ein alter KPD-Genosse, den ich schon von früher kannte.

Auch meine Verbindung zum Heereswaffenamt lag in den denkbar günstigsten Händen. Der Beauftragte dieses Amtes, der mich regelmäßig alle vierzehn Tage besuchte, um sich über den Fortgang meiner Arbeiten zu informieren, war Dr. Fritz von Bergmann, mit dem ich schon vor meiner Verhaftung im Pharmakologischen Institut der Universität an einem geheimen Forschungsauftrag des Heereswaffenamtes zusammengearbeitet hatte. Von Bergmann, der übrigens seit vielen Jahren Kurator der Freien Universität Berlin ist, besorgte nicht nur die vielen wissenschaftlichen Geräte und Chemikalien, die ich für meine Arbeit benötigte, sondern auch die Einzelteile zum Bau eines leistungsfähigen Kurzwellenempfängers, den ich unauffällig in meine physikalischen Meßapparaturen mit einbaute. Endlich konnte ich wieder direkte Nachrichten aus der Außenwelt auffangen, erfuhr täglich das Neueste von den Kriegsschauplätzen. Das war etwa Ende August 1944. Wir waren nicht mehr auf die Latrinenparolen und sehr ungenauen Nachrichten angewiesen, die die Beamten gelegentlich verbreiteten. Da ich in meinem Laboratorium für die Abfassung meiner wissenschaftlichen Berichte eine Schreibmaschine besaß, wurde beschlossen, daß ich eine regelmäßige Tageszeitung herausgeben sollte, in der alle neuesten Nachrichten stichwortartig zusammengefaßt waren. Die Zeitung, die den Tarn-Namen «Der Draht» erhielt, erschien ununterbrochen täglich bis zum Tage unserer Befreiung durch die Rote Armee am 27. April 1945, auch sonntags. Ich war so von Arbeitseifer besessen, daß ich auch sonntags ganztägig in meinem Labor arbeitete. Schließlich konnten ja die wichtigen Nachrichten, die sonntags über den Äther kamen, nicht ausfallen. Die Zeitung erschien in zwei Exemplaren, Format DIN A4, zweiseitig beschrieben, enthielt alle Nachrichten von BBC, Moskau, einigen Geheimsendern und den Wehrmachtsbericht, außerdem manchmal Antworten der Redaktion auf Anfragen aus dem Leserkreis. Das erste Exemplar wurde gegen halb fünf Uhr nachmittags abgeschlossen. Um diese Zeit erschien der Kalfaktor des Arresthauses an der Tür meines Laboratoriums. Der Spalt zwischen der Eisentür und der Mauer war weit genug, um das Blatt hindurchzuschieben. Dieser Kalfaktor war kein Politischer. Sein Verbrechen hatte darin bestanden, daß er als Angestellter einer Wehrmachtskantine einige Tausend Zigaretten verschoben hatte. Die Parteizelle bezahlte ihn für seine Hilfe mit einer sehr großzügigen Zuweisung von Kautabak. Kautabak, Priem, das war nämlich das Hauptzahlungsmittel des Zuchthauses. Für eine Stange bekam man einen erstklassigen Maßanzug aus reinem Wollstoff. Außerdem wurde dem Kalfaktor klargemacht, daß er im Falle von Verrat mit dem Tode bestraft werde. Der Kalfaktor brachte die Zeitung dann in die Küche zum sogenannten Brotschneider. Diese Funktion hatte der Genosse Männe Gomolla. Er verteilte die Extrarationen für Schwerarbeiter an die Kalfaktoren der Betriebe, die nach fünf bei ihm erschienen. Bis dahin hatte er die Zeitung auswendig gelernt. Die vielen Genossen unter den Kalfaktoren bekamen beim Essenholen die Nachrichten von ihm ins Ohr geblasen. Dann ging die Zeitung in die Arbeitsverwaltung, wo sich das gleiche Spiel mit einer anderen Gruppe wiederholte. Dort kamen nämlich die Arbeitskalfaktoren und Meister der Betriebe zusammen, um Instruktionen für ihre Arbeit zu empfangen. Die Zeitung landete schließlich in der Tischlerei, in der Parteizelle. Das zweite Exemplar, den Durchschlag des ersten, der gewöhnlich noch einige weitere Nachrichten enthielt, die am späten Nachmittag eingelaufen waren, nahm ich mit, wenn ich in meine Wohnzelle im zweiten Stock des C-Flügels von Haus 1 abgeholt wurde. Oben an der Gittertür stand schon der Genosse Willy Richter, dem ich das kleingefaltete Exemplar unauffällig in die Hand steckte.

Die Zeitung befriedigte nicht nur unser vitales Interesse für Nachrichten, sondern erwies sich auch noch auf andere Weise als äußerst wertvoll für unsere Existenz. Im Januar 1945 wurde es klar, daß der Zusammenbruch des Hitlerregimes dicht bevorstand. Diese letzte Phase des Krieges brachte aber auch uns politisch Gefangene in eine besondere Gefahr. Was würden die Nazis mit uns machen, wenn ihnen selbst klar wurde, daß sie ihr Spiel endgültig verloren hatten? Eines Tages erschien im Zuchthaus eine größere Gruppe von Wachtmeistern und Justizangestellten, die bisher im Zuchthaus Sonnenburg bei Küstrin Dienst getan hatten. Obwohl diesen Leuten von den Behörden absolutes Stillschweigen auferlegt worden war, erfuhren wir bald, was sie erlebt hatten. Als die Rote Armee sich Küstrin bedrohlich näherte, wandte sich der Direktor des Zuchthauses Sonnenburg an den zuständigen Wehrmachtskommandanten mit der Frage, was mit den Gefangenen zu geschehen habe, wenn die Russen kämen. Als Antwort erschien ein kleines SS-Kommando. Die politischen Gefangenen wurden in kleinen Gruppen in einen Hof des Zuchthauses geführt und dort von den SS-Männern erschossen, alle 750 an einem Nachmittag. Die übrigen Gefangenen wurden zu einem großen Treck zusammengestellt und verließen das Zuchthaus unter Bewachung in Richtung Westen.

Um diesem Schicksal zu entgehen, trafen wir verschiedene Maßnahmen zur Vorbereitung einer Meuterei. Wir konnten mit einem Erfolg dieser Meuterei aber nur rechnen, wenn wir sie erst im Augenblick der äußersten Gefahr begannen, also nicht einen Tag, nicht eine Stunde eher als notwendig. Meuterei und Zusammenbruch der örtlichen Macht des NS-Regimes mußten zeitlich so eng wie möglich zusammenfallen. Die Voraussetzungen hierfür sicherte uns «Der Draht». In den Werkstätten des Zuchthauses, hauptsächlich in der Schlosserei, wurden inzwischen die verschiedenartigsten Waffen geschmiedet, Brechstangen, Eisenknüppel, Totschläger, Messer und Dolche. Das alles geschah natürlich geheim. Ich ließ mir, als angeblich benötigte Chemikalie, Sprengstoff besorgen und stellte außerdem 30 Schwelkerzen her, die den äußerst wirksamen Reizkampfstoff Adamsit enthielten. Dieser Kampfstoff wird in Konzentrationen angewandt, die nicht lebensgefährlich sind. Er bewirkt eine Reizung der Nasenschleimhäute und der oberen Luftwege. Eine einzige meiner

Schwelkerzen hätte genügt, in dem Innenraum eines unserer Zellenhäuser die sogenannte Verträglichkeitsgrenze zu erreichen. Wer nicht mit den Eigenschaften des Kampfstoffes vertraut gemacht worden ist, verfällt unter diesen Bedingungen in Panik und versucht unter allen Umständen zu fliehen.

In den letzten Wochen vor unserer Befreiung am 27. April fiel die Stromversorgung immer öfter und schließlich ganz aus. Ich hatte meinen Empfänger rechtzeitig auf Batteriebetrieb umgestellt, so daß wir schließlich die einzigen waren, die über eine regelmäßige und zuverlässige Nachrichtenquelle verfügten. Unsere Position gegenüber den Beamten und der Zuchthausleitung wurde dadurch weiter sehr gefestigt. Trotzdem war es möglich, daß das Regime am 20. April, dem letzten Geburtstag Adolf Hitlers, wohl ihm zu «Ehren», noch ein furchtbares Verbrechen beging. Während eines lang dauernden Luftalarms – wir hörten in unseren Zellen das Surren und Flirren der herabfallenden Flaksplitter – war ein Staatsanwalt des Volksgerichtshofes von Berlin mit dem Auto gekommen, in seiner Begleitung der Scharfrichter. Er legte dem Direktor des Zuchthauses, einem SS-Mann, eine Liste mit den Namen von 33 Todeskandidaten vor, die sich im Hause befanden, und ordnete ihre sofortige Hinrichtung an. Die Hinrichtungen hätten eigentlich nicht stattfinden können, weil der Staatsanwalt die hierfür erforderlichen Henkersknechte, die das Opfer auf der Guillotine befestigen müssen, nicht mitgebracht hatte. Aber der Direktor des Zuchthauses forderte seine Beamten auf, sich für diesen Dienst freiwillig zu melden. Tatsächlich meldeten sich dann auch zwei der Beamten. Die Exekutionen fanden statt.

Wir waren nun alarmiert und zum Äußersten entschlossen. In Gesprächen, die wir mit verschiedenen leitenden Beamten des Zuchthauses führten, erklärten wir, daß wir im Falle noch einer einzigen weiteren Hinrichtung die Verantwortlichen nach dem zu erwartenden Zusammenbruch auf der gleichen Guillotine hinrichten würden. Diese Verantwortlichen seien sie aber alle, weil jeder von ihnen in der Lage sei, ein derartiges Verbrechen zu verhindern. Unsere Drohung versetzte die Beamten in Panik. Sie demontierten die Guillotine und versenkten sie im nahe gelegenen Plauer See.

Die Rote Armee hatte jetzt Berlin völlig eingekreist und stand auch in der Stadt Brandenburg. In der Umgebung des Zuchthauses befanden sich nur noch Vorposten der Wehrmacht. Die Hauptlinie der Deutschen verlief ein bis zwei Kilometer westlich des Zuchthauses. Die letzte, für uns sehr gefährliche Phase hatte begonnen.

Am 22. April verließen zahlreiche Beamte das Zuchthaus und begaben sich nach Westen hinter die deutschen Linien. Der korrupte Arbeitsinspektor ließ sich einen ganzen Lastwagen volladen mit Möbeln aus seinem Haus und allem, was ihm aus dem Zuchthaus mitnehmenswert erschien. Die Auflösung der herrschenden Macht begann. Angeblich, um die Sicherheit der Häftlinge während eines Luftangriffs zu gewährleisten, setzten wir bei der Zuchthausleitung durch, daß eine größere Zahl politischer Häftlinge zu sogenannten Ob-Leuten ernannt wurde. Die Ob-Leute, die durch Armbinde mit der Aufschrift «Obmann» gekennzeichnet waren, hatten das Recht, sich frei im ganzen Zuchthaus zu bewegen. Sie besaßen zwar keine Schlüssel, aber jeder Wachtmeister war verpflichtet, den Obmann durch jede Tür hindurchzulassen. Dies war der erste Schritt unserer Machtergreifung. Wir hatten uns inzwischen Zugang zur Waffenkammer verschafft. Jeder Obmann erhielt eine Pistole und mehrere gefüllte Magazine mit Munition. Ich bekam eine schöne Walther-Pistole, Kaliber 7,65 mm. Ich trug sie ungeniert in meiner Hosentasche. Im Dachgeschoß des Verwaltungsgebäudes, wo sich die Gefangenenbibliothek befand, hatten wir eine Beobachtungsstation eingerichtet, von der aus wir die Vorgänge im weiten Umkreis um das Zuchthaus gut beobachten konnten. Unter einem großen Dachfenster stand ein großer Tisch, auf dem Tisch noch ein Stuhl. Auf ihm stehend konnte man bequem den Kopf zum Dachfenster hinausstecken.

Weil die Zuchthausbeamten, die sich nach Westen abgesetzt hatten, natürlich in erster Linie aus den scharfen Nazis bestanden, mußten wir jederzeit mit einem Handstreich gegen das

Zuchthaus rechnen. Aber es geschah nichts. Im Laufe der folgenden Tage verschwanden peu à peu «klammheimlich» viele weitere mehr oder weniger unbeliebte Figuren, so daß schließlich nur noch Leute zurückblieben, die recht harmlos waren und sich sogar einer gewissen Beliebtheit bei den Gefangenen erfreuten. Auch einige berüchtigte kriminelle Kalfaktoren verließen das Haus, und zwar mit ordnungsgemäßen Entlassungspapieren, darunter der verhaßte Hauptkalfaktor von Haus 1, Seppl, der eigentlich gar nicht entlassen werden konnte, weil er Sicherheitsverwahrung hatte. Aber der Direktor des Zuchthauses, diese scharfe SS-Bestie, war geblieben. Zwei leitende Beamte hatten inzwischen begonnen, ziemlich offen mit uns zusammenzuarbeiten, der Polizeiinspektor und der evangelische Pfarrer.

Der 27. April, der Tag unserer Befreiung, verlief dramatisch. Früh um sieben erschien ein Wachtmeister an meiner Zellentür und teilte in barschem Tone mit, die Direktion habe die Institution der Ob-Leute aufgelöst. Ehe ich es verhindern konnte, hatte er meine Zellentür mit dem Riegel verschlossen. Waren wir überrumpelt worden? Für mich folgten zwei Stunden bangen Wartens. Dann öffnete sich meine Zellentür wieder, ein Genosse rief mir zu: «Schnell, komm mit, die Russen sind da!» Als wir an die Pforte kamen, sah ich viele Genossen mit Gewehren. An der Eisentür, die das Zuchthaus nach außen abschloß, stand der Pfarrer mit einer improvisierten weißen Fahne. Ehe wir darüber streiten konnten, daß dieses Ding eigentlich recht überflüssig war, hatte der Pfarrer die kleine Durchlaßtür geöffnet. Wir traten vor die Tür. Aber da stand kein Russe, sondern ein deutscher Fallschirmjäger. Der Pfarrer wollte mit seiner weißen Fahne rechts an der Zuchthausmauer entlang davonschleichen, als der Posten ihn anrief.

«Halt, wohin?»

Der Pfarrer kam zurück und sagte in purer Einfalt:

«Zu den Russen, wir wollen doch jetzt das Zuchthaus den Russen übergeben.»

«Ja, aber davon weiß doch mein Kommandeur nichts.»

«Könnten Sie dann nicht zu Ihrem Kommandeur gehen und

ihn fragen, ob er damit einverstanden ist?»

Der Posten erklärte sich mit diesem Vorschlag einverstanden und verschwand. Wir schlossen unsere Eisentür. Wir waren nicht mehr sehr besorgt. Wir hatten jetzt die volle Macht im Zuchthaus, waren gut bewaffnet und gut organisiert. Außerdem ist ein Zuchthaus geradezu ideal für eine Verteidigung gegen Eindringlinge von außen gebaut.

Nach etwa einer Stunde erschien wieder ein Soldat vor dem Tor. Diesmal war es wirklich ein Russe, im Arm die russische Maschinenpistole mit dem runden Trommelmagazin. Wir gingen sofort zu ihm und begrüßten ihn auf russisch. Er war sehr erstaunt, daß dies ein Zuchthaus sei. Er hatte gedacht, es handele sich um eine Fabrik. Nachdem wir ihn über unsere Lage aufgeklärt hatten, machte er sich sofort auf den Weg zu seinem Kommandanten. Es war um die Mittagszeit, als ein sowjetischer T34-Panzer auf das Tor zurollte. Die Luke war geöffnet. Mehrere Männer standen auf dem Panzer und winkten. Wir öffneten das Tor, und der Panzer rollte in den ersten Hof vor dem Hauptgebäude. Die Soldaten sprangen herunter. Wir umarmten unsere Befreier und führten sie ins Innere. Zuerst ging es in das Haus. Die Russen ließen sich die Schließerschlüssel geben und machten sich daran, alle Zellentüren aufzuschließen. Binnen kurzem füllten sich die Gänge mit den Massen der grauen, ausgemergelten Gestalten der Gefangenen. Es war ein tief erregender Augenblick. Die Russen wurden umarmt, schließlich hochgehoben, ein ohrenbetäubender Krach erfüllte den Raum. Mit einemmal begannen wir die Internationale zu singen: «Wacht auf, Verdammte dieser Erde!» Wir waren frei. Es war ein schöner warmer Frühlingstag. Die Birken grünten, die Luft war weich und lind.

Damals öffneten sich die Gitter, heute saß ich in diesem kargen Verhörzimmer, zwar nicht richtig eingesperrt, aber doch mit einem leichten Modergeruch von Gefängnis in der Nase. Die Gitter an den Fenstern waren nicht außen, sondern innen angebracht, damit das Haus von außen den Anschein eines normalen

Mietshauses erweckte. Die Wände kahl, die wenigen Möbel häßlich.

Wenn man gewissermaßen im Vorzimmer des Knastes sitzt, denkt man gern an die alten Zeiten und die alten Erfahrungen zurück. Das macht vieles leichter. Ich erinnere mich auch, wie ich im Jahre 1945 zu Major Shulits bestellt wurde. Er war der für die Kontrolle der wissenschaftlichen Forschungsinstitute zuständige Offizier der amerikanischen Militärregierung in Westberlin. Ich war damals Leiter der Verwaltung der Berliner Kaiser-Wilhelm-Institute, noch vor dem Einzug der Amerikaner von den Russen in diese Stellung eingesetzt, offiziell natürlich vom Berliner Magistrat. Der Amerikaner war wegen irgend etwas mit mir böse, ich weiß nicht mehr, weswegen.

«You damned red! Do you know, I can put you in jail, immediately!»

«How nice! I'm just coming from there.»

Diese Antwort entwaffnete den aufgebrachten Major. Sein Fach war Rheologie, 1935 war er als Jude aus Preßburg nach den USA ausgewandert. Er blickte mich mit einer Mischung von Staunen und Zuneigung an, die ich gar nicht erwartet hatte. Dann sagte er auf deutsch, das er noch recht gut beherrschte:

«Ich will Ihnen mit einem Ausspruch Voltaires antworten, der ungefähr so lautet: Wenn ich auch Ihr entschiedener Gegner bin, so bin ich doch bereit, mit meinem Leben dafür einzustehen, daß Sie frei und ungehindert Ihre Meinung vertreten und Ihre Ziele verfolgen können!»

Wir haben in der Folgezeit einigermaßen reibungslos zusammengearbeitet, bis er durch einen ziemlich schmierigen ehemaligen Deutschen abgelöst wurde, der erst Kommunist, dann Sozialdemokrat und nun ein Renegat geworden war und ständig in Angst vor seiner Vergangenheit lebte. Diese Leute spielten in der US-Militärregierung offensichtlich eine ähnliche Rolle wie die ehemaligen Nazis heute bei uns. Sie waren besonders gefährlich.

Nachdem Stasi 2 eingesehen hatte, daß sein Protokoll die erwartete Wirkung verfehlt hatte, versuchte er es noch einmal mit dem Agentenmärchen.

«Ich möchte Sie nochmals darauf aufmerksam machen, daß durch Ihre Aussageverweigerung die Aufklärung eines sehr ernsten Tatbestandes verschleiert wird. Ich sagte Ihnen schon, daß es sich nach unseren bisherigen Ermittlungen bei Frau X. nicht um eine harmlose Studentin handelt.»

Was er mit «nicht harmlos» meinte?

«Ich sagte Ihnen schon, daß Frau X. bei uns im dringenden Verdacht steht, für ausländische Geheimdienste tätig zu sein. Sie ist systematisch auf Sie angesetzt worden.»

Es schmeichele mir, daß sich die ausländischen Geheimdienste für mich interessierten, erwiderte ich, aber ich sähe nicht, was sie an mir interessieren könnte. Ich hätte doch nie ein Hehl daraus gemacht, was ich denke und tue.

«Sie scheinen die Sache immer noch viel zu leicht zu nehmen. Es ist ja gar nicht gesagt, daß man sich in erster Linie für Ihre Person interessiert. Vielleicht sucht man in Ihrem Bekanntenkreis nach geeigneten Kontaktpersonen für ganz andere Zwecke.»

Das war immerhin ein Argument. Ich ging die Reihe meiner Freunde und Bekannten in Gedanken durch. Bei wem hätte eine solche Agentin «landen» können? Ich fand niemanden. Frau X. hatte sich nie sonderlich für Kontakte mit anderen Personen interessiert.

«Frau X. hat sich nie dafür interessiert, Leute kennenzulernen, abgesehen von meinen engsten Freunden.»

«Legen Sie denn für jeden Ihrer Freunde die Hand ins Feuer?»

Ich dachte daran, daß es unter meinen sogenannten Freunden einige gab, für die ich tatsächlich nicht die Hand ins Feuer legen würde. Mein Freund Wolf Biermann und ich hatten schon öfter diesen oder jenen unserer gemeinsamen Bekannten in Verdacht – allerdings nicht, daß er für irgendeinen ausländischen Geheimdienst arbeite, sondern eher mit der Behörde, vor deren Tisch ich hier saß. Wenn man einigermaßen weiß, mit welchen Mitteln eine solche Geheimpolizei arbeitet, dann ist es unausbleiblich, daß Menschen wie wir leicht mißtrauisch werden. Dabei besteht die Gefahr, womöglich ganz Unschuldige zu verdächtigen. Durch diese Verdächtigungen, die sich, wenn nicht offen, so doch indirekt äußern, wird die Arbeit des Systems sehr erleichtert. Gute Freundschaften können zerstört werden. Alle menschlichen Beziehungen geraten in Gefahr, diesem schleichenden Gift zum Opfer zu fallen. Es gehört darum zu den Methoden der Geheimpolizei, solche Verdachte zu erzeugen und zu nähren. Ich glaube, Wolf und ich haben uns inzwischen diese widerliche Krankheit des ewigen Mißtrauens, die uns zeitweilig sehr quälte, endgültig vom Halse geschafft. Wir halten uns nur alle Leute vom Leibe, die uns nicht ernsthaft interessieren, wir halten einfach eine bestimmte Disziplin ein beim Knüpfen neuer Bekanntschaften.

«Meine Freunde sind alle bestens in Ordnung. Na, das wissen Sie doch selbst!»

Stasi 2 grinste und versuchte dabei vielsagend auszusehen.

«Wenn Sie es besser wissen als ich, wäre es eigentlich Ihre Pflicht, mich schleunigst zu warnen.»

«Was unsere Pflicht ist, wissen wir selbst am besten. Ihre Pflicht ist, uns bei unserer schweren Arbeit für die Sicherheit unseres Staates nach Kräften zu unterstützen. Aber das scheinen Sie eben nicht zu wollen. Durch Ihr Verhalten nützen Sie indirekt den Feinden unseres Staates. Wir sehen dies als einen sehr ernsten Tatbestand an.»

Ich antwortete nicht.

Es ist oft sehr nützlich, wenn man weiß, was man nicht gesagt hat. Im Herbst 1963 – ich war damals noch nicht aus der Partei ausgeschlossen, das geschah erst 1964 im Anschluß an meine Vorlesungen – veranstaltete die Partei in der sogenannten Professoren-Mensa der Humboldt-Universität ein Kulturgespräch mit den Dozenten und Professoren. Die Leitung hatte Wilhelm Girnus, der lange Zeit, aber letzten Endes erfolglos, Staatssekretär für das Hochschulwesen gewesen war. Zu seiner Unterstützung saßen mit ihm an einer Art Präsidiums-Tisch ein Funktionär des

Kulturministeriums, der Schriftsteller Paul Wiens und ich. Girnus hielt eine seiner salbadrigen Reden, lauter aneinandergereihte Plattheiten und Undeutlichkeiten, bei denen sich jeder jedes denken konnte, sehr auf professorale Würde bedacht, durch und durch unecht. Als er endlich fertig war, kam natürlich zunächst trotz wiederholter Aufforderung keine Diskussion zustande. Ich meldete mich und sagte:

«Vielleicht kommt eine Diskussion leichter zustande, wenn wir unserer Beratung ein Motto geben, das ich ganz allgemein für Kulturgespräche empfehlen möchte. Es ist ein Spruch des chinesischen Weisen Lao Tse, der lautet:

‹Herrscht ein ganz Großer, so weiß das Volk nur
eben, daß er da ist.
Mindere werden geliebt und gelobt.
Noch Mindere werden gefürchtet.
Noch Mindere werden verachtet.
Schenkst du kein Vertrauen, so findest du kein Vertrauen.
Wie weise waren doch die Alten im Wägen ihrer Worte.
Ihre Werke wurden vollbracht, die Arbeit wurde getan.
Und die Leute im Volk wußten:
Wir sind selbständig.›»

Das schlug ein. Die anwesenden Genossen Gesellschaftswissenschaftler fühlten sich aufgerufen, die Kulturpolitik zu verteidigen, gegen Lao Tse. Aber ihre Reden blieben matt. Die Worte Lao Tses trafen die Situation. Im weiteren Verlauf der Diskussion meldete ich mich noch einmal und goß noch mehr Öl ins Feuer. Zuerst lobte ich die neue ökonomische Politik der Partei, verlangte dann aber auch eine neue Kulturpolitik. «Hätten wir die bisherige ökonomische Politik fortgesetzt, so hätte das für unsere Wirtschaft das Chaos bedeutet. Wenn wir unsere bisherige Kulturpolitik fortsetzen, so bedeutet das die Zerstörung unserer Kultur!» rief ich mit Emphase aus.

Von Chaos und Zerstörung in Verbindung mit der geheiligten Politik unserer Partei zu sprechen, war gewiß stark. Die Reaktion konnte nicht ausbleiben. Die anwesenden parteilosen Dozenten und Professoren erlebten gleichwohl voller Staunen, wie die Meute über mich herfiel. Paul Wiens versuchte eine schwache Verteidigung für mich, indem er meinte, ich habe es gar nicht so gemeint. Ich hatte es aber so gemeint. Den schärfsten Angriff führte Peter Alfons Steininger, Professor für Völkerrecht, ein wortgewandter Advokatentyp alter Schule. Er spielt sich gern als alter Kommunist auf. Während der Nazizeit hatte er aber versucht, sich bei der NS-Kulturkammer anzubiedern, mit einem schleimigen Brief, der zu seinem Ärger 1946 im Westberliner *Tagesspiegel* veröffentlicht worden war. Dadurch war seine Karriere vorübergehend gestoppt worden. Aber das war nun schon lange her. Er hatte sich inzwischen mit Erfolg wieder hochgedient. Steininger redete überlaut, seine Stimme überschlug sich.

«Und solche Worte müssen wir ausgerechnet aus dem Munde des Genossen Robert Havemann hören. Chaos und Zerstörung, unserer Partei gesagt, ich wiederhole es, das hast du gesagt, Robert», bei der Nennung meines Vornamens als Anrede legte er den Klang verzweifelter Besorgnis eines guten Freundes in seine Stimme, «Robert, was hast du dir dabei gedacht, unsere Partei ist die Partei der Ordnung und des Aufbaus. Chaos und Zerstörung ist das Wesen des Imperialismus, nicht unser Wesen. Wohin bist du geraten . . .» Und so weiter.

Als er fertig war, meldete ich mich. Girnus wollte mir zuerst das Wort nicht erteilen. «Nur einen Satz, bitte!» sagte ich. Er reagierte nicht. Ich stand aber einfach auf und sagte:

«Meine Damen und Herren, ich verstehe Ihre Aufregung nicht. Was ich hier gesagt habe, ist doch der Gipfel der Harmlosigkeit – verglichen mit dem, was ich denke.» Und setzte mich wieder.

Wie gesagt, es ist gut, wenn man weiß, was man nicht gesagt hat. Denn die Sache hatte natürlich ein Nachspiel. Ich wurde in die Bezirksleitung zitiert. Den Spruch von Lao Tse kannten inzwischen alle auswendig. Die ganze Veranstaltung war ja auf Band aufgenommen worden. Am meisten empört war man über meinen letzten Satz.

«Ich verstehe euch nicht», begann ich, «das ist doch immer so, was ein Mensch sagt, ist doch immer viel harmloser als das, was er denkt. Zum Beispiel, was ein Mann zu einer hübschen jungen Frau sagt, meint ihr nicht auch?»

Die Genossen wußten nicht, ob sie lachen oder empört sein sollten.

«Aber Scherz beiseite», fuhr ich schnell fort, «stellt euch bloß vor, was ich alles hätte sagen können über die chaotischen Verhältnisse in unserer Wirtschaft vor dem neuen ökonomischen System, über die riesigen Fehlinvestitionen in der Flugzeugindustrie, im Rostocker Hafen. Darüber, daß eine Kommission der staatlichen Plankommission zu dem Ergebnis gekommen ist, daß man wegen der vielfältig verschachtelten Subventionspolitik nicht in der Lage ist, auf Grund der geltenden Preise festzustellen, ob die Fabrikation und der Export von Schiffen für die Wirtschaft der DDR ein Gewinn- oder ein Verlustgeschäft ist. Über die riesigen Lagerbestände an Ladenhütern in unserer Elektroindustrie, über das Geld, das wir für das Farbfernsehen zum Fenster hinausgeschmissen haben. Wollt ihr noch mehr hören?»

Nein, sie wollten nicht. Sie waren mir zu dankbar für alles das, was ich nicht gesagt hatte.

Stasi 2 stellte eine weitere Frage. Ich antwortete nicht mehr. Auch alle weiteren Fragen ließ ich vollständig unbeantwortet. Ich hielt diese Taktik des absoluten Schweigens aber nur knapp eine Stunde lang durch. Das Verhörzimmer war auch zu trostlos. Ich hatte mir während dieser Stunde alle Details in dem Zimmer angesehen, auch die unbedeutendsten, um die Zeit totzuschlagen. Als ich mit dem dürftigen Inventar, den Wänden, den Fenstern, den Gittern und den Gardinen, den Schuhen von Stasi 3 und seiner ganzen Person, die immer schweigend dasaß, fertig war, gab ich mich wieder meinen Grübeleien hin. Die ewig sich wiederholenden Fragen von Stasi 2 kamen eine Zeitlang für mich wie aus weiter Ferne. Schließlich wurden sie aber wieder lauter, ich fing an, sie zu hören, was mich sehr störte. Endlich konnte ich mich nicht mehr beherrschen und unterbrach ihn mitten in einem Satz:

«Kann ich jetzt gehen? Oder bin ich hier verhaftet?»

«Nein, Sie sind nicht verhaftet. Es liegt ja kein Haftbefehl gegen Sie vor. Aber Sie müssen doch so lange hierbleiben, bis die Zeugenvernehmung durch uns beendet ist. Außerdem muß noch das Protokoll geschrieben und von Ihnen unterzeichnet werden.»

«Dann fangen Sie jetzt bitte mit dem Protokollschreiben an.»

Ich wußte, daß diese Schreiberei ewig dauerte. Es war schon fast halb vier Uhr nachmittags. Und um fünf machte die Stasi pünktlich Dienstschluß, wie ich von meiner ersten Vernehmung wußte. So war es jetzt eigentlich schon Zeit für den Schluß der Veranstaltung, wenn alles bis fünf geschafft werden sollte.

Was mich am meisten ärgerte, war, daß die Genossen von der Stasi offenbar immer noch nicht eingesehen hatten, daß ich ihr Spiel nicht mitspielen wollte. Sie mußten doch gemerkt haben, daß selbst ihre Drohungen nicht wirkten. Es wäre aber auch eine unentschuldbare Dummheit von mir gewesen, wenn ich mich hätte kleinkriegen lassen. Die einfachen Schlußfolgerungen, zu denen wir gleich nach meiner ersten Vernehmung gelangt waren, waren ein ausreichender Schutz gegen solche Versuchung. Trotzdem waren diese langweiligen Stunden der Vernehmungen alles andere als ein Vergnügen.

Welche großen Hoffnungen hatten uns vor zehn Jahren bewegt!

Es mag auch im Mai gewesen sein, im Mai 1956, als die Parteiorganisation der Humboldt-Universität eine Aktivtagung durchführte, in der Schlußfolgerungen für die Politik an der Universität aus den Ergebnissen des XX. Parteitages gezogen werden sollten. Es war ein kleines, sorgfältig ausgewähltes Aktiv, etwa hundertfünfzig Genossen. Im Präsidium saß die gesamte Universitätsparteileitung und, das war das Außergewöhnliche dieser Tagung, der Genosse Walter Ulbricht.

Es begann mit einem Referat des Sekretärs der Parteileitung. Offensichtlich war es das mühsam zustande gebrachte Werk eines Kollektivs. Gähnende Langeweile breitete es aus, eine Sammlung von Parteigrundsätzen der Vergangenheit, trotz ängstlich eingefügter Wenns und Abers ohne jede Stellungnahme zu den umwälzenden neuen Ideen des XX. Parteikongresses. Dann folgte die Diskussion, auf gleichem Niveau. Als siebter Redner erhielt ich das Wort. Wir hatten in unserer Grundorganisation schon stundenlange Diskussionen über den XX. Parteitag geführt, auch mit vielen Parteilosen, und großen Erfolg dabei gehabt. Ich sagte einfach, was aus diesen Diskussionen hervorgegangen war:

«Der XX. Parteitag der KPdSU bedeutet einen historischen Wendepunkt in der Entwicklung der Weltrevolution. Seit der siegreichen sozialistischen Oktoberrevolution kämpfte unsere Bewegung in dem einen Land in der tödlichen Umkreisung durch den Imperialismus. Aber die Revolution behauptete sich, sie siegte über die Interventen, über den Hunger, sie zermalmte die faschistische Bestie, neue Völker beschritten den Weg zum Sozialismus, das riesige China mit seinen 500 oder 600 Millionen Menschen, halb Asien, die osteuropäischen Staaten, dieser Teil Deutschlands, unsere DDR. Wir haben den Kreis, der uns einschnüren sollte, immer weiter ausgedehnt in dieser Welt. Und wie es mit einem Kreis ist, auf unserer Weltkugel, er kann wohl wachsen und immer mehr wachsen, aber dann kommt der Augenblick, wo er zum größten Kreis geworden ist, und dann, je mehr sich seine Peripherie vom Mittelpunkt entfernt, wird der Kreis kleiner, aus einem Kreis um uns zu einem Kreis um die anderen. In dieser Phase befinden wir uns jetzt. Noch sind große Kämpfe zu bestehen. Die vielen Völker, die noch in kolonialer Unterdrückung leben, in Asien, in Afrika und Südamerika, sie sind doch schon unsere Verbündeten, unsere potentiellen Mitstreiter. Und auch die Arbeiterklasse in den großen kapitalistischen Zentren beginnt den neuen Hauch der Weltrevolution zu spüren. Der Sozialismus, das ist nicht mehr dieses arme riesige Rußland mit seinen landlosen Bauern, seinen Analphabeten, seinem Hunger, das ist heute eine Weltmacht, die alle respektieren, ob sie wollen oder nicht. So treten wir in eine neue Phase der Weltrevolution, aus der Defensive in die Offensive, aber nicht in eine Offensive mit den Waffen des Krieges, sondern bewaffnet mit unseren unüberwindlichen Ideen, den Ideen des Marxismus, die in der vergangenen ersten Phase durch den Pulverrauch des Kampfes vernebelt, durch unsere eigene Blindheit verzerrt und verschüttet worden sind. Wir werden die Menschen in aller Welt mit unseren alten, ewig jungen Ideen in Bewegung setzen. Das erfordert neue Methoden des politischen Kampfes, besser sage ich, der unermüdlichen politischen Arbeit. Wir müssen durch Überzeugung, nicht mit Gewalt die Menschen für uns gewinnen.

Gewalt? Bisher wurde sie gegen uns angewendet, jetzt verfügen wir selbst über die mächtigsten Waffen der Welt. Die Sowjetunion besitzt nicht nur die Atombombe, sie schuf auch als erste eine militärisch brauchbare Wasserstoffbombe mit einer Sprengkraft von vielen Megatonnen gewöhnlicher Sprengstoffe. Aber wir bedrohen die Welt nicht mit der Wasserstoffbombe. Sie ist nur unser Argument für die amerikanischen Atomstrategen, ihren verbrecherischen Mut zu kühlen, sie abzuhalten von dem Wahnsinn eines neuen Krieges. Weil wir die Welt besiegen könnten, ist der Weltkrieg nicht mehr unvermeidlich, wie noch zu Lenins Zeiten. Das ist die Dialektik. Wir werden die Welt gewinnen, aber nicht als rauchenden Trümmerhaufen, sondern in Frieden mit der Waffe unserer Ideen. Wir müssen sie wieder neu beleben. In der Periode des Personenkults um Stalin ist der Marxismus arm geworden. Unsere sowjetischen Genossen haben diesen Teufelskreis durchbrochen. Was Personenkult bedeutet, das haben wir hier in Hitlerdeutschland zur Genüge erlebt. Aber der Personenkult um Hitler konnte nur in den Trümmern unseres Landes untergehen. Wir Kommunisten haben unseren Personenkult selbst überwunden, aus eigener Kraft. Das war die historische Notwendigkeit, die sich, wie der Marxismus lehrt, durchsetzt, auch bei uns selbst. Wir hier an der Universität haben große Aufgaben vor uns. Unsere Gesellschaftswissenschaftler müssen den Dogmatismus überwinden. In freiem wissenschaftlichem Meinungsstreit mit allen Ideen der Welt müssen wir unsere alte Kraft wiedergewinnen. Unsere Philosophie ist modern, sie wird die Jugend begeistern. Wir müssen sie nur freilegen, mit neuen Ideen bereichern. Wir müssen uns endlich auch als Marxisten schöpferisch betätigen. Das ist die Aufgabe, die uns der XX. Parteitag stellt, die von uns abverlangt wird als Beitrag in der Endphase der Weltrevolution, die jetzt anhebt.»

Ich hatte kaum geendet, noch nicht das Rednerpult verlassen, als eine junge Genossin, Mitglied der Parteileitung, aufsprang, neben mich ans Pult trat und mit hektischer Röte übergossen rief:

«Das ist unerhört, eine Beleidigung der Partei, nie hätte ich das von dir erwartet, Genosse Havemann, in Gegenwart unseres Genossen Walter Ulbricht so maßlos und unverschämt zu sprechen, ich weiß nicht, was ich sagen soll, ich . . .»

Sie beendete ihren Protestschrei nicht, man zog sie weg und gab dem nächsten Diskussionsredner das Wort. Es kamen noch viele Redner. Einer nach dem anderen, größtenteils Philosophen und Gesellschaftswissenschaftler, lobte die junge Genossin, bezeugte Verständnis für ihre spontane Erregung und rechnete dann unbarmherzig mit mir ab. «Kleinbürgerliches Gefasel, Großsprecherei und Protzerei mit dem aufgeblasenen Wort Weltrevolution, Beleidigung der Sowjetunion, das kann nicht unwidersprochen bleiben, das kann man nicht dem Schlußwort überlassen.» Das waren die Kraftworte, mit denen man mich erschlug. Die Redner versuchten, sich gegenseitig in der Demonstration ihrer Parteitreue zu übertreffen. Die Gelegenheit war auch einzigartig. Der Genosse Ulbricht war Augen- und Ohrenzeuge ihres mutigen Eintretens für die Partei und – für ihn. Das Schlußwort, dem man es nicht allein überlassen wollte, das wußten alle, würde der Genosse Ulbricht selber halten. Jeder rechnete sich schon aus, wie groß die Portion Lob und Segen sein werde, die ihm dank seiner klugen und mutigen Rede zuteil werden würde. In ihrem hemmungslosen Eifer hatten diese Arschkriecher nicht den geringsten Sinn dafür, in wie peinlicher Weise sie die schlechte Meinung zum Ausdruck brachten, die sie alle von dem Genossen Ulbricht hatten.

Dann kam die Pause vor dem Schlußwort. Wie ein Aussätziger gemieden schlich ich einher. Man kannte mich nicht mehr, sie gingen an mir vorbei, das Äußerste war ein mitleidiger Blick, gemischt mit der Neugierde, die sich einem Opfer zuwendet, dessen Hinrichtung kurz bevorsteht.

Als Walter Ulbricht an das Rednerpult trat, herrschte eine von äußerster Spannung geladene Stille. Mit einer merkwürdigen Liebenswürdigkeit, merkwürdig, weil ihr unverkennbar eine genau berechnete Dosis Hohn beigemischt war, machte er den atemlos lauschenden Klassenkämpfern klar, daß sie noch sehr wenig vom Wesen und Sinn des XX. Parteitages erfaßt hätten. «Man kann das verstehen, wenn man bedenkt, daß ihr hier an der Universität ziemlich weit ab vom wirklichen Leben in einer recht sterilen Atmosphäre lebt. Hier muß jetzt endlich ein frischerer Wind wehen ...» Und dann fiel das Wort, das niemand erwartet hatte: «Eins muß ich sagen, der einzige hier von euch, der gezeigt hat, worauf es jetzt ankommt, das ist der Genosse Havemann.» Eine geradezu gespenstische Lautlosigkeit folgte diesen Worten. Keiner der lobhudelnden Schönredner wurde in der Rede Ulbrichts auch nur mit einem Wort bedacht. Ulbricht sagte mit aller Deutlichkeit, was zu sagen war, aber zugleich sagte er es mit Behutsamkeit, mit landesväterlicher Freundlichkeit.

Die professoralen Kriecher und Karrieristen haben mir den blamablen Reinfall nie verziehen. Als die Versammlung sich auflöste, wagten es zwar einige wieder, sich mit mir zu zeigen, mir freundschaftlich auf die Schulter zu klopfen und mich nach draußen zu begleiten. Aber sie wußten auch, daß einige der Mächtigen unter ihnen auf Rache aus waren.

Das erste Ergebnis dieses außergewöhnlichen Vorfalls war, daß ich von der Redaktion des *Neuen Deutschland* aufgefordert wurde, einen ganzseitigen Artikel über das Thema «Gegen den Dogmatismus, für den wissenschaftlichen Meinungsstreit» zu schreiben. Der Artikel erschien wenige Tage später in großer Aufmachung. Er löste eine wochenlang dauernde Pressediskussion aus. Besonders die Philosophen fühlten sich zu Unrecht angegriffen. Ein Satz in meinem Artikel hatte sie besonders in Rage gebracht: «Die Philosophie ist überhaupt keine Wissenschaft mit einem bestimmten Gegenstand. Sie hat alle Gegenstände zum Gegenstand, aber nur vermittels der einzelnen Wissenschaften von diesen Gegenständen.» Mit diesem Satz hatte ich die Forderung begründet, daß ein Philosoph wenigstens auf einigen Teilgebieten des Wissens oder des praktischen Lebens über Fachkenntnisse und eigene Erfahrung verfügen müsse. «Ein Philosoph, der nur etwas von Philosophie versteht, kann kein guter Philosoph sein», argumentierte ich. Im übrigen verwies ich die Philosophen darauf, daß der Marxismus nicht eine neue Philosophie, sondern das Ende aller Philosophie sei. In den philosophischen Instituten gebe es aber trotzdem noch eine Menge vernünftiger Arbeit zu tun, nämlich die systematische Ausgrabung der geistigen Schätze der Philosophien der vergangenen Jahrtausende.

Unter den Philosophen, die mich damals von der Position des Dogmatismus aus angriffen und, besorgt um ihren Lehrstuhl, des Positivismus bezichtigten, befand sich auch Wolfgang Harich. Er veröffentlichte im *Sonntag*, der Wochenzeitung des Kulturbundes, einen Artikel mit dem Titel «Rückfragen an Robert Havemann». Ich sandte der Redaktion eine Erwiderung mit dem Titel «Rückantwort von Robert Havemann». Harich, der in der Redaktion des *Sonntag* ziemlich nach eigenem Ermessen schalten und walten konnte, änderte aber den Titel meines Artikels, indem er eine Bezeichnung in den Titel aufnahm, mit der ich in meinem Artikel die ideologische Wach- und Schließgesellschaft der Parteiphilosophen lächerlich zu machen versucht hatte. Der Titel hieß danach: «Rückantwort an die Hauptverwaltung Ewige Wahrheiten.» Er war natürlich sehr viel schöner. Harich arbeitete damals schon mit seinen Freunden an seiner «Plattform». Ich wußte davon nichts. Möglicherweise wollte er sich mit seinem Artikel tarnen. Ich halte es aber auch für möglich, daß er damals noch zu denen gehörte, die die berühmte Feuerbachthese Marxens gründlich mißverstanden haben: «Die Philosophen haben die Welt nur verschieden interpretiert. Es kommt aber darauf an, sie zu verändern.» Manche marxistischen Kathederphilosophen haben daraus das Mißverständnis abgeleitet, Marx habe erwartet, die Veränderung der Welt werde ihr philosophisches Werk sein.

Das Telefon hatte in einem der benachbarten Zimmer geläutet. Stasi 3 war hinausgegangen, kam kurze Zeit danach zurück und forderte Stasi 2 mit einem bedeutungsvollen Blick auf, zum Telefon zu kommen. Stasi 3 versuchte sich nun selbst in einer Fortsetzung der Vernehmung, was offenbar nicht seine eigentliche Aufgabe war. Er wählte einen freundlich-höflichen Ton.

«Also ich muß wirklich auch sagen, Sie könnten doch endlich aus Ihrer Reserve herausgehen, damit wir endlich weiterkommen.»

«Aber was meinen Sie, dann würde ja alles noch dreimal so lange dauern.»

«Wieso, wir könnten doch längst fertig sein, schon beim erstenmal.»

«Ja, ich wäre fertig, aber Sie nicht.»

«Das wäre doch auch das Beste – bei so einem schönen Wetter!»

«Trotzdem glaube ich, daß Sie eines Tages genau verstehen und billigen werden, was ich jetzt tue.»

In diesem Augenblick kehrte Stasi 2 vom Telefon zurück. Er hatte noch einen Fetzen meines letzten Satzes ins Ohr bekommen.

«Was werden wir billigen?»

«Daß ich die Aussage verweigere! Sie werden mir sogar dankbar sein, das heißt, zuerst werden Sie mich verstehen, eine Weile später werden Sie billigen, und noch eine Weile später werden Sie mir sogar dankbar sein.»

«Das ist völlig unmöglich!»

«Wetten? Ich biete eine Flasche sowjetischen Sekt, daß es gar nicht lange dauern wird, spätestens an dem Tage, an dem Frau X. aus der Haft entlassen wird, werden Sie mein Verhalten verstehen.»

«Und wann wird das sein?»

«Ich schätze, demnächst. Wenn die Mühlen nicht zu langsam mahlen. Den Zeitfaktor schätzt man ja immer falsch ein. Sitzt man in der Chose drin, so scheint sie ewig zu dauern, hat man sie hinter sich, so war es nur ein Furz!»

Stasis 2 kontaktarmes Gesicht zuckte unruhig und verlegen. «Also wirklich: wollen wir wetten? Was bieten Sie? Oder wissen Sie schon, daß Sie doch verlieren?»

«Unsinn. Wir wetten nicht!»

«Aber bedenken Sie, wenn Sie Ihre Wette verloren haben werden, dann komme ich freiwillig zu Ihnen, das wird lustiger als heute.»

Stasi 2 antwortete nicht, sondern begann endlich das Protokoll zu schreiben. Er schrieb alles mit der Hand. Mein Gestapo-Verhörer Manig hatte immer eine junge Sekretärin bei sich, die alles stenographierte und später in meiner Gegenwart nach seinem Diktat niederschrieb, nachdem ihre Notizen sein Gedächtnis aufgefrischt hatten. Stasis 2 Arbeit kam nur stockend voran. Es ist schwer, ein Protokoll über ein achtstündiges Verhör zu schreiben, das nur aus Fragen besteht, die nicht beantwortet wurden. Unsere häufigen Abschweifungen vom Thema konnten ja leider in dem Protokoll keinen Niederschlag finden. Aber ich nehme an, sie waren alle auf Band aufgenommen. Im Geiste hörte ich schon die Schreibmaschinen klappern, die die achtstündigen Bänder abzutippen hatten.

Die moderne Technik des Mithörens ist zwar schon recht hoch entwickelt. Die Minispione, kleine komplette UKW-Sender, sind nicht größer als ein Hemdenknopf, sie könnten also theoretisch überall «dabeisein». Aber am Ende muß ein menschliches Ohr alle diese Bänder abhören, sie müssen abgeschrieben werden, und irgendein menschliches Wesen muß alles sorgfältig lesen, «auswerten», bestimmte Details in Lochkarten speichern, damit die verfügbare Information über irgendeinen Erdenbürger lückenlos und idiotensicher wird. Vielleicht ist das noch eine Chance für die Freiheit.

Da saß ich nun in meinem halbrunden Polstersessel, der gerade ein wenig zu klein war, um bequem zu sein. Immer wirken diese Dinger mit ihren speckigen Armlehnen wie die Armeleuteimitation von etwas Richtigem, das in voller Pracht und Häßlichkeit im Büro eines Direktors steht. Ein Armesünderstuhl, der durch seine Talmieleganz den Schein erwecken soll, der Sitzende sei noch ein freier Mann. Es bekümmerte mich, daß unser Staat so etwas machte und hatte, daß er es nicht unter seiner Würde fand und ich nun auf solchen Sessel geraten war. Dieser Mensch ohne Namen und fast ohne Gesicht, Stasi 2, war doch nicht der vollstreckende Arm einer feindlichen Macht, einer Klasse von Unterdrückern, von «Ausbeutern». Bisher hatte ich es in meinem Leben immer mit sehr einfachen und klar übersehbaren Situationen zu tun gehabt. Mit Feinden und mit Freunden, mit den Nazis, den SS-Leuten und Goldfasanen und mit meinen guten Genossen und Mitkämpfern.

Auch nach dem Krieg hatte sich das zunächst nicht geändert. Im Frühjahr 1950, als ich noch Abteilungsleiter im Kaiser-Wilhelm-Institut für Physikalische Chemie und Elektrochemie in Berlin-Dahlem war, erschien eines Morgens in meinem Büro ein Redakteur des *Neuen Deutschland*, in der Hand die neueste Nachricht aus den USA. Der Präsident der USA, Truman, teilte mit, daß er sich schweren Herzens entschlossen habe, im Interesse der Sicherheit der freien Welt seinen Wissenschaftlern den Auftrag zu geben, die Wasserstoffbombe, die Superbombe, zu konstruieren. Der Redakteur wollte meine Meinung dazu hören, ein Interview haben. Er wollte auch wissen, was das eigentlich auf sich habe, rein wissenschaftlich, mit dieser Superbombe. Da ich schon damals mit Zeitungsinterviews nicht die besten Erfahrungen gemacht hatte, versprach ich dem Redakteur, zu seinen Fragen einen Artikel zu schreiben, sofern die Redaktion bereit sei, ihn unverändert und ungekürzt abzudrucken. Und so geschah es auch, der Artikel erschien zwei Tage später in der Zeitung. Ich lehnte darin alle Pläne, die Massenvernichtungsmittel immer weiter zu vervollkommnen und ins Überdimensionale zu steigern, als barbarisch und verbrecherisch ab. Außerdem erklärte ich, daß wissenschaftliche Leistungen, auch die Entwicklung einer Wasserstoffbombe, nicht einfach befohlen werden könnten. Und schließlich beschrieb ich in populärer Form, welche Kernprozesse für eine H-Bombe in Betracht kämen. Ich legte dar, daß eine echte Wasserstoffbombe, die auf die Vereinigung von vier Wasserstoffatomen oder von zwei Deuteriumatomen zu Helium beruhen würde, aus den verschiedensten Gründen sehr unpraktisch sei. Für sehr viel aussichtsreicher erklärte ich eine Bombe aus Lithium(6)-Deuterid oder Lithium(7)-Hydrid. Bei der sehr hohen Temperatur einer Zündung durch eine normale A-Bombe könnten sich die Lithiumatome mit den Wasserstoff- bzw. Deuteriumatomen vereinigen und dann unter Freisetzung einer ungeheuren Energiemenge in zwei Heliumatome zerfallen.

Der Artikel hatte eine sehr große Wirkung. Die gesamte Weltpresse druckte Auszüge ab. Was aber das Interesse erregt hatte, war weniger mein Protest gegen die Massenvernichtungsmittel als mein Rezept für die Wasserstoffbombe.

Während ich mich auf einer Reise in Westdeutschland befand, erschienen bei meiner Frau Beamte des CIA, um sie zu verhören, ob ich mit US-Atomwissenschaftlern oder mit dem Atomspion Klaus Fuchs in England Kontakt gehabt hätte. Meine Frau konnte reinen Herzens alles verneinen. Ich hätte ein «Top Secret» verraten, erklärten die Beamten, noch dazu auf raffinierte Weise: in einem Zeitungsartikel! Einige Tage später erfuhr ich, daß der Westberliner Stadtrat für Kultur – damals hieß es noch Magistrat und nicht Senat, also auch Stadtrat und nicht Senator –, der SPD-Stadtrat May an die Leitung des Kaiser-Wilhelm-Instituts ein Schreiben gerichtet hatte, in dem unter Hinweis auf den Artikel meine sofortige fristlose Entlassung angeordnet wurde. Bonhoeffer, der Direktor des Instituts, sandte das Schreiben zuerst einmal an die Hauptverwaltung der Kaiser-Wilhelm-Gesellschaft nach Göttingen. Ich weiß nicht, welche Diskussionen es dort gab, jedenfalls dauerte es mehr als drei Wochen, bis das Schreiben nach Berlin zurückkam und der peinliche Akt meiner politischen Maßregelung unvermeidlich geworden war. Er fand in einer Besprechung statt, an der außer Bonhoeffer auch Prof. Stranski teilnahm, der später längere Zeit

Rektor der Technischen Universität in Charlottenburg war, ein bulgarischer Wissenschaftler, der schon während der Nazizeit nach Deutschland gekommen war.

«Wie konnten Sie nur diesen Artikel veröffentlichen!» Bonhoeffer blickte mich geradezu flehend an, flehend um Verständnis seiner Lage. «Sie müssen doch darauf Rücksicht nehmen, daß wir zuerst einmal daran denken müssen, wie wir unsere wissenschaftliche Arbeit hier am Institut weiterführen können. Und da können Sie doch nicht die hier zuständige Besatzungsmacht in dieser Weise angreifen. Schließlich geben diese Leute uns das Geld; wir können doch nicht ohne sie. Ich muß wirklich sagen, Sie haben durch Ihr Verhalten die Interessen des Instituts verraten. Das kann man nur leichtfertig nennen, rücksichtslos. Warum haben Sie uns nur in diese Lage gebracht! Jedenfalls kann ich Ihnen nur sagen, wir können nichts mehr daran ändern.» Damit überreichte er mir den Entlassungsbrief. Er sprach nicht nur die fristlose Entlassung aus, sondern ordnete gleichzeitig sofortiges Hausverbot an. Ich durfte also auch die Arbeitsräume meiner Forschungsabteilung im Institut ab sofort nicht mehr betreten. Ich las den Brief und erwiderte nichts. Ich schämte mich für die beiden mit. Daß ich nichts einwendete, schien Bonhoeffer etwas zu erleichtern.

«Sagen Sie, eins wollte ich Sie noch fragen, Herr Havemann. Sie haben da in Ihrem Artikel auch noch etwas geschrieben, was doch wohl nicht richtig ist. Ich meine diese Sache mit dem Lithiumhydrid. Das ist doch eine chemische Reaktion, keine Kernreaktion. Wie konnten Sie so etwas verwechseln?»

Ehe ich antworten konnte, erklärte Stranski, dies sei sogar eine ganz ausgezeichnete Idee. «Herr Havemann wußte ganz genau, was er da schrieb. Auf diese Weise hat man die Reaktionspartner bei normaler Temperatur unter normalem Druck in fester Form zusammen. Das ist sehr wichtig.»

Im Verlauf von zwei Wochen verließ ich Westberlin und bezog zunächst eine Wohnung im Zehlendorf benachbarten Klein-Machnow. Gleichzeitig begann ich, mich intensiv in der Friedensbewegung zu betätigen. Ich wurde Vorsitzender des Berliner

Friedensrats. Bei dieser Arbeit lernte ich auch Heinz Brandt kennen, der damals Sekretär für Agitation und Propaganda in der Bezirksleitung Berlin der SED war. Seither verbindet uns eine herzliche Freundschaft.

In engster Zusammenarbeit mit Heinz Brandt bereitete der Berliner Friedensrat eine große Aktion zur Sammlung von Unterschriften unter den Stockholmer Appell des Weltfriedensrats vor, die in Westberlin ebenso wie in Ostberlin durchgeführt werden sollte. Der Stockholmer Appell war ein von vielen führenden Wissenschaftlern, darunter Frédéric Joliot-Curie, unterzeichneter Aufruf zur allgemeinen Ächtung der Atomwaffen. Mehrere tausend junge Leute, Arbeiter, Studenten und Schüler, zogen nach Westberlin, ausgerüstet mit Unterschriftsformularen, auf denen der Stockholmer Appell abgedruckt war. Die Aktion hatte kaum begonnen, als die Westberliner Bereitschaftspolizei bereits daranging, sie mit brutalen Mitteln zu unterdrükken. Zur Rechtfertigung ihres Vorgehens wurde erklärt, die Formulare mit dem Stockholmer Appell seien nicht genehmigte Druckschriften, da sie ohne die Drucklizenz des Westberliner Magistrats in Ostberlin gedruckt worden waren. Ich wurde mit vielen anderen am Hermann-Platz in Neukölln verhaftet. Ein Polizist schloß mich am linken Handgelenk an eine Kette und führte mich wie ein Raubtier zum Polizeirevier, das in einer Seitenstraße gelegen war. In einem größeren Zimmer im ersten Stock, direkt neben der Revierstube, sammelten sich bald dreißig bis vierzig junge «Friedenskämpfer».

Die Fenster dieses Zimmers waren von innen mit weißer Farbe bestrichen, damit die jeweils Eingesperrten nicht auf die Straße sehen konnten. Wir nutzten diesen Anstrich indessen für unsere Friedensagitation aus und kratzten in Spiegelschrift Losungen in die Farbe. So konnte man von außen am Fenster der Polizeistation lesen, weswegen wir hier saßen: Frieden! Peace! Vive la Paix! Ban the Bomb! Ächtet die Atombombe! Mir Miru! Dann öffneten wir auch die Fenster, was erstaunlicherweise ohne weiteres möglich war. Unten war eine große Menschenmenge versammelt. Wir hielten Ansprachen aus dem Fenster an die Versammelten. Dann erst schritt die Polizei ein. Ein Polizist wurde in unserem Warteraum postiert, der darauf zu achten hatte, daß die Fenster unberührt blieben. Da er nicht mehrere Fenster gleichzeitig bewachen konnte und wir zu viele waren, schoß er immer von einem Fenster zum anderen, während wir die Fenster wieder öffneten, die er gerade geschlossen hatte, und unsere Parolen hinausriefen. Es war ein lustiges Spiel. Ich weiß nicht, wie es weiterging, denn ich wurde dann aus dem Raum herausgeholt, in den Keller gebracht und dort in eine kleine Zelle eingesperrt.

Diesen Spaß wollte ich den Polizisten gründlich verderben. Ich wartete etwa eine Minute und «schmiß dann die Fahne», wie es im Knastjargon heißt. Unter «Fahne schmeißen» versteht man die Betätigung eines Alarmknopfes, der innerhalb der Zelle angebracht ist. Das grundlose Fahneschmeißen wird im Knast streng geahndet. Sofort erschien ein Polizist und öffnete die Zellentür. «Was ist?» «Ich muß austreten.» Er führte mich zur Toilette, wo ich mich ziemlich lange aufhielt. Er mußte draußen stehen und warten. Nachdem er mich in meine Zelle zurückgebracht hatte, wartete ich wieder eine Minute und schmiß erneut die Fahne. Es dauerte eine Weile, bis der Polizist aus dem ersten Stock in den Keller herabgestiegen war. Wieder austreten, na ja, so was geht einem in die Gedärme! Ich absolvierte wieder mein Pensum, und er konnte schließlich wieder nach oben gehen. Als ich kurz darauf zum drittenmal die Fahne schmiß, kam er und wartete nicht erst, was ich wollte, sondern sagte: «Kommen Sie nach oben.» Ich hatte erreicht, was ich wollte. Oben wurde ich in einen Flur gebracht, an dessen Wänden Holzbänke standen. Dort saßen meine Mitgefangenen. Ich wurde belehrt, daß niemand in diesem Raum sprechen dürfe. Zwischen meinen Banknachbarn und mir wurde ein größerer Abstand hergestellt. Ein Polizist stellte sich neben mich. Wie ich gleich sah, sollten wir verhört werden. Eben öffnete sich eine Tür, zwei Mädchen kamen etwas verstört heraus, zwei neue Namen wurden aufgerufen. Ich mußte meine unerfahrenen Mitgefangenen warnen. Ehe ein Polizist es überhaupt begriffen hatte, sagte ich laut und deutlich:

«Jeder sagt nur einen Satz: Ich protestiere gegen meine Festnahme und verlange meine sofortige Freilassung! Nicht ein Wort mehr.»

So dauerten die Verhöre nur kurz. Ich wurde als letzter hereingerufen.

«Nun sagen Sie schon Ihren Spruch.» Der Polizist hatte einen Zweitagebart und blickte mich übernächtigt und verdrossen an. Wir wurden dann noch in der Nacht in die Polizeizentrale in der Friesenstraße gebracht, wo sich eine regelrechte Haftanstalt befindet. Die meisten Zellen, es waren größere Räume für zehn bis zwanzig Personen, waren schon überfüllt. Aus vielen tönte lauter Gesang. Am Vormittag des nächsten Tages wurde ich mit vielen anderen Inhaftierten in das Hauptgebäude gebracht. Bei dieser «Überführung», es ging nur über zwei Höfe und einige Nebengebäude, wurde ich an einen kriminellen Verbrecher Hand an Hand mit einer Polizeifessel angeschlossen. Mein Protest gegen diese Behandlung hatte keine Wirkung. Im dritten Geschoß des Hauptgebäudes pferchte man uns in einem kleinen Raum zusammen. Von dort wurden wir einzeln herausgeholt, zum Fotografieren und zum Abnehmen unserer Fingerabdrücke. Es war die gleiche Prozedur, die ich schon bei der Gestapo kennengelernt hatte. Als ich damit fertig war, führte man mich zu einem Reporter des RIAS, der schon auf mich gewartet hatte. Er wollte mich interviewen. In seiner Begleitung befand sich eine attraktive junge Dame, die mich hold anlächelte, sichtlich rein berufsmäßig. Ich lehnte ab. Ich gäbe als zu Unrecht Inhaftierter keine Interviews. Außerdem wüßte ich nicht, ob das Band nicht vor der Sendung durch Schnippeleien verfälscht werden würde.

Bald danach ging es in der grünen Minna zum Vernehmungsrichter nach Moabit. Wir waren jetzt schon über vierundzwanzig Stunden ohne Haftbefehl in Haft, was bekanntlich ungesetzlich ist. Man beeilte sich also. Im Gerichtssaal saßen bereits zahlreiche andere «Friedenskämpfer» auf den Zuschauerbänken, außerdem viele Pressevertreter und Fotografen. Vor dem Tisch des Richters war das RIAS-Mikrophon aufgebaut, die attraktive junge RIAS-Dame saß neben dem Richter und plauderte mit ihm. Damals waren Rundfunk-Aufnahmen im Gerichtssaal noch nicht verboten. Mitten in das akustische Gewirr der flüsternden und tuschelnden Stimmen sagte ich plötzlich sehr laut und vernehmlich:

«Solange das Mikrophon im Saal ist, werde ich keine Aussagen machen.» Der Richter blickte erschrocken zu mir herüber, besprach sich mit der RIAS-Dame, eilte dann aus dem Saal und kehrte erst nach zehn Minuten zurück. Dann baute er sich würdevoll auf und erklärte, daß für die Dauer der folgenden Vernehmungen die Öffentlichkeit ausgeschlossen sei. Alle Pressevertreter und auch die RIAS-Dame und ihr Begleiter mußten den Saal verlassen. Dann wurde ich aufgerufen.

«Ich sagte schon, daß ich keine Aussagen machen werde, solange sich dieses Mikrophon im Gerichtssaal befindet», erklärte ich, bevor er die Vernehmung eröffnete.

«Aber die Öffentlichkeit ist doch ausgeschlossen, das Mikrophon ist nicht eingeschaltet», erwiderte er.

«Sie mögen das glauben, ich glaube es nicht.»

«Aber das wäre doch unerhört, das wäre gegen meine richterliche Anordnung!»

«Das weiß ich nicht, aber eins weiß ich, daß nämlich jetzt ...» – und mit diesen Worten zog ich das Mikrophon aus seiner Bajonetthalterung – «... das Mikrophon nicht mehr eingeschaltet ist.» Ich überreichte es dem Richter, während sich ein Polizist von hinten auf mich stürzte.

«Das ist Sachbeschädigung vor den Augen des Gerichts.» Der Richter wurde außerordentlich erregt. «Das wird Sie teuer zu stehen kommen. Rufen Sie sofort den Herrn vom RIAS herauf, damit er es feststellen kann.»

Der Herr vom RIAS, der sofort erschien, war offenbar ein Techniker aus dem Übertragungswagen. Er war die Ruhe selbst und wollte sich auf die «Zerstörung» nicht einlassen.

«Na, det weeß ich noch nich, ob es überhaupt kaputt is», meinte er mit dem Phlegma eines Fachmanns, «wie ick det Ding hier sehe, is es wohl noch janz in Ordnung.»

Das Verhör war dann in fünf Minuten beendet. Der Richter

wollte wissen, wer den Text der Flugblätter verfaßt und wer die Flugblätter in die Westsektoren gebracht habe. Für den Text, soweit es nicht der Stockholmer Appell war, erklärte ich mich verantwortlich. Der Transport der Flugblätter sei aber nicht meine Aufgabe gewesen, das hätten andere besorgt. Wer diese anderen waren, fragte er gar nicht erst. Als ich aus dem Gerichtsgebäude herauskam, überreichten mir meine Friedensfreunde große Blumensträuße, die Fotos davon waren die Hauptsache für die Presse. Im Osten wurde ich natürlich gelobt, in der Westpresse gab es eine Überschrift: «Havemann – der Mikrophonzertrümmerer». Der RIAS sendete noch am gleichen Tag die ganze Unterhaltung mit dem Richter bis zu dem Moment, wo ich das Mikrophon demontierte.

Wieder heimgekehrt, erfuhr ich, daß der Tag nicht für alle so glimpflich verlaufen war. Die Polizei hatte viele junge Leute, junge Mädchen und auch ältere Frauen, auch Dozenten und Professoren der Humboldt-Universität, brutal verprügelt. Mein Freund, der bekannte Slawist Wolfgang Steinitz, lag mit einer schweren Gehirnerschütterung noch monatelang im Krankenhaus. Und was waren wir doch für friedliche Menschen damals! Aber es gab noch keine Erklärung der Göttinger Achtzehn, es gab noch keinen Vietnamkrieg, keinen Massenprotest auch von seiten der akademischen Jugend im Westen. Aber die Polizei gab es damals schon wie heute, wie gestern.

Wie einfach, wie klar lagen damals für mich die Verhältnisse! Das Kaiser-Wilhelm-Institut für Physikalische Chemie und Elektrochemie in Dahlem am Faradayweg 4–6 ist heute ein Max-Planck-Institut. Ich war nun schon zum zweitenmal aus politischen Gründen aus diesem Institut hinausgeworfen worden. Zum erstenmal waren es die Nazis im Jahre 1933. Der Rausschmiß damals verlief sogar noch relativ glimpflich. Ich machte gerade bei Herbert Freundlich, dem Senior der Kolloidchemie, meine Doktorarbeit. Mein direkter Doktorvater war Dr. Ettisch. Beide waren Juden. Außerdem war den paar Nazis im Institut bekannt, daß ich Kommunist war. Also flog ich, gemeinsam mit der überwältigenden Mehrheit der Mitarbeiter und gemeinsam mit allen

Professoren, dem berühmten Fritz Haber, Direktor des Instituts, an der Spitze. Da ich meine experimentellen Arbeiten aber noch nicht ganz abgeschlossen hatte, wurde mir erlaubt, noch einige Monate im Institut zu arbeiten. Ich erhielt eine besondere rote Karte, auf der genau verzeichnet war, welche Institutsräume ich betreten durfte. Der Nachfolger Habers war zunächst ein uns damals noch weitgehend unbekannter Prof. Jander. Er wurde innerhalb eines Jahres durch seinen Assistenten Peter A. Thiessen verdrängt. Dieser Mann besaß bessere Beziehungen zu führenden Nationalsozialisten. Jander schob man nach Greifswald ab. Ich erhielt nach meinem Ausscheiden aus dem Institut ein Forschungsstipendium der Notgemeinschaft der deutschen Wissenschaft für Arbeiten über Hämoglobin, den roten Farbstoff der Blutkörperchen, die ich in einem improvisierten kleinen Labor im Moabiter Krankenhaus gemeinsam mit meinem Freund Groscurth durchführte. Groscurth war übrigens zur gleichen Zeit aus dem Kaiser-Wilhelm-Institut für Physikalische Chemie herausgeflogen.

Meine Entlassung aus dem Kaiser-Wilhelm-Institut durch die Nazis im Jahre 1933 zog sich über einige Monate hin. Zwischen der Absendung meines Entlassungsschreibens durch den Westberliner Stadtrat May an die Institutsleitung und der Aushändigung des Schreibens an mich lagen drei bis vier Wochen. Wochen, in denen meine wissenschaftlichen Kollegen offensichtlich versucht hatten, das Unheil von mir abzuwenden.

Meine fristlose Entlassung aus der Humboldt-Universität vollzog sich noch erheblich ruckartiger.

Es war am Donnerstag, dem 12. März 1964, nachmittags gegen drei Uhr, ich saß in einer Sitzung meiner Klasse, der Klasse für Chemie, Geologie und Biologie der Deutschen Akademie der Wissenschaften, der ich als korrespondierendes Mitglied angehörte. Die Akademie hatte ein neues Statut beschlossen, demzufolge alle korrespondierenden Mitglieder, die für würdig angesehen wurden und ständig an den Sitzungen teilnahmen, zu ordentlichen Mitgliedern gemacht werden sollten. Eben wurde darüber beraten, welchen unserer korrespondierenden Mitglieder diese

Ehre zuteil werden sollte, als ich durch einen Angestellten der Akademie aus der Sitzung herausgerufen wurde. Ich sollte sofort beim Staatssekretär für das Hochschulwesen erscheinen.

Der Staatssekretär, Prof. Gießmann, teilte mir mir, ich sei hiermit fristlos entlassen, und zwar wegen eines Interviews in einer Hamburger Zeitung. Ich bestritt, ein Interview gegeben zu haben. Auf die Frage, wo ich Einspruch erheben könne, zeigte er mit dem Daumen nach oben. Ich kehrte unverzüglich in die Sitzung der Akademie-Klasse zurück. Dort sollte gerade abgestimmt werden. Ich bat ums Wort, teilte mit, daß ich soeben fristlos entlassen worden sei, aus welchen Gründen, und erklärte, daß ich mich verpflichtet fühlte, den Anwesenden diesen Tatbestand noch vor der Abstimmung mitzuteilen. Man war entrüstet. Hier seien nur wissenschaftliche Gesichtspunkte maßgeblich, politische ohne jede Bedeutung. Man stimmte ab. Einstimmig wurde beschlossen, dem Präsidium zu empfehlen, mich zum ordentlichen Mitglied zu machen. Inzwischen gab es einen neuen telefonischen Anruf für mich. Ich sollte sofort in der Universitätsparteileitung erscheinen. Ich ahnte nichts Gutes.

Als ich dort eintraf, fand ich die Genossen ziemlich vollzählig in ihren bequemen Polstersesseln um den riesigen U-förmigen Tisch versammelt. Sie hatten schon ziemlich lange auf mich gewartet. Der neue Sekretär – mein Freund Werner Tzschoppe war schon einige Wochen vorher seines Amtes enthoben worden – machte es kurz: Antrag auf sofortigen Ausschluß aus der Partei wegen meines Interviews in der Hamburger Zeitung. Ich erklärte, nichts von einem solchen Interview zu wissen. Schließlich war man bereit, mir eine Abschrift des «Interviews» vorzulegen. Ich sollte Stellung nehmen. Ich erklärte das Interview für gefälscht. Das sei aber mein typischer Stil, wurde eingewandt. Man höre mich direkt, wenn man das lese. Ich bestätigte, daß mich ein Herr Karl Heinz Neß besucht und ich ein Gespräch mit ihm geführt habe, aber nicht als Interview und nicht in dieser Weise und nicht mit diesem Inhalt. Es half nichts. Der Beschluß war längst gefaßt. Alle sprachen gegen mich. Eine Genossin, die damals Prorektorin für Studentenangelegenheiten war, erinnerte mich an ein Vorkommnis, das wirklich nicht so leicht zu vergessen ist:

«Genosse Havemann, denke bitte immer an die Worte, die der Genosse Kurt Hager damals zu dir sagte, weißt du noch, an der Tür deines Hörsaales nach jener denkwürdigen Parteiversammlung!»

Ich hatte diese Worte nicht vergessen. In jener Versammlung war Kurt Hager durch die Mitglieder unserer Grundorganisation eine schreckliche Niederlage bereitet worden, als er versucht hatte, die Thesen meiner Vorlesung als antimarxistisch und parteifeindlich zu denunzieren. Was hatte Kurt Hager an der Hörsaaltür gesagt? «Robert», es klang fast flehentlich, «Robert, weißt du, was geschehen wird, uns werden sie aufhängen, mit den Füßen nach oben und mit dem Kopf nach unten, und was wirst du tun? Du wirst bequem zu Hause sitzen und ein Buch schreiben – über Moral und Ethik!»

Alle sprachen gegen mich, bis auf den Genossen Professor Wolfgang Heyse. Er sei gegen meinen Ausschluß. Man könne mir wohl vorwerfen, daß ich leichtfertig gehandelt habe. Aber er sei besorgt, ob wir mit dem Parteiausschluß des Genossen nicht womöglich, ohne es zu wissen, genau das täten, was unsere Gegner wollten. Bei der Abstimmung stimmte er als einziger gegen den Antrag.

Nach meiner fristlosen Entlassung aus der Universität, die erst noch durch ein Disziplinarverfahren legalisiert werden mußte – der Staatssekretär hatte es in der Eile vergessen –, erhielt ich ein Gehalt von der Akademie der Wissenschaften als Leiter der Arbeitsstelle für Fotochemie. Diese Arbeitsstelle war schon vor Jahren als Vorstadium eines geplanten Instituts für Fotosynthese und Fotochemie gegründet worden und stand seitdem unter meiner ehrenamtlichen Leitung. Nun erhielt ich dafür eine Bezahlung. Sie war fast ebenso hoch wie mein Gehalt an der Universität. Der Verwaltungsleiter der Forschungsgemeinschaft der Akademie, zu der die Arbeitsstelle gehörte, sagte bei dieser Gelegenheit: «Du hast es gut! Es ist ganz wie in alten Zeiten. So sagte man doch früher: Danach zog er sich auf seine Güter zurück! Gratuliere, nicht jedermann kann das.»

Ich sollte mich auf meine Güter zurückziehen. Das hieß sehr einfach: ich sollte nun endlich das Maul halten. Ich hielt es nicht. Meine nächste Entlassung, wiederum fristlos, vollzog sich mit der denkbar größten Geschwindigkeit. Am Montag, dem 22. Dezember 1965, erschien mein Artikel über die KPD im *Spiegel*. Am Dienstag, dem 23. Dezember, war ich fristlos entlassen, durch einen einfachen Brief, den ein Bote der Akademie in meiner Wohnung gegen Quittung abgab. Es war mein Weihnachtsgeschenk. So endete das Jahr 1965.

Eskalation. Wann kommt die De-Eskalation? Ich weiß es nicht.

«Sage uns, Genosse Havemann», so hatten sie gefragt, als ich in der Zentralen Parteikontrollkommission gegen meinen Ausschluß protestierte und gegen die Verletzung des Parteistatuts Einspruch erhob, «sage uns ein einziges Beispiel für Stalinismus in der DDR!»

Stasi 2 kritzelte immer noch an seinem Protokoll. Es mußte eine mühevolle Arbeit sein. Ob er sich auf den freien Nachmittag freute wie ich? Hatte er überhaupt einen freien Nachmittag? Hatte er eine Frau, die ihn liebte? Was dachte diese Frau von ihrem Mann? Ob er ihr etwas von unseren Unterhaltungen erzählte? War sie eine Hundertfünfzigprozentige oder hatte sie Zweifel? Hatte er sie selbst? War er ein Pessimist wie Kurt Hager, hielt er sich dadurch über Wasser wie Kurt Hager? Immer noch besser, *ich* sitze hier, als noch schlimmere, denken diese Leute oft.

Dachte ich das nicht auch einmal von mir? Als ich noch Prorektor für Studentenangelegenheiten an der Humboldt-Universität war, damals im Jahr 1953, erhielt ich von der Partei den Auftrag, alle Mitglieder der evangelischen Jungen Gemeinde zu exmatrikulieren. Ich ließ mir Listen anfertigen, in denen sie verzeichnet waren. Ich lud zunächst einzelne Studenten, die auf meiner Liste standen, in mein Büro ein. Ich attackierte sie mit meinen Fragen. Warum seid ihr Mitglieder der Gemeinde? Ist nicht die Zeit längst über eure alten Ideen hinweggegangen? Seid ihr überhaupt für den Sozialismus? Die Studenten waren schüchtern, aber sie hatten trotzdem ihre Würde. Sie waren hilflos.

Ich repräsentierte die Staatsmacht. Ich hatte recht. War nicht, wie Marx es gesagt hatte, die Religion das Opium für das Volk? Was sollten Studenten an unseren sozialistischen Universitäten, die diese einfache Wahrheit nicht begriffen hatten? Hatte ich sie selber genügend begriffen? Ich dachte an das merkwürdige Erlebnis bei der Beerdigung meines alten Mechanikermeisters. Er war plötzlich an einem Herzschlag gestorben. Wir liebten ihn alle sehr, diesen stillen, klugen, friedlichen Mann, den Meister Ettel. Er wohnte in Spandau, draußen in Haselhorst. Ich fuhr zu seiner Beerdigung. Die Trauergäste versammelten sich in der kleinen Kapelle des Friedhofes. Der Pfarrer hielt eine Totenrede, eine kurze Predigt.

Die Worte des Pfarrers kamen ganz mechanisch von seinen Lippen. Wie oft mochte er sie gesprochen haben, er war nur ein ausführendes Medium, nicht er selbst sprach da. Denn was er sagte, war eine uralte Weisheit. Eine Weisheit, die, wie ich fühlte, über seinen Verstand hinausging. Es erschlug mich fast, mich, den Materialisten.

«Gottes Liebe, die dich dein Leben lang begleitet hat, empfängt dich jetzt, da du, ein schwacher Mensch, eingehst in die Ewigkeit. In die Ewigkeit Seiner Liebe. Schwach sind wir alle, nur in einem können wir stark sein, das von Dir, o Herr, kommt; in der Liebe. Die Liebe unter den Menschen ist Gottes Werk, sie hilft uns fort, alle Mühsal und Ungerechtigkeit zu ertragen und mehr noch, ihr zu widerstehen. Das ist der Sinn der Menschlichkeit, die Jesus Christus uns verkündet hat, als er sagte: Liebet eure Feinde.»

Liebet eure Feinde? Ja, da saßen sie vor mir, diese Studenten der Jungen Gemeinde. Was mochten sie von mir denken? An den meisten Universitäten der DDR waren sie schon exmatrikuliert. Mit Sorge sah ich den Tag kommen, an dem ich die Verdikte zu unterschreiben hatte. Aber die Rettung kam wie vom Himmel. Mein Freund Heinz Brandt teilte mir vertraulich mit, die ganze Sache werde bald wieder abgeblasen. Ich solle also bremsen und keine Exmatrikulation unterschreiben. Stalin war gestorben.

Die führenden Genossen gingen alle nach Moskau, um den Tod des großen Stalin zu beweinen. Josef Wissarionowitsch Stalin, unser aller Retter, war tot. Ich wurde aufgefordert, zu Stalins Tod etwas für die Zeitung zu schreiben. «Ich verdanke Stalin mein Leben», schrieb ich. «Er errettete uns alle, wir saßen in den Kerkern des Todes, als die Rote Armee, seine Armee kam und uns befreite.»

Stalins Tod brachte einige merkwürdige Änderungen. Die Mitglieder der Jungen Gemeinde wurden nicht exmatrikuliert. Das Wort «Sozialismus», eben noch groß auf der 2. Parteikonferenz verkündet, verschwand unauffällig aus dem Wortschatz der Parteipresse. Das Politbüro verkündete Anfang Juni den neuen Kurs. Zum ersten Mal übte die Parteispitze Selbstkritik. Man spürte immer deutlicher, daß hinter den Kulissen der sozialistischen Staaten politische Machtkämpfe im Gange waren. Bei uns in der DDR war es die Gruppe um Zaisser und Herrnstadt, die mit sowjetischer Rückendeckung den Sturz Ulbrichts vorbereitete. Zaisser, Innenminister, im Spanienkrieg als General Gomez, Heerführer der internationalen Brigaden, bekannt, war ein mächtiger Mann im Staat. Herrnstadt, Chefredakteur des *Neuen Deutschland*, ein brillanter politischer Publizist und geschliffener Redner, hatte großes Ansehen in der Partei und galt als die rechte Hand Ulbrichts. Beide, Zaisser wie Herrnstadt, waren Mitglieder des Politbüros.

Am Morgen des 16. Juni 1953, ich saß in meiner Wohnung im siebten Stock des Hauses am Strausberger Platz Nummer 9 und verzehrte gerade mein Frühstück, drangen plötzlich ungewohnte, fremdartige Geräusche vom Platz her an mein Ohr. Der ganze Platz war damals eine einzige Baustelle, die meisten Häuser noch im Ausbau, das eine der beiden Hochhäuser, in das ich später umziehen sollte, existierte noch nicht, das andere war mitten im Bau. Von solcher großen Baustelle, die ja nur ein Teil der noch größeren Baustelle «Stalinallee» war, konnten vielerlei Geräusche kommen. Aber dies waren keine Krangeräusche, nicht das Kreischen der Bauaufzüge, überhaupt keine technischen Geräusche, es waren laute menschliche Stimmen. Ich ging zum Fenster und sah, wie sich auf dem Platz ein kleiner Zug von Bauarbeitern hinter einem ungelenk gemalten Transparent formiert hatte und eben in Bewegung setzte. Ich las: «Nieder mit der 10%igen Normenerhöhung!» Es war ein aufregendes Bild, denn der kleine Zug wuchs im Handumdrehen zu einem großen Demonstrationszug an. Von allen Seiten kamen sie angerannt in ihrer Arbeitskleidung, angezogen wie Eisensplitter von einem Magneten. Als ich das Haus verließ, um in die Universität zu fahren, hatte der Zug den Strausberger Platz schon verlassen, in östlicher Richtung zu den anderen Großbaustellen der Stalinallee.

Ich begab mich in das Hauptgebäude der Universität, um für einige Stunden mein Amt als Prorektor für Studentenangelegenheiten auszuüben, also Akten zu lesen, Unterschriften zu leisten und mündliche Berichte meiner Mitarbeiter anzuhören. Ich war gerade im Begriff, wieder zu gehen, als der Demonstrationszug der Bauarbeiter auf der Straße Unter den Linden vor der Universität anlangte. Er war gewaltig angeschwollen, außer Bauarbeitern sah man viele junge Leute im Zug, die keine Arbeitskleidung trugen. Sie hatten sich begeistert dem Protestmarsch angeschlossen. Sie riefen in Sprechchören:

«Wir sind Arbeiter und keine Sklaven.
Schluß mit der Normenschinderei.
Wir fordern freie Wahlen.»

Und immer wieder am lautesten den Satz: «Wir sind keine Sklaven!»

Ich setzte mich in meinen Wagen, der vor der Universität parkte, und fuhr neben dem Zug im gleichem Tempo her bis zur nächsten Seitenstraße, der Universitätsstraße. Dort bog ich ab, überholte den Zug, indem ich die Dorotheenstraße bis zur Wilhelmstraße fuhr und die Linden überquerte, um über die Behrensstraße zur Bezirksleitung der Partei zu gelangen, die gegenüber der Universität neben der Hedwigskirche lag. An der Tür traf ich meinen Freund Heinz Brandt. Er forderte mich auf, mit ihm sofort zum Thälmannplatz zu fahren, wo die Spitze des Zuges bald eintreffen werde. Wir waren kaum dort angelangt, als der Zug, nun die ganze Breite der Straße einnehmend, langsam herankam. Wir gliederten uns in die Spitze des Zuges ein, dessen Ziel das Haus der Ministerien in der Leipziger Straße war. Heinz Brandt sagte mir, er habe den Demonstranten eine wichtige Mitteilung zu machen.

Der Platz vor dem Gebäude der Regierung füllte sich schnell, die Menschen standen bis in die Seitenstraßen. In der Mitte des Vorplatzes vor dem Haus der Ministerien, umringt von dichtgepferchten Massen, prangte das Transparent, das ich zum erstenmal am Morgen am Strausberger Platz gesehen hatte. Nach einiger Zeit war ein Tisch da, einer der Bauarbeiter bestieg ihn, aber nicht um eine Rede zu halten, sondern um die Sprechchöre der Demonstranten zu dirigieren.

«Wir wollen mit der Regierung sprechen. Pieck und Grotewohl. Pieck und Grotewohl!»

Heinz Brandt bahnte sich einen Weg zum Tisch und stieg hinauf. Seine Worte gingen zuerst im allgemeinen Radau unter. Dann sprang ein kräftiger älterer Bauarbeiter neben ihn auf den Tisch und stellte mit großen rudernden Armbewegungen Ruhe her.

«Dies ist der Genosse Heinz Brandt von der Bezirksleitung. Wir wollen ihn hören.»

«Ich habe den Auftrag, euch einen wichtigen Beschluß des Politbüros mitzuteilen», rief Heinz, so laut er konnte, «die zehnprozentige Normerhöhung ist aufgehoben!»

Die Antwort der Versammelten war ein merkwürdiges Geheul, eine Mischung von Triumphgeschrei, Freude, Wut, Gelächter. Sehr schnell herrschten die aggressiven Töne vor.

«Wo ist die Regierung?»

«Weg mit der Regierung!»

«Wir wollen freie Wahlen! Wir wollen Freiheit!»

Dann gelang es mir, den Tisch zu besteigen. Der ältere Bauarbeiter, ein sympathischer breitschultriger Kerl, verschaffte auch mir Ruhe und Gehör bei den Kumpels.

«Wir alle wollen Frieden, Freiheit und ein besseres Leben!» rief ich, es wurde stiller, weil man offenbar nicht wußte, für wen ich sprach. «Wir wollen freie und geheime Wahlen für eine

Regierung in ganz Deutschland, freie, gleiche und geheime Wahlen!» Meine Worte erhielten Beifall. Jetzt mußte ich den Übergang finden: «Aber ihr wißt doch, alles das hat doch unsere Regierung der westdeutschen Regierung vorgeschlagen. Grotewohl will die freien Wahlen in ganz Deutschland. Was wollen wir hier? Wir müssen in den Westen ziehen, dort sitzen die Spalter. Dort müssen wir die freien Wahlen fordern ...» Jetzt bekam ich keinen Beifall mehr, wieder erhob sich das Geheul, das keine noch so laute Stimme durchdringen konnte.

Nach mir bestieg der Genosse Robert Naumann den Tisch. Er wurde als Professor von der Humboldt-Universität angekündigt. Aber es herrschte große Unruhe, als er mit seiner viel zu leisen Stimme rief:

«Ja, ich bin ein Professor von der Universität ...», schon erhob sich Gelächter, «... aber ich bin ein Arbeiter wir ihr, hört mich ...», er war kaum noch zu hören, «... hört mich an, denn ich gehöre zu euch ...» Das Brausen der Masse übertönte ihn vollends. Einige riefen: «Ein Professor!» und lachten.

In diesem Augenblick öffnete sich das Gittertor des Hauses der Ministerien. Der Genosse Fritz Selbmann, Minister der Regierung Grotewohl und Mitglied des Politbüros, bahnte sich den Weg zum Tisch und bestieg ihn. Sehr schnell wurde es ruhig. Laute Stimmen riefen: «Ruhe, ein Minister ist da, Fritze Selbmann ist da ...» Fritze war sehr populär bei den Arbeitern. Seine ungezwungene Art, seine linkische Eleganz, er sah immer aus wie ein Prolet im Sonntagsstaat, was die Arbeiter sehr wohl von der Eleganz eines «Lackaffen» unterscheiden können, in seinen Reden Grobheit mit plumper Angabe, Ernst mit handfesten Witzen gemischt, alles das ließ erkennen, daß er trotz seines hohen Regierungsamtes ein Prolet geblieben war.

Seine kräftige Stimme erfüllte den Platz:

«Ihr habt gehört, mit der neuen Normerhöhung ist erst mal Schluß. Das war einfach zuviel. Wir müssen doch zusammengehen, also auch zusammen reden. Die Normen werden sich noch erhöhen, das ist doch klar, aber nicht auf euren Knochen. Wir werden eine neue Technik haben, da schafft ihr mit dem kleinen

Finger so viel wie heute mit der ganzen Faust...» Es entstand wieder Unruhe. «Wir sind eure Regierung, keine Kapitalisten, wie im Westen...»

«Wo ist die Regierung?» schrie einer. Und ein anderer: «Schisser, Angsthasen! Die solln doch kommen, wenn sie Arbeiter sind!»

Alles weitere ging wieder im unheildrohenden Brausen unter. Selbmann rang verzweifelt die Hände. Schließlich gab auch er es auf.

Niemand bestieg mehr den Tisch. Man wartete. Nur hin und wieder Sprechchöre, die nach der Regierung riefen und: «Wir sind Arbeiter und keine Sklaven.»

Nach einer Stunde waren die meisten Leute, die sich nur aus Neugierde und ohne eine klare politische Einstellung zu den erstaunlichen Ereignissen dem Zug angeschlossen hatten, die der Zug wie ein großer Besen einfach mit sich gefegt hatte, wieder weggelaufen. Es wurde langweilig. Es geschah nichts mehr. Die eisernen Gittertüren des riesigen Ministeriengebäudes blieben geschlossen. Nur hin und wieder sah man die ängstlichen Gesichter einiger Staatsfunktionäre an den Fenstern. Heinz und ich waren ganz zufrieden. Der große Demonstrationszug schmolz dahin. Die große Aufwallung verlief sich.

Aber was wußte ich schon von den internen Vorgängen in der Partei, die den Hintergrund, den unfreiwilligen Hintergrund dieser Ereignisse bildeten. Davon wußte Heinz mehr. Die Anführer der Demonstration merkten auch sehr bald, daß weiteres Warten vor dem Haus der Ministerien für sie schädlich war. Sie waren ja nicht gekommen, um hier vor verschlossenen Türen zu versauern. Außerdem hatten sie schon etwas erreicht. Die Normerhöhung war weg, das Politbüro hatte vor ihnen gezittert. Sie formierten sich zum Abzug. Heinz und ich gingen zum Thälmannplatz und bestiegen mein Auto. In der Bezirksleitung saß das Büro unter Leitung des Ersten Sekretärs, Hans Jendretzki, in Dauersitzung. Wir wurden sofort hereingelassen, um zu berichten. Der schöne Hans, so nannten ihn viele, saß an seinem riesigen Tisch, seiner Kommandozentrale, die Hälfte des Tisches bestand aus einer Telefonanlage mit vielen Schaltern, Knöpfchen und Lämpchen. Hin und wieder schnarrte es, Hans nahm den Hörer. Er lachte hysterisch. Von allen Seiten Hiobsbotschaften. «Es wird immer schöner» oder: «Is ja direkt großartig!» beantwortete er die Anrufe. Er hörte unseren Bericht nur mit halbem Ohr. Was wir jetzt tun sollten, fragten wir. Er zuckte nur mit den Schultern. Ich blieb unschlüssig noch eine Weile in dieser Kommandozentrale, die keine Kommandos gab. Schließlich langweilte und ärgerte mich das hilflose Versagen von Leuten, die sonst immer auftraten wie souveräne Kapitäne des Klassenkampfes und der Revolution.

Ich ging auf den Hof zu meinem Wagen. Dort war eine Gruppe von Genossen um einen Lautsprecherwagen der Post versammelt. Man suchte jemanden, der bereit war, den Wagen zu besteigen und dem Zug entgegenzufahren. Ich stieg ein. Ich hatte erfahren, daß der Zug die Friedrichstraße entlang bis zum Oranienburger Tor gezogen und dann in die Wilhelm-Pieck-Straße eingebogen war. In der Friedrichstraße sei ein anderer Lautsprecherwagen der Partei vom Zug erobert worden und werde nun als eigene Schallkanone mitgeführt. Ich postierte meinen Wagen in einer Seitenstraße der Wilhelm-Pieck-Straße kurz vor der Straßenecke. Da die Seitenstraße schräg in die Wilhelm-Pieck-Straße einlief, konnte ich von dieser Position aus den Zug gut beschallen.

Außer dem Fahrer war ein Techniker zur Bedienung der Verstärkeranlage im Wagen. Ich instruierte ihn, er solle die Endröhren des Verstärkers zerstören, wenn unser Wagen von den Demonstranten erobert werden sollte. Die Türen hatten wir von innen fest verriegelt.

Als der Zug kam, begrüßte ich ihn freundlich mit der gewaltigen Stentorstimme meiner beiden Großlautsprecher, die auf dem Dach des Wagens angebracht waren. Da wegen der sonst unvermeidlichen Störung durch sogenannte akustische Rückkoppelung unsere Fenster fest verschlossen und wir überhaupt nach außen gut schallisoliert waren, hörte ich selber meine Lautsprecherstimme nur leise und sonst überhaupt nichts. Ich sah nur, wie der Zug auf meine Ansprache reagierte. Im Handumdrehen war mein Wagen von einer Schar kräftiger junger Männer umringt. Unglücklicherweise lag ein Haufen Ziegelsteine in unmittelbarer Nähe des Wagens auf dem Gehsteig. Die ersten Ziegelsteine trafen meine Lautsprecher, ihre Stimme wurde heiser und röchelnd. Dann zersplitterte ein Stein die Windschutzscheibe. Ich hörte nun das Grölen und Schreien der Leute. Dann bildeten sie auf beiden Seiten des Wagens eine Kette und begannen, den Wagen ins Schaukeln zu bringen. Von Augenblick zu Augenblick wurde die Amplitude dieser Schaukelei größer. Es konnte nicht mehr lange dauern, bis der hochbeinige Postwagen umkippte. Da ich keine Lust hatte, mit dem Wagen umzukippen, öffnete ich die Tür und sprang mitten unter die verdutzten Leute. Sie lachten und dachten nicht daran, mir auch nur ein Haar zu krümmen. Sie ließen sofort von dem Wagen ab und rannten zu ihrem Zug, der unübersehbar immer noch die Wilhelm-Pieck-Straße entlangzog. Nach einiger Zeit waren wir mit unserem lädierten Fahrzeug ganz allein in der Straße. Es stellte sich heraus, daß es noch fuhr. Ich ließ mich zur Bezirksleitung zurückfahren. Dort wurde mir mitgeteilt, daß für den Abend eine große Aktiv-Tagung der Partei im Friedrichstadt-Palast geplant sei. Ich erhielt sofort eine Karte.

Fast das ganze Politbüro und viele Mitglieder der Regierung saßen im Präsidium. In offensichtlicher Blindheit gegenüber den Ereignissen des Tages erging man sich in gegenseitigen Ovationen. Man werde sich durch den Mob der Straße nicht unter Druck setzen lassen. Die Versammlung endete, ohne daß den Anwesenden irgendwelche Anweisungen gegeben wurden, was sie am morgigen Tag zu tun hätten.

Der morgige Tag war der 17. Juni 1953. Die ganze Nacht über gaben die westlichen Rundfunksender Informationen über die Ereignisse des 16. Juni, über Beschlüsse von Betriebsversammlungen, Streikpläne in Großbetrieben. Die Sender der DDR aber schwiegen. Am Morgen brach der Volksaufstand aus. Am Mittag war er von den sowjetischen Panzern, fast unblutig, wieder erstickt. Die Kräfte waren zu ungleich.

Unter Vermeidung der Hauptstraßen fuhr ich morgens auf

Umwegen zu meinem Institut. Zu meinem Staunen waren die meisten Institutsangestellten anwesend. Die Genossen waren sehr bedrückt. Sie berichteten von großen Demonstrationszügen von Arbeitern der Großbetriebe, die sich auf das Ostberliner Stadtzentrum zu bewegten. Gegen 11 Uhr berief ich eine Gesamtversammlung des Instituts ein. Das Radio hatte inzwischen das Einrücken der sowjetischen Truppen in die Stadt gemeldet. Der Ausnahmezustand wurde verkündet, eine nächtliche Ausgangssperre verhängt. Es gab keinen Zweifel mehr über die Lage. Ich sagte das, niemand erhob einen Einwand. «Die Kräfteverhältnisse in dieser Welt lassen Entscheidungen dieser Art nicht mehr zu», sagte ich und war doch innerlich ganz voller Zweifel angesichts solch hoffnungsloser Zuversicht.

Der Aufstand vom 17. Juni brach in Wirklichkeit nicht deshalb zusammen, weil Panzer stärker sind als unbewaffnete Volksmassen. Volksmassen sind stärker als Panzer, aber nur dann, wenn sie ein klares politisches Ziel haben, das unter den gegebenen Umständen überhaupt erreichbar ist, und wenn sie eine entschlossene, organisiert arbeitende Führung haben, der sie vertrauen. Beide Voraussetzungen waren nicht erfüllt. Das Wesentliche dabei war das Fehlen einer Führung. Sie hätte das unbewußte spontane Drängen der Bewegung auf konkrete, erreichbare Ziele lenken können. Die Zaisser-Herrnstadt-Gruppe, die eine Zeitlang hoffte, von der Volksempörung zu profitieren, und dadurch die Aktivität der Parteiführung lähmte, war andererseits auch unfähig, wohl auch unentschlossen, die Führung des Aufstandes zu übernehmen. Diese Leute waren letzten Endes nur mutig, wenn stärkere Kräfte hinter ihnen standen. Aber die von ihnen erwartete Hilfe aus Moskau war im entscheidenden Augenblick ausgeblieben. Die Kräfteverhältnisse schienen ihnen zu bedenklich. Kleinbürger sind eben nur dann Revolutionäre, wenn die Revolution praktisch schon gesiegt hat. Selbst dann kommen sie meistens noch zu spät.

Mein Freund Stefan Heym hat die Vorgeschichte und den Ablauf des Volksaufstandes vom 17. Juni in einem Roman dargestellt, dem er den Titel «Der Tag X» gab. Er ließ das Manuskript vervielfältigen und sandte fünfzig Exemplare, große, dicke, in schwarzes Kaliko gebundene Schwarten, an fünzig Politiker und Künstler in der DDR. Von vielen erhielt er ausführliche Stellungnahmen, teils sehr positive, teils kritische, teils scharf ablehnende. Der List-Verlag nahm das Manuskript an und schloß mit Heym einen Vertrag. Aber das Buch durfte nicht veröffentlicht werden. Ich war damals sehr entschieden für die Veröffentlichung. Inzwischen habe ich meine Meinung geändert. Stefan Heym sollte der Partei dafür dankbar sein, daß «Der Tag X» nie erschienen ist. Heym übernimmt nämlich die grundfalsche offizielle Lesart, wonach der «17. Juni» ein von den westlichen Geheimdiensten organisiertes konterrevolutionäres Unternehmen war. Heym zeichnet zwar ein treffendes Bild der stalinistischen Parteibürokratie und beleuchtet die ökonomischen Hintergründe der Unzufriedenheit der Arbeiter in den volkseigenen Industriewerken. Diese Erscheinungen werden dann aber von einer Gruppe von Spezialisten der CIA in raffinierter Weise für die Vorbereitung der Konterrevolution ausgenutzt. Ausgekochte Agenten gewinnen einfältige sozialdemokratische Arbeiter und Gewerkschafter, mit deren Hilfe die Belegschaft eines Großbetriebes aufgehetzt wird. Planmäßig wird der Tag X in Szene gesetzt.

Nirgends in der Welt geschieht irgend etwas auf der politischen Szene, ohne daß die Geheimdienste, die westlichen wie die östlichen, ihre Finger darin haben. Auch im Berlin des Jahres 1953 waren sie sicher nicht fern. Aber es ist eine Naivität, zu glauben, daß diese Finger die Weltgeschichte bewegen. Der Ausbruch des Juniaufstandes kam überraschend für alle. Er begann an jenem Morgen des 16. Juni 1953 am Strausberger Platz in Berlin, als eine Handvoll Bauarbeiter ihr selbstgefertigtes Transparent entfalteten, mit dem sie gegen die neueste zehnprozentige Normerhöhung, also gegen eine Lohnsenkung, protestierten. Dieser unbedeutende Vorgang war die kleine Ursache einer riesigen Wirkung. Er brachte eine Lawine ins Rutschen, deren Eismassen sich in Monaten, ja in Jahren aufgestaut hatten. Wenn eine kleine Ursache eine große Wirkung zeitigt, so ist diese kleine Ursache immer nur die letzte in einer ganzen Kette vorhergehender Ereignisse, deren Wirkungen so lange latent bleiben, bis schließlich die angesammelte Quantität in Qualität umschlägt.

Als die Bauarbeiter ihr Transparent in Bewegung setzten, ahnten sie nicht im geringsten, was kommen würde. Wer weiß, wie oft schon vorher, auf Baustellen oder in Betrieben, solche wilden, unbotmäßigen Transparente aufgepflanzt worden waren. So etwas endet normalerweise in einer friedlichen Betriebsversammlung, auf der der Parteisekretär und der BGL-Vorsitzende beruhigende Worte sprechen, Worte vom Klassenkampf und der internationalen Solidarität und dann Mahnungen zu doppelten Anstrengungen im Kampf um den Aufbau des Sozialismus. Daß das Transparent der Bauarbeiter etwas anderes, etwas ganz Unerwartetes bewirkte, hatte besondere Gründe. Wie immer bei allen Kausalabläufen – und es gibt keine anderen, weder in der Natur noch in der Gesellschaft, weil alles, was geschieht, sich in Zeit und Raum als eine Kette von Ursachen und Wirkungen vollzieht –, wie immer also bei historischen Kausalzusammenhängen genügt es nicht, die bloße Kausalkette der Ereignisse so sorgfältig wie möglich nachzuzeichnen. Um das Wesen der Erscheinung zu erkennen, muß nicht nur nach dem Wie, sondern auch nach dem Warum gefragt werden, nicht mehr nach den Ursachen also, sondern nach den Gründen. Die Gründe sind es, die einen Vorgang überhaupt erst möglich machen.

Ich sehe für den Juniaufstand hauptsächlich die folgenden Gründe, die alle in einem unlösbaren Zusammenhang miteinander stehen. So, wie ich sie nenne, sind sie auch nicht einander gleichwertig. Sie sind nur besondere Nebenerscheinungen einer einzigen Hauptsache. Der ursprünglichste aller Gründe dafür, daß sich die Arbeiter gegen ihren eigenen Staat auflehnen und schließlich in einen konterrevolutionären Strudel hineingerissen werden, ist die tragische Halbheit der «stalinistischen» Revolution. Dieser Grund besteht weiterhin überall da, wo der Stalinismus noch nicht überwunden ist. Die unvollendete Revolution wird ständig von der Konterrevolution bedroht. Das Schlimme dieses Zustandes liegt darin, daß die latente Bedrohung die Aufrechterhaltung der stalinistischen Struktur notwendig zu machen scheint. Das Risiko, den zweiten Schritt zu vollziehen, erscheint so übergroß, daß selbst dann, wenn es einer Partei oder einem Volk tatsächlich gelingt, diesen zweiten Schritt zu machen, sich alle anderen, die den Schritt noch nicht gemacht haben, von der Konterrevolution bedroht fühlen, nicht nur sich selbst, sondern vor allem die Vorangeschrittenen. So war es und so ist es in der ČSSR. Die Interventen kamen nicht nur, weil sie ihre eigene innere Sicherheit bedroht fühlten, sondern weil sie wirklich glaubten, in der ČSSR sei die Konterrevolution am Werk. Das mußte so sein, weil es gar nicht anders sein konnte. Zu ihrer eigenen größten Verwunderung kamen die zu Hilfe Geeilten in ein Land, in dem Ruhe und Frieden herrschte und die kommunistische Partei im ganzen Volk ein Ansehen genoß wie nirgends sonst in der Welt.

Im Jahre 1953 war der Lebensstandard in der DDR noch sehr niedrig. Wenig gab es zu kaufen, die Lebensmittel, soweit sie nicht auf Karten bezogen wurden, waren teuer. Die Rationen der Lebensmittelkarten reichten nicht hin und nicht her. Aber diese schlechte ökonomische Situation war nicht der eigentliche Grund für den Aufstand. Die Gründe lagen tiefer. Weil der Stalinismus wohl die kapitalistischen Produktionsverhältnisse zerstört, also das Privateigentum an Produktionsmitteln aufgehoben hatte, aber an die Stelle der kapitalistischen Produktionsverhältnisse keine sozialistischen, sondern staatsmonopolistische gesetzt hatte, mußten die Arbeiter nicht nur das «Gefühl» haben, sie seien gar nicht Eigentümer des «Volkseigentums» – sie waren es auch nicht. Das «sozialistische Bewußtsein» konnte sich trotz aller ideologischen Kampagnen nicht entwickeln, solange die ökonomische Wirklichkeit nicht sozialistisch war. So «fühlten» sich die Arbeiter ebenso ausgebeutet wie im Kapitalismus, sogar noch mehr, weil ihnen die einzige Waffe, die sie im Kapitalismus im Kampf gegen die Ausbeutung zur Verfügung hatten, aus der Hand geschlagen war: das Streikrecht. Darum war der Juniaufstand ein verzweifelter Versuch, das Streikrecht wiederherzustellen.

Arbeiter streiken nicht gegen ihren eigenen Staat, gegen den Betrieb, der ihnen gehört. Was hat es für einen Sinn, die Arbeit niederzulegen, wenn der wirtschaftliche Gewinn, den sie sich selber erarbeiten, dadurch nur gemindert wird? Arbeiter, die streiken, um ihre Lohnforderungen durchzusetzen oder um andere wirtschaftliche Rechte zu sichern, fügen denen einen Schaden zu, die ihnen den angemessenen Lohn und andere Rechte verweigern. Sie wollen zeigen, daß der angerichtete Schaden größer ist als der Nutzen, den die Herrschenden haben, wenn sie ihnen Lohn und Rechte verweigern. Arbeiter, die streiken, sind nicht die Eigentümer ihres Betriebes. Wären sie es wirklich, so kämen sie nie auf die Idee eines Streiks. Sie würden selbst über ihren Lohn entscheiden, und zwar auf Grund ihrer Rechte als Eigentümer. Daß sie nicht mehr an Lohn aus dem Betrieb herausholen können, als sie selbst erarbeitet haben, ist wohl eine Logik, die auch ohne den Verstand eines Staatsfunktionärs zu begreifen ist. Wenn die Arbeiter nicht nur «fühlen», sondern wissen, daß sie selbst die Eigentümer ihrer Betriebe sind, dann werden sie alle ihre Intelligenz, Solidarität und Wachsamkeit darauf verwenden, daß kein Ausschuß produziert wird, daß mit den Maschinen und den Rohstoffen sorgsam und sparsam umgegangen wird, daß ein Höchstmaß von Leistung mit den vorhandenen Mitteln erzielt und alles getan wird, um die Technologie ständig zu verbessern und die Arbeitsproduktivität zu heben. Mit einem Wort, sie werden alles das tun, was bisher die privaten Eigentümer und nun auch die staatlichen Eigentümer angestrebt haben. Aber sie werden es freiwillig tun, weil die Sache «ihr eigenes Geschäft» geworden ist. Das ist der Sozialismus, ökonomisch. Er ist keine Illusion, aber vorläufig nur eine Hoffnung.

Weitere wichtige historische Gründe, die den Aufstand des 17. Juni in der DDR ermöglicht haben, waren Folgen von Stalins Tod. Es waren die Machtkämpfe der Diadochen, die sich über Jahre hinzogen und schließlich mit dem Sieg Chruschtschows ihr vorläufiges Ende fanden. Je mehr das Ende eines Diktators heranrückt, desto mehr verhärtet sich gewöhnlich das innenpolitische Klima. Die Nachfolger belauern sich gegenseitig und versuchen mit Hilfe des noch Herrschenden ihre Konkurrenten abzuschießen. So übertreffen sie sich gegenseitig in ihrer Devotheit nach oben und ihrer Härte nach unten. Nach dem Ende des Diktators aber, ob nun durch Tod oder Sturz, wendet sich das Blatt. Jeder der nun an die Macht gelangenden Diadochen übertrifft den Vorhergehenden an Liberalität und Offenherzigkeit. Der Nachfolger eines gefürchteten Diktators braucht Popularität, wenn er sich an der Macht halten will.

Diese Phase war in der DDR 1953 angebrochen. Die Verschärfung des innenpolitischen Kurses vor dem Juni war noch die Politik des lebenden Stalin. Stalin war zwar schon tot, aber erst mit dem «Neuen Kurs», der Anfang Juni verkündet wurde, war er auch in der DDR endgültig gestorben. Die Machtkämpfe der Zaisser-Herrnstadt-Gruppe, in deren Hintergrund Berija stand, hatten begonnen. Sie lähmten das Zentrum der Partei, die staatliche Gewalt lockerte sich. Das Kommuniqué des Politbüros, das den «Neuen Kurs» verkündete, offenbarte eine innere Schwäche der Partei, die nach außen bisher nie in Erscheinung getreten war. Die Berliner Bezirksleitung stand gewissermaßen mit einem Bein im Lager der Zaisser-Herrnstadt-Gruppe. Bruno Baum, der Sekretär für Wirtschaft, und der Erste Sekretär, Hans Jendretzki, waren zumindest Sympathisierende dieser Gruppe, wenn sie nicht sogar insgeheim mit ihr konspirierten. Der Zug der Bauarbeiter durch die Berliner Innenstadt konnte zu dieser außerordentlichen Stärke anschwellen, weil niemand ihm entgegentrat, weil im Gegenteil sogar das Politbüro vor ihm zurückwich, indem es sich sofort bereit erklärte, die zehnprozentige Normerhöhung zu streichen. Der Aufstand wurde möglich, weil sich die stalinistische Führung in einer schweren inneren Krise befand. Die Partei war im entscheidenden Moment praktisch ohne Führung. Aber auch der Aufstand fand im entscheidenden Moment keine politische Führung. Er verlor sein ursprüngliches Ziel aus den Augen und nahm objektiv konterrevolutionäre Formen an. So mußte er zusammenbrechen.

Zwischenbilanz

Freitag, der 13. Mai, war für die beiden Stasis kein Glückstag. Für mich waren es acht trostlose Stunden, die nichts Neues brachten.

Ich fuhr direkt nach Grünheide. Es war ein Frühlingsabend. Mit meinen Freunden grübelte ich darüber nach, was «sie» wohl vorhatten. Völlig einig waren wir uns darüber, daß meine Aussageverweigerung auch für Frau X. das beste war. Ich erzählte von dem langen Protokoll mit ihren Aussagen. Offensichtlich war es der Stasi gelungen, Frau X. einzuschüchtern. Wir sahen der kommenden Entwicklung einigermaßen besorgt entgegen.

Wir tranken etwas Wein und hörten uns Wolfs neueste Balladen und Lieder an und einige der alten dazu.

«Ich glaube, den Gefallen, uns den Prozeß zu machen und einzusperren, werden sie uns nicht tun», fragte mich Wolf ganz unvermittelt.

«Mal den Teufel nicht an die Wand, der VEB-Knast ist ja nicht gerade ein Erholungskurort!»

«Du kennst den Knast ja nur aus der Nazizeit. Jetzt soll es schon ganz gemütlich sein, besonders in den letzten Jahren hat sich viel gebessert, habe ich gehört.»

«Ich kenne einige Genossen, die jahrelang bei uns im Gefängnis gesessen haben. Das waren auch Leute, die den Knast schon in der Nazizeit gründlich kennengelernt haben. Was sie bedrückte, war auch nicht der Knast ‹an sich›. Es bedrückte sie, daß sie als alte Kommunisten hier bei uns im Gefängnis sitzen mußten, und zwar nicht, weil sie sich gegen die Gesetze des Staates vergangen haben, sondern letzten Endes einfach nur deswegen, weil sie in wichtigen politischen Fragen eine andere Meinung vertreten haben als das Politbüro, wobei es sich sogar meistens um Meinungen gehandelt hat, die in anderen kommunistischen Parteien nicht nur ungestraft vertreten werden dürfen, sondern manchmal direkt offizielle Parteimeinung sind. Diese Verfolgung von Kommunisten durch Kommunisten hat sie bedrückt, weil sie das Ansehen des Sozialismus beschmutzt.»

«Die Kirche hat auch immer nur die Ketzer, nicht die Heiden verfolgt und auf die Scheiterhaufen gebracht.»

«Aber der Marxismus ist keine Religion, sondern eine wissenschaftliche Theorie. Wissenschaftliche Theorien können sich nur dann weiterentwickeln und bewähren, wenn sie ständig angezweifelt, nachgeprüft, bestritten, erweitert und erneuert werden. Aber der Stalinismus erniedrigt den Marxismus auf das Niveau eines dogmatischen Klerikalismus. Zu Stalins Zeiten hatte unsere Kirche immerhin noch einen Vatikan und einen Papst, jetzt hat jede Partei ihren eigenen Papst. Wie lange wird es noch dauern, bis alle ‹Heiligen Stühle› abgeschafft sind!»

Statt einer Antwort griff Wolf die Gitarre und sang die drei «Ermutigungen».

«Ach verzagt nicht, Freunde, hattet ihr wahrlich geglaubt, Jahrtausende langer Kämpfe Macht löse lieblich sich in diesen Tagen?» beginnt die «Kleine Ermutigung». Und dann:

«Du, laß dich nicht verbittern
In dieser bittren Zeit
Die Herrschenden erzittern
– sitzt du erst hinter Gittern –
Doch nicht vor deinem Leid»

Ja, so machten es sich viele bequem, sie nahmen die Pose der Mitleidigen ein. Sie wollten ganz einfach ihr verdrängtes Leid auf uns abschieben. Dafür werden die Märtyrer immer gebraucht. Das Leid aller wird zum Leid des einzelnen umgelogen. Wolf gab es ihnen dreifach zurück:

«Es reizt mich nicht die Bohne
Wenn mir der deutsche Gartenzwerg
Verleiht die Dornenkrone
Frühzeitig hat man mich geehrt
Nachttöpfe auf mir ausgeleert

Die Dornenkrone mir verehrt
Ich hab sie liegen lassen
Das wolln sie doch bezwecken
Daß wir die Waffen strecken
Schon vor dem großen Streit»

Der Streit, wofür und gegen wen? Gegen unsere eigenen Genossen, unsere eigenen Genossen gegen uns? Für den Sozialismus, aber für welchen? Ist der Sozialismus eine Sache, die sich kluge Leute im Kopf ausdenken, damit die Dummen sie dann machen können? Hatten unsere klugen Leute uns nur dadurch in Schwierigkeiten gebracht, daß sie beim Ausdenken einiges vergessen und darum Fehler gemacht hatten? In «Me-ti», Brechts Handbüchlein der Moral, sagt der Weise Ka-meh zu den Arbeitern: «Es wird aber gut sein, wenn ihr nicht in Gedanken eine Wohnung bis auf den letzten Nagel im Kopf einrichtet, die es dann zu ‹verwirklichen› gilt. Behaltet euch lieber so viel wie möglich vor. Beim Planen zerstreitet man sich leichter als beim Ausführen und beim Ausführen fällt einem mehr ein als beim Planen. Hütet euch, die Diener von Idealen zu werden; sonst werdet ihr schnell die Diener von Pfaffen sein.» Ka-meh ist das Schlüsselwort für Karl Marx in diesem Traktat west-östlicher Weisheit.

Was sagen unsere Genossen Pläneerfüller und Übererfüller zu solchen Worten? Sie wundern sich, daß das Volk nicht an Ideale glauben will. Liegt es wirklich daran, daß sein Bewußtsein rückständig ist? Sollte die Regierung nicht doch lieber das Volk auflösen und sich ein neues wählen?

Die halbe Revolution kann nicht im Kopf zur ganzen gemacht werden. Keine ideologische Schulung und Massenerziehung kann ein Bewußtsein hervorbringen, dem die Wirklichkeit gar nicht entspricht. Die halbe Revolution macht aus Idealen Ideologie, falsches Bewußtsein. Sie hebt die Entfremdung nicht auf, sondern macht sie allgemein. Sie täuscht dreifach, weil sie enttäuscht.

Die halbe Revolution kann nur zur ganzen gemacht werden, indem die Arbeiter sich des enteigneten Eigentums der Kapitalisten selbst bemächtigen. Das bedeutet, daß sie sich die volle Verfügungsgewalt über die Produktionsmittel und die erzeugten Produkte erkämpfen. An Stelle des Kapitalisten müssen die Arbeiter die Herren im Hause werden. Sie müssen alle Rechte des wirklichen Eigentümers haben. Sie haben selbst zu bestimmen, wie der Gewinn des Unternehmens verwendet werden soll, wieviel zur Erneuerung, Ergänzung und Erweiterung der Produktionseinrichtung, zur Einführung neuer Technologien und zur Erweiterung oder Spezialisierung des Sortiments der erzeugten Produkte aufgewendet werden soll, welche Beträge für soziale Einrichtungen und kulturelle Leistungen ausgegeben und wieviel an die Arbeiter zum persönlichen Verbrauch verteilt werden soll. Es ist offensichtlich, daß diese tiefgreifenden Veränderungen der Basis, diese endgültige Umwandlung der kapitalistischen Basis in eine sozialistische, entsprechend vielfältige und strukturelle Umwälzungen im Überbau erforderlich machen. Diese Umwälzungen werden sich aber nicht nach einem vorgefaßten Plan vollziehen, sondern in einem permanenten revolutionären Prozeß. Sozialismus ist Weg, nicht Ziel, Sozialismus ist Befreiung, nicht Freiheit. Befreiung ist schrittweise Eroberung von Freiheiten, schrittweise Sprengung von Fesseln. Viele der Fesseln, die uns einschnüren, werden erst sichtbar und fühlbar, wenn wir uns der ersten, der gröbsten Fesseln entledigt haben. Auch wird im Laufe des Prozesses manches erst zur Fessel werden, was zuvor noch unentbehrliche gesellschaftliche Notwendigkeit war. Denn das tiefere Wesen des sich entwickelnden Sozialismus ist das Absterben des Staates, auch des sozialistischen Staates, dessen Formung und Festigung am Anfang, dessen Auflösung und Überflüssigwerden am Ende der Entwicklung steht. Und dieser sozialistische Staat ist erst dann verwirklicht und existent, wenn er die Strukturen der permanenten Selbstauflösung frei entfaltet hat. Die freie Entfaltung permanenter Selbstauflösung ist das Wesen der sozialistischen Demokratie. Sie kann in den sozialistischen Ländern nur durch radikale Überwindung der stalinistischen Struktur geschaffen werden. Die Vollendung der sozialistischen Revolution geschieht also nur durch eine zweite revolutionäre Umwälzung, die zugleich Basis und Überbau ergreift, wobei die Veränderungen der Basis die Wandlungen im Überbau möglich machen, bisher Utopisches in handgreifliche Wirklichkeit verwandeln, so wie umgekehrt die Wendungen und Wandlungen im Überbau Perspektiven für die Neuformung der Basis eröffnen. Erst mit dieser Vollendung der sozialistischen Demokratie, die einer Kulturrevolution gleichkommt, erkennt die neue Gesellschaft in voller Klarheit ihre neuen Ziele.

Der Stalinismus hat keine neuen Ziele. Er ist vom Kapitalismus geblendet. Er lebt von der Illusion der «friedlichen Koexistenz» mit dem Kapitalismus, von der verlogenen Phrase vom friedlichen Wettstreit der Systeme, einem «Wettstreit», in dem der stalinistische Pseudosozialismus mit lahmen Beinen hinter dem Kapitalismus auf dessen ausgetretenen Wegen herhinkt. Das ist sein tieferer Verrat an der Revolution. Er ist die wahre Konterrevolution, indem er die Revolution auf halbem Wege aufhielt und ein System der Unterdrückung und Bürokratenherrschaft errichtete. Während sich in den letzten Jahrzehnten dieses Jahrhunderts vor der Menschheit Aufgaben von überdimensionaler Größe auftürmen, während zwei, bald drei und vier Milliarden Menschen in den «unterentwickelten» Ländern, bisher das Ausbeutungsobjekt der kapitalistischen Kolonialmächte, von Hungersnot, Elend, Krankheit und neuen Formen der kolonialen Unterdrükkung gepeinigt werden, während in Vietnam, in Afrika und Lateinamerika Kriege den Freiheitskampf dieser Völker unterdrücken, während in China ein Volk von 700 Millionen fleißiger und kluger Menschen für die Verwirklichung der Hoffnungen und Ideale kämpft, die wohl aus Europa zu ihnen kamen, aber von den Europäern von der Liebesbotschaft des Christentums bis zu den Hoffnungen des Sozialismus nur verraten worden sind, während in den Zentren der kapitalistischen Welt eine Revolte der Jugend gegen das saturierte Establishment, gegen die demoralisierte Consumer-society ausbricht – in dieser wahrhaft unheilschwangeren, superbomben-bedrohten Zeit strebt der stalinistische Gulaschkommunismus nach nichts anderem als nach dem Komfort der Kühlschränke, der Waschmaschinen, der

Kleinautos und der Fernsehtruhen, deren flimmernde Scheinwelt die Menschen immer vollkommener zu immer perfekteren Sklaven der ihnen andressierten Konsumbedürfnisse macht, den letzten Rest eigenen Denkens, individueller Eigenarten und Interessen aus den Köpfen hinwegwaschend. Wollen wir europäischen Sozialisten und Kommunisten tatsächlich diesen traurigen Weg der verfettenden Kleinbürger beschreiten, einen Weg, der uns endgültig aus der Geschichte unserer Zeit in die Dreckecke der Weltgeschichte befördern wird?

Unsere historische Aufgabe ist die Vollendung der sozialistischen Revolution. Jedes Jahr, das wir hierin weiter versäumen, schafft der Welt des Kapitalismus neue Fristen und Möglichkeiten, sich fester und perfekter zu etablieren. Diese Welt, einmal perfekt, wird uns endgültig in die Barbarei führen, vor der uns Marx gewarnt hat. Wir Menschen machen unsere Geschichte selbst, niemand kann und wird uns dabei helfen. Sollen alle Opfer der russischen Revolutionäre, alle Opfer der Völker der Sowjetunion, sollen die Ströme von Blut und Tränen, die in den Dschungeln Vietnams und in der Hölle der Konzentrationslager geflossen sind, sollen sie vergebens gewesen sein? Wir dürfen uns der Hoffnungslosigkeit nicht ausliefern.

Noch immer sind die sozialistischen Staaten eine große Hoffnung, eine Chance. Noch sind die Früchte der siegreichen Kämpfe der Bolschewiki nicht vertan. Aber die Zeit drängt nun. Seit dem Zweiten Weltkrieg, in dem sich die Sowjetunion aus der tödlichen Umklammerung befreite, seit der Explosion der ersten H-Bombe, die das nukleare Patt mit den USA herstellte, sind zwei Jahrzehnte vergangen. Ein erster Anlauf zur Überwindung des Stalinismus wurde mit dem XX. und XXII. Parteitag der KPdSU getan, aber er erreichte sein Ziel noch nicht. Schon sind seit der Geheimrede Chruschtschows über 13 Jahre vergangen, eine lange Zeit. Die ganzen tausend Jahre des Hitlerreiches dauerten nicht so lange. Es ist hohe Zeit geworden.

Nur wenn man dies alles bedenkt, kann man die ganze Tragweite und historische Bedeutung der Umwälzung ermessen, die mit der Absetzung Novotnýs im Januar 1968 in der ČSSR begonnen hat. Dort wurden die ersten Schritte zur breiten Entfaltung des demokratischen Sozialismus getan. Die stalinistische Struktur wurde zerstört, die Freiheit der Presse und der öffentlichen Meinung geschaffen. Das Parlament erhielt seine Rechte. Es fanden wieder echte Debatten statt, und bei den Abstimmungen gab es nicht mehr die übliche Peinlichkeit der unvermeidlichen Einstimmigkeit. Es war der Anfang. Als am 21. August 1968 die Truppen der fünf Mitglieder des Warschauer Paktes bei Nacht und Nebel ohne jede Ankündigung das Land besetzten, sollte dieser hoffnungsvolle Anfang zunichte gemacht werden. Aber die Monate Freiheit von Januar bis August haben genügt, um ein lebensfähiges Wesen hervorzubringen, das sich behaupten kann.

So besingt es Wolf Biermann in seinem Lied «In Prag ist Pariser Kommune»:

> «Der Kommunismus hält wieder im Arme
> die Freiheit und macht ihr ein Kind, das lacht,
> das Leben wird ohne Büroelephanten
> von Ausbeutung frei und Despotenmacht.
> Wir atmen wieder, Genossen. Wir lachen
> die faule Traurigkeit raus aus der Brust
> Mensch, wir sind stärker als Ratten und Drachen!
> Und hattens vergessen und immer gewußt.»

«In Prag ist Pariser Kommune.» Das Lied wurde vor dem 21. August geschrieben. Noch hat die Geschichte nicht entschieden, wie dieser doppeldeutige Satz zu verstehen ist. Biermann meinte damals, voller Hoffnung wie wir alle, daß mit der Umwälzung in Prag die verlorene Revolution der Pariser Kommune, zu früh gekommen für ihre Zeit und zermalmt von den preußischen Kommißstiefeln, hier ihren schließlichen Sieg errungen habe. Wir müssen abwarten, was von der Pariser Kommune in Prag nach den neuen Kommißstiefeln bleibt.

Fast ein ganzes Jahrhundert liegt zwischen Paris und Prag. Wie nahe sich die Zeiten dennoch sind, zeigt ein Brief, den Bakunin

1868 an Chassin schrieb:

«Unser aller großer Lehrer Proudhon sagte, die unglückseligste Kombination, die kommen könnte, sei die, daß der Sozialismus sich mit dem Absolutismus verbände; die Bestrebungen des Volkes nach ökonomischer Befreiung und materiellem Wohlstand mit der Diktatur und der Konzentration aller politischen und sozialen Gewalten im Staat. Mag uns die Zukunft schützen vor der Gunst des Despotismus; aber bewahre sie uns vor den unseligen Konsequenzen und Verdummungen des doktrinären oder Staatssozialismus ... Es kann nichts Lebendiges und Menschliches gedeihen außerhalb der Freiheit, und ein Sozialismus, der sie aus seiner Mitte verstieße oder sie nicht als einziges schöpferisches Prinzip und als Basis annähme, würde uns geradewegs in die Sklaverei und Bestialität führen.»

Die dritten acht Stunden

Der Frühlingstag war schön wie die anderen. Ich war eben vom Einkaufen zurückgekommen, als ein blauer Wartburg zwanzig Meter vor meiner Toreinfahrt anhielt. Der Mensch, der verlegen höflich, aber nicht bescheiden in den Garten kam, stammte aus dem Wartburg. Es war die neue Einladung auf Mittwoch, den 18. Mai, neun Uhr, Magdalenenstraße 12. Wie gehabt.

Als ich von der Frankfurter Allee in die Magdalenenstraße einbog, war es erst dreiviertel neun. Ich hielt am Eingang der Straße und beschloß, die Viertelstunde bis neun im Wagen zu warten. Durch die illegale Arbeit in der Nazizeit hatte ich mir extreme Pünktlichkeit angewöhnt, die man bei unsicheren Verkehrsmitteln nur erreichen kann, wenn man sich reichlich Zeit nimmt. Zu früh zu kommen war dann etwas ganz Normales. Diese Zeit nutzte man aus, um unauffällig in der Umgebung des Treffpunktes umherzustreichen und Beobachtungen zu machen, ob sich irgend etwas Verdächtiges zeigt. In der Magdalenenstraße waren das Interessanteste die Autos. Zu Zahlen habe ich ein besonderes Verhältnis. Ich las jede der Autonummern, sie erschienen nur einen Augenblick in meinem Bewußtsein, dann plumpsten sie durch ein Sieb und verschwanden. Die wenigen, die in den Maschen des Siebes hängenblieben, merkte ich mir. Als es eine Minute vor neun war, rollte ich langsam zum Haus mit der Nummer 12 vor. Ich bedauerte, mein Studium der Zahlen und andere Neugierigkeiten nicht weiter betreiben zu können. Stasi 2 kam im gleichen Augenblick aus der Tür, als mein Wagen anhielt. Die Begrüßung war, wie immer, sehr korrekt und höflich.

«Wir müssen unsere Zeugenvernehmung fortsetzen», eröffnete er die Sitzung.

Wie man etwas fortsetzen könne, was nie begonnen habe, fragte ich.

«Warum nicht? Das ist Dialektik, habe ich gelernt.»

Was man nicht angefangen habe, könne man nicht fortsetzen,

erwiderte ich, das widerspreche der elementaren Logik. Aber man könne natürlich fortsetzen, etwas nicht anzufangen. So hört man nicht auf, nicht anzufangen.

«In unserer Zeugenvernehmung möchten wir jedenfalls jetzt aufhören, nicht anzufangen. Aber das hängt von Ihnen ab.»

Er begann mit einer Frage: «Sie sind doch mit dem Schriftsteller Stefan Heym befreundet?»

«Ja, aber Stefan Heym gehört zu der Art von Leuten, bei denen man nie genau weiß, ob sie es auch sind, mit denen man befreundet ist.»

«Nun, das ist hier auch unwichtig, aber Sie kennen doch auch den Schriftsteller Jan Petersen?»

«Ja, ihn zu kennen ist schon einfacher.»

«Hat er Sie oft in Grünheide besucht?»

«Das weiß ich nicht.»

«Das wissen Sie nicht? Das verstehe ich nicht.»

«In der letzten Zeit habe ich ihn nicht mehr gesehen.»

«So – aber früher war er doch oft bei Ihnen?»

«Jan Petersen ist immer mehr bei sich als bei anderen.»

«Aber er war doch bei Ihnen!»

Ich versuchte es mit einem Scherz: «Auch dann.»

Stasi 2 gab es erst einmal wieder auf und vertiefte sich in seine Papiere. Heym und Petersen, diese beiden ungleichen Nachbarn in der Rabindranath-Tagore-Straße in Grünau! Petersen lebte ganz in einer Welt, die vergangen war, und selbst was von ihr fortlebte, hielt er für hoffnungslos vertan und verloren. Seine Bitterkeit war aber durch Einfalt gemildert. Wie anders mein Freund Stefan! Er dachte fast nur an das, was kommen wird, leider manchmal zu sehr an das, was wirklich auch kam. Hoffnung und Wirklichkeit führten einen ungleichen Kampf in seiner Brust. Wenn Heym seinen schwarzen Zwergpudel Loulou-Belle in den nahen Wald ausführte, begleitete ihn meistens sein Nachbar Petersen, obwohl er den Hund haßte, weil sein Bellen ihn beim Schreiben störte. Aber wenn Heym zu Hause war, dann bellte Loulou-Belle nicht.

«Frau X. kann sich aber sehr gut an Herrn Petersen erinnern.

Wundert Sie das? Oder meinen Sie, daß Herr Heym ihr noch näher stand?»

Ich überhörte die Anspielung. «Wir hatten über beide ziemlich die gleiche Meinung.»

«Wo hat denn Frau X. die beiden kennengelernt?»

«Das liegt so weit zurück, ich weiß es wirklich nicht mehr. Vielleicht bei meiner Frau. Haben Sie sie nicht danach gefragt?»

Stasi 2 machte eine Pause. Er suchte nach einer neuen Frage, mit der er sich an den Gegenstand der Vernehmung heranschleichen konnte.

«Sagen Sie, nicht wahr, Herr Tzschoppe war auch regelmäßiger Gast bei Ihnen in Grünheide?»

«Nein, er *ist* regelmäßiger Gast bei mir, ich nehme doch an, daß Sie herausbekommen haben, mit wem ich befreundet bin. Im übrigen, wozu fragen Sie mich über meine Freunde aus. Ich kann Ihnen doch nichts Neues über sie erzählen.»

Werner Tzschoppe war schon vor 1953 erster Sekretär der Universitätsparteileitung der Humboldt-Universität gewesen, war dann aber für 5 Jahre zum Studium nach Moskau an die Universität und die Parteihochschule geschickt worden. Danach übernahm er wieder die Leitung der Parteiorganisation der Universität. Im Februar 64 wurde er aus dieser Funktion fristlos entlassen, weil ihm im Zusammenhang mit meinen Vorlesungen mangelnde Wachsamkeit und Schlimmeres vorgeworfen wurde. Nachdem er monatelang von den Parteiinstanzen verhört worden war, erhielt er schließlich eine Anstellung als wissenschaftlicher Mitarbeiter im Institut für Zeitgeschichte. Trotz seiner hohen Qualifikation, er hatte in Moskau das Doktordiplom erworben, erhielt er nicht die volle Bezahlung, die für die Stellung vorgesehen war. Es war nämlich eine der Strafbestimmungen, die gegen ihn erlassen worden waren, daß sein Gehalt einen bestimmten Betrag nicht übersteigen dürfe. Da er Frau und zwei Kinder hatte, war seine wirtschaftliche Lage jetzt sehr viel schlechter als vorher. Im Februar 66 war er von der Parteiorganisation seines Instituts aufgefordert worden, sich in einer schriftlichen Erklärung von mir zu «distanzieren».

Mit solchen «Distanzierungen» wurde immer wieder versucht, opponierenden Genossen das Kreuz zu brechen. Der Betroffene geriet in den Konflikt, ob er Stellung, Beruf und Karriere riskieren oder lieber einen schmählichen Wisch unterschreiben solle. Ließ er sich auf die geforderte Distanzierung ein, so wurde der Text seiner ersten Erklärung regelmäßig als völlig unzureichend, womöglich als unehrlich abgelehnt. Er war also noch nicht unehrlich genug gewesen. Es dauerte gewöhnlich Monate, bis die Parteiinstanzen von ihrem Opfer abließen und sich mit dem schließlich zustande gebrachten verlogenen Dokument der Schande einverstanden erklärten. Werner Tzschoppe schrieb statt einer Distanzierung eine Solidaritätserklärung für mich. Er wurde daraufhin fristlos entlassen. Aber er klagte gegen das Institut vor dem Arbeitsgericht. Das Gericht brachte eine «gütliche Einigung» zustande. Danach wurde die Entlassung zwar nicht aufgehoben, das Institut aber verpflichtet, Tzschoppe als freien Mitarbeiter einzustellen, und zwar mit der gleichen Bezahlung wie vorher.

Stasi 2 machte wieder eine Pause. Er schien es heute nicht eilig zu haben. Stasi 3 war auch nur kurze Zeit anwesend, hielt sich meist in einem der Nachbarräume auf und kam nur gelegentlich herein. Schon gegen 11 Uhr erschien er mit einem großen Tablett mit drei Kännchen Kaffee, eins für jeden von uns. Es wurde erst einmal eine gründliche Kaffeepause eingelegt.

«Sie haben in der Nazizeit viel Erfahrungen in illegaler Arbeit gesammelt. Wie kam es eigentlich, daß Sie verhaftet wurden?»

«Unsere Gruppe flog auf, weil es der Gestapo gelungen war, bei uns einen unfreiwilligen Spion einzubauen», erzählte ich gern. «Der Mann ahnte selbst gar nichts von seiner Funktion. Er war schon vorher Mitglied des sogenannten Robbi-Kreises gewesen, so nannte man die Gruppe um Robert Uhrig. Als die Uhrig-Gruppe hochging, verhaftete man ihn auch, ließ ihn aber bald wieder frei. Das wurde regelmäßig so gemacht. Man rechnete damit, daß solche Leute nach einiger Zeit wieder neue Beziehungen zu Antifaschisten aufnehmen würden. Man brauchte sie also nur regelmäßig und gründlich zu beobachten.»

«Solche Dauerbeschattung ist aber ziemlich kostspielig. Lohnte sich das denn für die Gestapo?»

Das sei mir nicht bekannt. In den meisten Fällen sicher nicht. Es käme darauf an, wieviel Leute die Gestapo auf diese Weise beobachtet hätte. Für den Anfang genüge aber eine Telefonüberwachung.

«Um zu erfahren, ob der Betreffende Beziehungen aufgenommen hat, die er geheimzuhalten versucht?»

«Das auch. Aber wenige Leute haben ja wirklich gelernt zu telefonieren. Meistens kann man aus Telefongesprächen sehr viel mehr erfahren, als den ahnungslosen Gesprächspartnern in den Sinn kommt. Das wissen Sie ja selber am besten.»

«Worauf kommt es denn Ihrer Meinung nach beim Telefonieren an?»

Ich befriedigte die Neugier von Stasi 2 auch in diesem Punkt. «Man muß in erster Linie dafür sorgen, daß man dauernd sehr viele Anrufe von völlig harmlosen Leuten bekommt, das erschwert die Überwachung beträchtlich. Außerdem muß man mit den konspirativen Anrufern eine sogenannte ‹Kon›-Beziehung aufbauen, wie wir das damals nannten.»

«Was ist das?»

«Eine ‹Kon› ist eine genau vereinbarte unpolitische Beziehung. Zum Beispiel auf beruflicher Basis, oder eine Liebesbeziehung, oder jemand trat als Lieferant von Schwarzware, von Kaffee, Zigaretten oder Würsten auf. Die ‹Kon› war um so besser, je mehr sie tatsächlich realisiert werden konnte, so daß sie auch nach einer Verhaftung ihre Glaubwürdigkeit nicht verlieren mußte.»

«Haben Sie vor Ihrer Verhaftung schon gemerkt, daß Sie überwacht wurden?»

«Ja, die Telefonüberwachung habe ich gemerkt, aber das war in der damaligen Zeit beinahe schon etwas Normales.»

«Es knackte im Telefon?»

Das Knacken habe mich nicht beunruhigt, das tue es in jedem

normalen Telefon. Bei einer technisch einwandfreien Überwachung knacke es außerdem nicht. Es gäbe andere Anzeichen. Zum Beispiel, wenn beim Abheben das Freizeichen nicht sofort zu hören sei. Oder wenn nach Beendigung des Gesprächs der Anschluß des Angerufenen noch längere Zeit tot bleibe.

«Und wie wurden Sie beschattet, wenn Sie unterwegs waren?»

«Das war für die Gestapo sicher schwieriger. Ich machte alles mit dem Fahrrad. Das ist das beste illegale Verkehrsmittel, das es gibt. Bei weiten Entfernungen in der Stadt benutzte ich für die Hauptstrecke die S-Bahn, man kann das Fahrrad ja im Abteil für Reisende mit Traglasten mitnehmen.»

Wieso das Fahrrad so vorteilhaft sei?

Ich gab auch darüber gern Auskunft.

«Der Hauptgrund ist, als Radfahrer ist man nur noch unter Radfahrern, nicht mehr unter Fußgängern, und es gibt auf den Straßen viel weniger Radfahrer als Fußgänger. Der Verfolger kann sich viel schlechter verstecken. Außerdem fällt es bei einem Radfahrer nicht besonders auf, wenn er das Tempo stark wechselt. Aber der Verfolger, der das auch tun muß, fällt dadurch sehr auf. Ein Radfahrer geht auch normalerweise längst nicht so sparsam bei der Wahl seiner Fahrstrecke zuwege wie ein Fußgänger. Es kann ihm einfallen, plötzlich eine Kehrtwendung um 180° zu machen, weil ihm irgend etwas eingefallen ist. Will sich der Beschatter nicht decouvrieren, so muß er zu seinem Ärger weiterfahren. Macht man die Wendung an einer günstigen Stelle, dann kann man leicht endgültig verschwinden. Einige der Verbindungen unserer Gruppe, die ich übernommen hatte und ausschließlich per Fahrrad absolvierte, hat die Gestapo nie erfahren.»

«Heute fahren Sie nicht mehr mit dem Fahrrad, nicht wahr?»

«Warum auch, ich habe nichts zu verbergen. Im Gegenteil, ich tue, was ich tue, jedenfalls das Politische, so öffentlich wie möglich. Schließlich leben wir nicht mehr in der Nazizeit. Damals kämpfte ich gegen den Staat. Heute kämpfe ich für ihn. Das ist ein entscheidender Unterschied.»

«Darüber gehen aber die Meinungen auseinander.»

«Worüber?» erkundigte ich mich. «Über diesen Unterschied?»

«Nein, darüber, wofür oder wogegen Sie kämpfen.»

«Die Meinungen gehen über vieles auseinander. Das ist bei Meinungen unvermeidlich. Die Frage ist nur, wie frei sie sich äußern können.»

«Sie haben Ihre Meinungen doch immer frei äußern können. Oder haben Sie das etwa nicht getan?»

«Getan habe ich es schon, aber ob ich es immer konnte, weiß ich nicht.»

So hatten wir unseren Kaffee ganz unterhaltsam miteinander ausgetrunken. Der Ernst des Lebens erschien erst nach dem Kaffee in der Person von Stasi 1.

Wenn ein höherer Funktionär sich in eine Angelegenheit einmischt, die in den Händen eines niederen Funktionärs liegt, so ist das für den niederen Funktionär meist ein sehr zweifelhaftes Vergnügen. Gelingt es dem höheren Funktionär, die Sache zu klären, so steht der niedere da wie ein Trottel, der noch dazu verpflichtet ist, Selbstkritik zu üben und zugleich den höheren anzuhimmeln. Gelingt es aber dem höheren Funktionär auch nicht, so ist das für ihn eine Blamage, die er dem niederen niemals vergessen wird. Wie die Dinge lagen, blieb nur die zweite Möglichkeit. Das war schlecht, denn sie ist für alle Beteiligten im allgemeinen wesentlich unangenehmer. Ich empfand darum fast so etwas wie Mitleid mit Stasi 2. Wir hatten uns in unseren Unterhaltungen auf unmerkliche Weise nicht nur aneinander gewöhnt, sondern man konnte fast sagen: angefreundet. Ich hatte diesen Mechanismus, durch den ein niederer Funktionär sich den erbitterten Haß eines höheren zuzieht, in der Partei oft genug beobachten können. Manchmal ist es sogar eine ganze Parteigruppe, die sich auf diese Weise den Haß eines Höheren auflädt. So erging es im Jahr 64 unserer Grundorganisation der Chemiker an der Humboldt-Universität. Wir verschafften uns gleich den Haß von zwei hohen Herren, und zwar nacheinander von Paul Verner, dem Ersten Sekretär der Berliner Bezirksleitung, und von Kurt Hager, den man – ich glaube beinahe zu Unrecht – als den Ideologiechef der Partei bezeichnet.

Der Krach mit Verner nahm seinen Ausgang von einem Brief der Betriebs-Gewerkschaftsleitung der chemischen Institute. Die BGL, der auch viele Parteilose angehörten, hatte einen Brief entworfen und beraten, den sie an die BGLs sämtlicher chemischer Institute der DDR verschicken wollte, und zwar direkt ohne Verständigung der Bundesleitung des FDGB. Verner hatte auf einem Wege, der in den Satzungen des FDGB nicht vorgesehen ist, eine Abschrift des Briefes erhalten. Er ließ sofort eine Versammlung unserer Grundorganisation einberufen und erschien, um uns die Leviten zu lesen. Das sei eine unerhörte Verletzung der Prinzipien des demokratischen Zentralismus. Wir hätten nicht das Recht, uns direkt an andere untere Gewerkschaftsinstanzen zu wenden. Jede Verbindung mit anderen unteren Instanzen dürfe nur über die oberste Instanz vor sich gehen. Wir hätten also dafür sorgen müssen, daß der Brief der BGL zunächst an den Bundesvorstand geschickt würde, der darüber zu entscheiden habe, ob das Schreiben an die anderen BGLs weitergeleitet werde oder nicht. Auf dem «oder nicht» lag natürlich die Hauptbetonung.

Verner hatte nun erwartet, daß sich im Anschluß an seine Rede sofort unsere Parteileitung melden, Selbstkritik üben und kräftig in sein Horn stoßen würde. Statt dessen eröffnete der Leiter der Versammlung «die Diskussion über den Beitrag des Genossen Verner, durch den wichtige Fragen unserer Partei aufgeworfen worden sind».

Der erste Diskussionsredner stellte eine peinliche Frage:

«Sage uns bitte, Genosse Verner, auf welche Weise du in den Besitz des Entwurfes eines Briefes gelangt bist, über den die BGL noch keinen endgültigen Beschluß gefaßt hat, der deshalb im Panzerschrank der BGL aufbewahrt wurde und der natürlich auch noch nicht abgeschickt worden ist. Es hat sich inzwischen nämlich schon herumgesprochen, daß du den Brief hast. Und die parteilosen Mitglieder der BGL finden das sehr merkwürdig. Das Vertrauensverhältnis zu ihnen wird durch solche Vorkommnisse sehr belastet.»

Diese Frage wurde nicht beantwortet. Nun entwickelte sich eine Diskussion über den Begriff des demokratischen Zentralismus. Es wurde Verner vorgeworfen, daß es bei ihm nur noch Zentralismus gäbe, das Adjektiv «demokratisch» habe er wohl ganz vergessen. Er erklärte, der demokratische Zentralismus bedeute nur die Unterwerfung der Minderheit unter die Mehrheit. Was die Mehrheit beschließe, müsse auch von der Minderheit anerkannt und durchgeführt werden. Im übrigen handele es sich im wesentlichen um ein Organisationsprinzip, eben das Prinzip der Partei neuen Typus. In einer Armee könnten schließlich auch nicht die Soldaten darüber abstimmen, wie der Krieg zu führen sei. Jedenfalls dürften sich Grundorganisationen in politischen Fragen niemals direkt an andere Grundorganisationen wenden, immer nur auf dem Wege über die übergeordneten Leitungen.

«Auch wenn ein außerordentlicher Parteitag einberufen werden soll und das Zentralkomitee sich weigert?»

«Ein Parteitag kann nur vom Zentralkomitee einberufen werden!»

«Nein. Stell dir vor, wir sind mit der Politik des Zentralkomitees nicht einverstanden. Das ist ja wohl unser Recht. Nun wollen wir erreichen, daß ein außerordentlicher Parteitag einberufen wird, wozu wir die Unterstützung einer größeren Zahl anderer Grundorganisationen brauchen. Wie sollen wir bei diesen Organisationen für unseren Plan werben, wenn wir das nur auf dem Wege über das Zentralkomitee könnten, das gegen die Einberufung eines außerordentlichen Parteitages ist?»

Verner war empört. Was das Gerede von einem außerordentlichen Parteitag überhaupt solle. Das sei alles statutenwidrig, was hier geredet werde. Einberufung eines Parteitages gegen den Willen des Zentralkomitees, wer sich so was ausgedacht habe. Aber sofort erhob sich ein Genosse, der das kleine rote Büchlein in der Hand schwenkte, das Statut der Partei. Verschiedene riefen: «Lies ihm mal das Statut vor, er scheint es gar nicht zu kennen!» Nun wurde vorgelesen:

«In Abschnitt IV ‹Die höchsten Parteiorgane› heißt es unter

Punkt 34: ‹Das höchste Organ ist der Parteitag. Ordentliche Parteitage finden in der Regel einmal in vier Jahren statt. Das Zentralkomitee kann entweder aus eigener Initiative oder auf Verlangen von mehr als einem Drittel der Parteimitglieder außerordentliche Parteitage in zweimonatiger Frist einberufen.› Punkt 35: ‹Im Falle einer Nichteinberufung des außerordentlichen Parteitages durch das Zentralkomitee innerhalb der im Punkt 34 angegebenen Frist haben die Organisationen, die die Einberufung des außerordentlichen Parteitages verlangt haben, das Recht, ein Organisationskomitee zu bilden, dem die Rechte des Zentralkomitees zur Einberufung eines außerordentlichen Parteitages zufallen.›

Also, Genosse Verner, nun erkläre uns mal, wie wir es machen sollen, wenn wir ein solches Organisationskomitee gründen wollen!»

Verner versuchte zuerst zu bestreiten, daß richtig vorgelesen worden sei, las dann mit gerunzelter Stirn selbst den Text. Währenddessen gab es viele Zwischenrufe und Gelächter. «Unser Zentralismus ist doch gar nicht so undemokratisch!»

«Sollen wir in der Gewerkschaft weniger demokratisch sein als in der Partei?»

Die Versammlung endete ohne Beschluß und ohne Schlußwort. Der Versammlungsleiter sagte einfach ganz unvermittelt: «Zum Schluß singen wir jetzt das alte Arbeiterlied ‹Brüder, zur Sonne, zur Freiheit!›»

Von den Folgen, die diese Versammlung im Laufe der Zeit für die Hauptbeteiligten und auch für weniger Beteiligte hatte, will ich hier nicht berichten. Jeder, der das «Leben» der Partei kennt, kann sie sich leicht ausmalen. Aber damals, als wir nach Hause gingen – unterwegs tranken wir in einer Kneipe immer noch einige Glas Bier –, da waren wir alle recht fröhlich.

Was solchen außerordentlichen Vorkommnissen im Leben der Partei ihren besonderen Reiz verleiht, ist ihre unfreiwillige Komik. Im Falle unseres Zusammenstoßes mit Paul Verner kann man sie nur voll ermessen, wenn man den Genossen Verner persönlich kennt. In unserer Versammlung mit Kurt Hager sorgte die Hauptperson selbst dafür, daß diese Komik auch ohne nähere Kenntnis seiner Person genügend deutlich wurde. Es war nach dem Plenum, in dem das Verdammungsurteil über meine Vorlesungen gesprochen worden war. Inzwischen hatte auch noch eine große Aktiv-Tagung stattgefunden, auf der Hager volle sechs Stunden darauf verwandt hatte, mich «auseinanderzunehmen». Das Humorvollste auf dieser Aktiv-Tagung war die Diskussionsrede des Philosophieprofessors Ley. Da es doch um sein Fach ging, in das ich mich eingemischt hatte, ereiferte er sich mehr als irgendein anderer und erging sich in den wüstesten Beschimpfungen. Ich nutzte eine kleine Pause aus, die er gebraucht hatte, um Atem zu schöpfen, und rief:

«Aber Genosse Ley, noch vor zwei Monaten hast du mir einen Brief geschrieben und mir angeboten, du wolltest gern meine Vorlesungen gemeinsam mit mir mit deinen Kommentaren veröffentlichen!»

Er fand keine Worte mehr, fast fiel ihm das Gebiß aus dem Mund, das er, obwohl von Haus aus Zahnarzt, doch sicher nicht selber hergestellt hatte. Die respektlosen Studenten behaupteten von ihm, er sei der größte Philosoph unter den Zahnärzten und der größte Zahnarzt unter den Philosophen. Nach dieser Aktiv-Tagung hatte die Grundorganisation der Chemiker, die fast geschlossen auf der Aktiv-Tagung gegen die Entschließung gestimmt hatte, die mich verurteilte, verlangt, daß der Genosse Hager in einer Versammlung bei uns seine wichtigsten Einwände noch einmal ausführlich begründe, damit darüber in Ruhe diskutiert werden könne. So geschah es nun.

Hagers lange Rede wurde mit Geduld, ohne jede Unterbrechung angehört. Aber in der folgenden Diskussion wiesen ihm die Genossen nach, daß er meine Ansichten völlig entstellt und verfälscht habe. Ich brauchte nichts zu meiner Rechtfertigung zu sagen. Hager bekam seine Lektion von den Studenten und Assistenten der chemischen Institute gelesen. Solche Töne war er offensichtlich nicht gewohnt. Er saß im Präsidium, an dem langen Hörsaaltisch im Hörsaal meines Instituts in der Bunsenstraße, neben ihm der Genosse Neugebauer, der Vorsitzende der Ideologischen Kommission der Berliner Bezirksleitung. Nervös machte er sich Notizen. Plötzlich erhob sich Hager, sein Gesicht war blaß.

«Ich weiß nicht, Genossen, es scheint, daß ihr hier alles besser wißt.»

Er holte Atem und zog dann ein dickes Schlüsselbund aus seiner Hosentasche.

«Bitte, also bitte», er brachte die Worte nur mit Mühe hervor, aber zugleich darum bemüht, ihnen eine verzweifelte Theatralik zu verleihen, «wenn ihr alles besser wißt, bitte, dann regiert ihr! Hier sind die Schlüssel!»

Damit warf er das Schlüsselbund knallend auf den Tisch.

Mitten in die momentan entstandene Stille platzte die trokkene Bemerkung eines Genossen, der auf den hinteren Bänken saß:

«Harry, schnell, nimm dir die Schlüssel, sonst steckt er sie wieder ein!»

Hager stand in dem dröhnenden Gelächter mit starrem Gesicht. Der Genosse Neugebauer erlöste ihn, indem er zu bedenken gab:

«Aber Genosse Hager, du bist doch gewählt!»

«Ja, ich bin gewählt.» Dieser Gedanke erleichterte ihn offensichtlich.

«Dann bist du doch auch gewählt, die Schlüssel zu besitzen!»

Wortlos steckte Hager die Schlüssel wieder ein. Womit er sich den zweiten Lacherfolg des Abends verschaffte.

Niemand, der diese Szene erlebt hat, wird sie vergessen haben, aber auch der Genosse Hager nicht.

Der Auftritt dieser beiden höheren Funktionäre auf «niederer Ebene» hatte den Vorzug, daß ein reichliches Publikum, noch dazu recht antiautoritär gesinnter Studenten, für die rechte Stimmung sorgte. Dieser Vorteil entfiel bei dem Auftritt von Stasi 1. Ich war praktisch der einzige Zuschauer. Außerdem mußte er sich in die Anonymität seines Amtes hüllen. Ich wußte also nicht, wie «hoch» er war. Ganz «hoch» wirkte er allerdings nicht. Er war kleiner als Stasi 2, nicht bleich wie dieser, sondern sonnengebräunt, ein sportlich wirkender Typ mit behenden sicheren Bewegungen. Er hatte das Einverständnis heischende Lächeln im Gesicht, das der Verkäufer im Konfektionsgeschäft aufsetzt, wenn er glaubt, daß er es geschafft hat und man den gewählten Anzug nun endlich auch kaufen wird. Gleichzeitig versuchte er, sich mir gegenüber den Anflug einer kollegialen Note zu geben:

«Nicht wahr, wir kennen uns? Doch bestimmt, ich kenne Sie jedenfalls recht gut, von der Universität.»

Ich zuckte die Schultern.

«Nun ja, das ist ja auch nicht wichtig. Also wie steht es? Sind wir endlich ein Stück weitergekommen?» Die Frage war an uns alle gerichtet.

Stasi 2 machte eine verzweifelt verneinende Gebärde.

«Ja aber, wie sollen wir denn dann die Angelegenheit über die Bühne bringen?»

«Meiner Meinung nach sollten wir sie gar nicht erst auf die Bühne bringen», sagte ich.

Stasi 1 setzte sich erst jetzt, er nahm Platz am Schreibtisch neben Stasi 2. Er ließ sich die Akten zeigen. Nach einigem Blättern:

«Ich verstehe nicht, was Sie befürchten, wenn Sie Aussagen machen. Ich kann Ihnen ganz verbindlich sagen, es wird nichts geschehen. Es liegt nichts gegen Sie vor. Wir brauchen nur zur Klärung dieser Angelegenheit, die wir jetzt schnell abschließen möchten, noch unbedingt Ihre Zeugenaussage.»

«Ihre Kollegen haben mir gesagt, daß sie alles schon wissen.»

«Alles weiß man nie, besonders weiß man nicht, was Sie sagen werden. Darauf sind wir eben neugierig.»

Was denn geschähe, wenn ich die Aussage nicht verweigern und die Aussage machen würde, die er und seine Kollegen von mir erwarteten?

«Bitte, fangen Sie an!» Er glaubte sich am Ziel oder wenigstens kurz davor.

«Nein, ich wollte Sie fragen, wie Sie unter diesen Umständen die Angelegenheit abschließen würden.»

«Jedenfalls sehr schnell, und das wäre für Frau X. sehr angenehm.»

«Das bezweifle ich.»

«Wieso, jede Woche, die das hier länger dauert, sitzt doch Frau X. länger in Haft, im Ungewissen.»

«Die Verzögerung der Voruntersuchung kann nur die Untersuchungshaft verlängern. Da bei einer Verurteilung das Gericht aber die erlittene Untersuchungshaft auf die Strafe anrechnet, macht das für Frau X. gar nichts aus, ausgenommen den Fall, daß es gar nicht zu einer Gerichtsverhandlung kommt. Ich mache deshalb keine Aussagen, weil ich Sie davon abbringen will, Frau X. überhaupt vor Gericht zu bringen. Das wäre jedenfalls für Frau X. das beste, und es wäre überhaupt das beste, in jeder denkbaren Hinsicht.»

«Gut, dann verlängern Sie die Haftzeit gerade für den Fall, den Sie uns vorschlagen.»

«Lieber eine Woche länger in Untersuchungshaft und dafür keine Gefängnisstrafe, als umgekehrt!»

«Aber Sie können doch nicht im Ernst glauben, daß wir Frau X. nur deswegen nicht vor Gericht bringen werden, weil Sie die Aussage verweigert haben?»

«Doch, damit kommen Sie der Wahrheit schon sehr nahe.»

Stasi 1 sah mich mit einigem Erstaunen an. Hatte er mich jetzt verstanden?

«Denken Sie nicht zu sehr an sich selbst?» versuchte er es noch einmal. «Sollte man das Schicksal anderer Menschen nicht in Betracht ziehen?»

Ich sähe nicht, wieso es nur mein Vorteil sei, wenn Frau X. nicht vor Gericht käme, sondern im Gegenteil im Laufe der nächsten Tage wieder frei werde!

«Im Laufe der nächsten Tage?»

Ich nähme an, eher heute als morgen.

«Ich glaube, ich muß es noch einmal ganz deutlich sagen, denn Sie scheinen sich doch ziemliche Illusionen zu machen: Frau X.

wird so lange hier bei uns bleiben müssen, bis wir Ihre Aussagen haben. Keinen Tag kürzer.»

«Dafür in diesem Falle aber zwei Jahre länger!»

Stasi 1 fing an, ärgerlich zu werden.

«Sitzen Sie da nicht auf einem reichlich hohen Roß?»

«Ich gebe die Hoffnung nie auf, daß schließlich doch die Vernunft siegt.»

«Wir sind Ihnen hier wohl zu kleine Leute für den hohen Herrn! Sie wollen wohl, daß der Minister persönlich kommt, um Sie zu verhören. Sie tun's wohl nicht unter einem Minister ...»

Ich lege auf Minister nicht den geringsten Wert, sagte ich höflich, er scheine mich sehr schlecht zu kennen.

Stasi 1 sagte eine ganze Weile nichts. Dann ging er mit Stasi 2 hinaus und ließ mich mit Stasi 3 allein. Stasi 3 brummte:

«Zweck hat es jedenfalls gar keinen, was Sie machen.»

Es war schon nach Mittag. Die Sonnenstrahlen fielen schräg durch die vergitterten Fenster. Die Luft im Raum war blau von Qualm. Das Kaffeegeschirr stand noch auf dem Tisch, in den Untertassen ausgedrückte Stummel. Wie lange sollte diese quälende Prozedur noch dauern, wie oft wollte man sie noch wiederholen? Ein Vers Lao Tses kam mir in den Sinn, obwohl ganz anders gemeint, paßte er auf meine Lage: «Wer seinen Mund zuhält und seine Pforten schließt, der hat sein Leben lang nicht Mühsal. Wer seinen Mund auftut und seine Handlungen in Ordnung bringen will, dem ist nicht zu helfen sein Leben lang.» Ich wollte meine Handlungen nicht in Ordnung bringen.

Wenn man es genau betrachtete, war eine solche Vernehmung eine sehr merkwürdige Form der Unterhaltung, nein, die Sprache hat ein treffenderes Wort: es war eine unwürdige Form. Du wirst dauernd gefragt. Aber keine deiner Fragen wird beantwortet. Bei einer Vernehmung wird die Würde des Menschen angetastet. Solange es Gerichte und Richter gibt, die über andere Menschen Urteile zu fällen haben, solange «die Gesetze und Befehle prangen», wird es Verhöre und Vernehmungen geben, die die Würde des Menschen antasten. Aber wird es je eine Zeit geben, in der all dies überflüssig sein wird? Wird es gelingen, die menschliche Gesellschaft so zu ordnen, daß sie keiner Ordnungsgewalt mehr bedarf?

Ich hatte in diesen drei Tagen einen kleinen winzigen Zipfel der Tätigkeit unserer Staatssicherheit kennengelernt, gewiß ein Gipfel der Harmlosigkeit. Die Genossen verfuhren wohl kaum immer so zimperlich. Aber sie wußten auch, daß sie für den Zweck, den sie in meinem Falle anstrebten, nur etwas erreichen konnten, wenn sie mich in Sicherheit wiegten. Schon deswegen war ein Vergleich meiner Erlebnisse mit Stasi 1 bis 3 mit den Erfahrungen, die ich bei der Gestapo gemacht hatte, nicht möglich. Es waren zwei Welten. Waren sie wirklich so grundverschieden? Diese Frage ist wichtig.

Selbst in allen seinen Verzerrungen, selbst in den Sinnlosigkeiten und geistigen Verödungen der Stalinzeit läßt sich der unvollendete Sozialismus in unseren sozialistischen Staaten in keine Parallele mit dem Faschismus bringen. Zwar gibt es viele Parallelen in Detailsymptomen, allzu viele, aber gerade diese scheinbaren Parallelen sind es, die zur theoretisch unhaltbaren Identifikation verführen und dadurch gleichermaßen das Verständnis des Wesens beider Erscheinungen unmöglich machen. Es gibt eine umfangreiche Literatur, die diese Identität in aufdringlicher Weise demonstriert, eine Literatur, die nur grausame Tatsachen berichtet. Aber womit kann man besser lügen als mit Tatsachen? Weder die unbarmherzige Verfolgung politischer Gegner noch die Greuel der KZs waren eine originale Erfindung des Faschismus. Sie sind einfach die unvermeidliche Begleiterscheinung einer Gewaltherrschaft, jeder Gewaltherrschaft. Jedes autoritär regierende System erwehrt sich seiner Gegner mit den Mitteln der Polizeigewalt. Je weniger es sie anwenden muß, um so sicherer ist seine Macht etabliert. Weil das autoritäre Regime des Establishments in den westlichen Demokratien so sicher in der politischen Stumpfheit und Dummheit der saturierten Kleinbürger ruht, braucht es die «Freiheit der Kritik» so wenig zu fürchten. Es regiert mit der repressiven Toleranz, die jede Kritik als ein sektiererisches politisches Hobby erscheinen läßt, das noch dazu den

Herrschenden als willkommenes Aushängeschild für Freiheit und Demokratie dient. Wenn aber die Aktionen gegen das Establishment doch an den Nerv der «demokratischen Ordnung» rühren, dann unterscheiden sich die Schlägereien der Polizei und die Dummheit der Behörden in nichts mehr von denen anderer.

Staatliche Macht, Herrschaft über Menschen also, nicht nur über Sachen, ist in unseren Tagen noch immer gesellschaftliche «Notwendigkeit». Es ist die Art von Notwendigkeit, die auch die Freiheit im Sinne Hegels aufhebt, weil sie nur von jenen eingesehen werden kann, in deren Händen sie liegt. Nur die Herrschenden können sich durch «Einsicht in diese Notwendigkeit» wirklich frei fühlen, die Beherrschten nicht. Alle Herrschaft von Menschen über Menschen ist antihuman, ist unmenschlich, ob sie nun noch notwendig ist oder schon nicht mehr.

Solange diese Notwendigkeit besteht, solange also staatliche Macht für die Aufrechterhaltung gesellschaftlicher Ordnung erforderlich ist, sind Art und Wesen dieser gesellschaftlichen Ordnung das allein entscheidende Kriterium für die historische Einschätzung der politischen Zustände. Art und Wesen der angewendeten Mittel der staatlichen Macht sind demgegenüber sekundär, sie sind in vielen Merkmalen nicht einmal spezifisch für das gesellschaftliche System. In diesen unspezifischen Merkmalen liegen die peinlichen Parallelen zwischen Faschismus und Stalinismus. In ihrem eigentlichen Wesen sind beide extrem verschieden. Nur für die Symptome gilt das gern zitierte Wort: «Les extrêmes se touchent.»

Der Faschismus kam immer dann zur Macht, wenn die Herrschaft der Bourgeoisie mit den Mitteln der parlamentarischen Demokratie nicht mehr aufrechterhalten werden konnte: so in Italien, in Spanien und in Deutschland. Der Faschismus ist die Reaktion auf eine wirkliche Bedrohung der bürgerlichen Klassenherrschaft, und zwar auf eine Bedrohung durch Bewegungen, die sich der Mittel der parlamentarischen Demokratie bedienen. Dann entledigt sich die bürgerliche Staatsmacht dieses hinderlich gewordenen Mäntelchens und enthüllt ungeniert ihr autoritäres

Wesen. Dabei hat sie die herrschende Ideologie als Verbündeten. Sie braucht zur Rechtfertigung ihrer Gewalt nicht einen einzigen eigenen Gedanken zu produzieren. Sie nährt sich ideologisch von allem Unrat, den die Vergangenheit massenhaft hinterlassen hat.

Ausbeuterordnungen sind immer hierarchisch aufgebaut. Das ist die unausweichliche Folge des Bestehens einer privilegierten Klasse. Die bürgerliche Revolution schaffte zwar alle Privilegien ab, die der Mensch nur durch Geburt erwerben konnte, aber sie setzte an ihre Stelle ein neues, weit wirkungsvolleres System von Privilegien, die Privilegierung durch materiellen Besitz. In der kapitalistischen Demokratie werden alle staatlichen Funktionäre «demokratisch» gewählt. Nur die wirklichen Herrscher, in deren Händen alle Macht in Wahrheit liegt, die Familien der Milliardäre und Konzernherren, brauchen sich nicht wählen zu lassen. Sie sind einfach da und werden hingenommen wie von Gott gegeben. Sie bilden die Crème der Gesellschaft, ihre Elite.

Im Zentrum aller bourgeoisen Ideologien steht die Rechtfertigung der Herrschaft einer Elite. Wir finden da einen fast fließenden Übergang von den alten feudalen Rechtfertigungen, die noch mythisch-irrationale und religiöse Elemente enthalten, aber schon durch ihren genealogischen Familienkult in die Neuzeit hineinreichen, bis zu den modernen biologisch-rassistischen. Man wird als Mitglied der Elite «geboren». Jeder fühlt in sich den geheimen Keim der Berufung zu Höherem, der ihm mit den Erbfaktoren seiner Vorfahren zugefallen ist. Die soziale Hierarchie wird biologisch gerechtfertigt. Verstand und Charakter, die Befähigung zur «Menschenführung», aber auch ihr Gegenteil, den Mangel an allen wertvollen und edlen Eigenschaften, sollen die Menschen mit den Chromosomen ihrer Eltern erworben haben. Der deutsche Faschismus brachte es fertig, mit seinen Elitevorstellungen nicht nur die Herrschaft der SS zu rechtfertigen, jener Gemeinschaft auserwählter nordisch-germanischer Super-Arier, sondern auch gleich noch die ganze Masse der ehrfürchtig zitternden deutschen Kleinbürger, gewissermaßen zur Belohnung für ihre freiwillige Erniedrigung, in den Stand der auserwählten

Herrennation zu erheben, die nicht nur das Recht, sondern die Pflicht hat, die Untermenschen der anderen Völker zu unterwerfen oder, wie im Falle der Juden, physisch zu vernichten.

Man kann also sagen: Der Faschismus ruhte im Volk, in seinen schlechtesten Traditionen. Das geflügelte Wort drückt es aus:

«Am deutschen Wesen soll die Welt genesen.» Noch heute ist in Deutschland, aber auch in fast allen anderen Ländern, bei den meisten Menschen die Ansicht vorherrschend, daß zumindest die Anlage zu geistigen Fähigkeiten, zu Intelligenz und Charakter den Menschen angeboren ist. Man glaubt an diesen Unsinn, der längst wissenschaftlich mit aller Gründlichkeit widerlegt ist, als sei er das Selbstverständlichste von der Welt, dessen unumstößliche Wahrheit die Lebenserfahrung tagtäglich bestätige. Diese scheinbare Evidenz, die sich aus den individuellen Erfahrungen in der hierarchischen Gesellschaft nährt, ist das untrügliche Zeichen dafür, daß es sich hier um eine unverfälschte Ideologie, um jene Art von falschem Bewußtsein handelt, dessen die Gesellschaft zur Aufrechterhaltung ihrer Struktur bedarf. Zwar muß diese Ideologie nicht immer zu den schrecklichen Verbrechen führen, die bei den Nazis in der «Endlösung der Judenfrage» gipfelten, aber ohne diese Ideologie gäbe es keine Negerverfolgung in den USA, keine Apartheid in Südafrika, keinen Krieg im Nahen Osten und keine Rassenprobleme im «freiesten aller freien» Länder, in Großbritannien.

Der Faschismus nährt sich ideologisch vom Unrat der Vergangenheit. Der Sozialismus und Kommunismus, auch in seiner vorläufigen stalinistischen Form, wird von den Ideen getragen, die diesen Unrat hinwegräumen. Seine Ideen wurzeln nicht in Ideologien, die Herrschaft befestigen, sondern leben im Kampf mit ihnen. Es sind, wie die Faschisten sich ausdrückten, die Ideen «wurzelloser Intellektueller». Darum ist es bisher auch nirgends gelungen, den wissenschaftlichen Marxismus oder seine jeweilige lokale Lesart auf den Stand einer allgemeinen Ideologie herunterzuwirtschaften. Was gelungen ist, ist jedoch die dogmatische Erstarrung und Verzerrung seiner Ideen, die Verwandlung des Marxismus in eine «offizielle Meinung», über deren Inhalt von

Fall zu Fall die Behörde entscheidet. Er ist in den sozialistischen Ländern weitgehend abgetötet, weil «man» ihn zu einer bloßen Vereinbarung gemacht hat, wie «man» denken soll. Diese offizielle Meinung ist sehr wandelbar, denn sie muß immer wieder den Tagesbedürfnissen angepaßt werden. Sie muß durch eine täglich erneuerte ideologische Schulung stets auf den neuesten Stand gebracht werden. Bei einer echten Ideologie ist es umgekehrt. Sie ist um so wirksamer, je mehr sie auf den ältesten Stand gebracht wird.

Über die ungebrochene Lebenskraft des Marxismus als Wissenschaft ist trotz aller dogmatischen Stillegung nicht zu zweifeln. Alle revolutionären Bewegungen unserer Tage sind von den Ideen des Marxismus erfüllt. Es gibt keine Ausnahme. Selbst die gegen das Establishment der kapitalistischen Länder revoltierende Jugend hat sich dieser mächtigen Waffe gegen die bestehenden Ordnungen bemächtigt, zum fassungslosen Erschrecken der guten demokratischen Papas, die nicht begreifen können, wie das am grünen Holz ihrer freiheitlich-demokratischen Ordnung geschehen konnte. Daß die Papas eben noch dem Faschismus gehuldigt hatten, war für sie schon längst bewältigte Vergangenheit geworden. Jetzt bewältigten sie die Gegenwart, sehr behende und sehr gelehrig wie eh und je.

Faschismus und Stalinismus sind nicht identisch. Der Faschismus ist die latente Gefahr jeder bürgerlich-kapitalistischen Ordnung. Im Stalinismus ist diese bürgerliche Ordnung mit der Wurzel beseitigt. Allerdings gelang es den Revolutionären nicht, die Umwälzung zu vollenden, die sie erstrebt hatten. So sind die sozialistischen Staaten selbst in der Phase ihrer stalinistischen Erstarrung nicht eine latente Gefahr, sondern eine latente Hoffnung auf die Vollendung der Revolution. Daß dies selbst unter den Bedingungen des Stalinismus aus eigner Kraft möglich ist, haben die Kommunisten in der ČSSR bewiesen. Auch in der bürgerlich-kapitalistischen Welt gibt es eine Hoffnung, aber sie bedeutet das Ende jener Welt: die sozialistische Revolution. Allerdings ist sie ständig von den Denkformen der Welt bedroht, die sie abschaffen will.

In Westberlin wie in anderen westlichen Städten ziehen junge Menschen, in der Mehrzahl Studenten, aus vielerlei Anlässen durch die Straßen. Sie schwenken rote Fahnen und rufen ihre Parolen in Sprechchören. Es kann ihnen passieren, so wie es ihnen in Westberlin passiert ist, daß sie nicht nur von der Polizei mit Wasserwerfern und Knüppeln bearbeitet werden, sondern daß sich aus den Fenstern Dreckkübel auf sie entleeren und hysterische Frauen sie anschreien: «Geht lieber studieren» oder «Geht doch nach dem Osten, wenn ihr den Sozialismus kennenlernen wollt!» Sind diese Dreckkübel und diese Schreie der Dummheit nun die Stimme des latenten Faschismus? Nein. Auf diese Schreier ist das Bibelwort anzuwenden: «Herr, vergib ihnen, denn sie wissen nicht, was sie tun.» Nicht vergeben kann man aber jenen jungen Revolutionären, die diese «Nichtwissenden» für ihre Feinde halten. Die Feinde der Revolution sind andere. Sie sitzen in den Büros der Springer-Presse und auf den Ministersesseln, in den Parteiapparaten und den Aufsichtsräten der Großunternehmen. Die wahren Feinde sind die Mitglieder der herrschenden Elite.

Die Revolutionäre sind die Gegner dieser Elite. Aber werden sie auf diese Weise nicht zu einer Art von Gegen-Elite? Zweifellos zeichnet sich die große Gefahr ab, daß die Jugend der außerparlamentarischen Opposition in ihrer gegenwärtig noch beängstigenden Isoliertheit selber von der herrschenden Ideologie vergiftet wird und ein elitäres Sendungsbewußtsein hervorbringt. Revolutionäre sind die Stimme des Volkes, sie sind keine Elite. Werden sie vom Elitedenken erfaßt, so versinken sie in lähmendes Sektierertum. So rächt sich die herrschende Klasse an ihnen, ohne daß sie es merken. Diese Art von Sektierertum hat einmal eine große revolutionäre Partei erfaßt: die KPD in den Jahren vor 1933. Sie sah in den sozialdemokratischen Arbeitern und reformistischen Gewerkschaften den Hauptfeind, während der Faschismus schon zum tödlichen Schlag ausholte. Soll sich ein solcher gefährlicher Irrtum wiederholen?

Revolutionen sind stets das Werk der Volksmassen. Politische Umstürze, die von kleinen Gruppen, von politischen Cliquen oder Generälen durchgeführt werden, ändern den Charakter der Herrschaft nicht, sondern verschärfen ihn meistens. Sie setzen stärkere Männer an die Stelle von schwächeren. Die Revolution fegt das ganze Herrschaftssystem hinweg. Sie realisiert die Hoffnungen der Massen, macht aus Utopie Wirklichkeit. «Die Idee wird zur materiellen Gewalt, wenn sie die Massen ergreift.» Die Revolutionäre müssen sich eng mit den Massen verbinden, sie müssen zu ihren Sprechern werden, sie müssen sich mit ihnen identifizieren, nicht über sie erheben, sondern mit ihnen eins werden. Die Intelligenz der Massen, ihr politischer Instinkt und Spürsinn, ihr Mißtrauen und ihre nötigenfalls rücksichtslose Entschlossenheit, sie sind nicht die arithmetische Summe aller dieser Eigenschaften, wie wir sie bei den einzelnen Individuen und Teilgruppen der Massen vorfinden. Die Masse ist ihren kleinsten und auch größeren Teilen turmhoch überlegen. Der Revolutionär, der die Massen nach ihren Teilen und Teilchen einschätzt, gerät in die Gefahr sektiererischer Selbstüberschätzung. Es ist der gleiche pharisäerhafte Dünkel, der die stalinistischen Parteiapparate hoffnungslos von den Massen getrennt hat. Alle politischen und ökonomischen Schwierigkeiten werden aus der ideologischen Rückständigkeit der Massen, ihrem mangelhaften «sozialistischen Bewußtsein» erklärt. Dabei ist es gerade umgekehrt. Die Massen sind sich der Rückständigkeit und Mangelhaftigkeit der politischen und ökonomischen Zustände aufs deutlichste bewußt. Das Bild hingegen, das sich die Partei tagtäglich in Presse, Funk und Fernsehen von den ökonomischen Verhältnissen, vom sozialistischen Staat, von der sozialistischen «Menschengemeinschaft» und von sich selbst und ihrem Verhältnis zu den Massen vormalt, steht in schreiendem Kontrast zur Wirklichkeit.

Revolutionen bereiten sich vor, langsam, nach außen kaum sichtbar. Viel muß geschehen und geschehen sein, bis die revolutionäre Situation herangereift ist. Daß sie nicht so schnell kommt, wie sich die Ungeduld mancher Revolutionäre wünscht, liegt nicht an der «ideologischen Rückständigkeit der Massen», an ihrer Saturiertheit oder ihrer Anpassung und Einpassung in das

Establishment. Die Massen lassen sich nicht zur Revolution überreden. Sie wissen selbst, wann ihre Zeit gekommen ist.

Die Revolutionäre, die tatsächlich im Schoße der Massen leben, werden von der Revolution nicht überrascht. So werden sie ihre Führer.

Bisher haben wir sozialistische Revolutionen nur in rückständigen Ländern erlebt. Diese Tatsache erscheint als Bestätigung der Leninschen These vom schwächsten Kettenglied. Aber Lenin glaubte, daß mit dem Bruch des schwächsten Gliedes nicht nur dieses Glied, sondern die ganze Kette zerreißen würde. Er sah die russische Revolution nur als die Initialzündung für die Weltrevolution. Als diese Kettenreaktion ausblieb, entstand bei den Bolschewiki tiefe Enttäuschung. Es kam zu den Auseinandersetzungen mit Trotzki, der von der Notwendigkeit der permanenten Revolution überzeugt war und nicht daran glauben wollte, daß es möglich sei, den Sozialismus in einem Land aufzubauen, noch dazu in einem derart rückständigen Agrarland wie Rußland, dessen Bevölkerung zum überwiegenden Teil aus Bauern bestand, die kaum der feudalen Leibeigenschaft entronnen waren, einem Land also, dem im Sinne der Marxschen Theorie der sozialistischen Revolution alle Voraussetzungen fehlten. Es gab weder ein großes Industrieproletariat, weil es keine große Industrie gab, noch gab es die demokratischen Traditionen der bürgerlichen Staaten des Westens. Es konnte keine Rede davon sein, daß die «kapitalistischen Produktionsverhältnisse zu Fesseln für die Entwicklung der Produktivkräfte» geworden waren. Nicht wesentlich anders ist es in den anderen Ländern, die seitdem eine sozialistische Revolution aus eigner Kraft zustande gebracht haben, in China, in Kuba und auch in Jugoslawien, das seine Revolution durchaus sich selber und nur partiell dem Ausgang des Zweiten Weltkrieges verdankte, im Unterschied zu den übrigen sozialistischen Staaten Europas, die die Revolution durch die siegreiche Rote Armee geliefert bekamen. Eine ähnliche Rolle wie die sowjetische Macht, wenn auch nicht die gleiche, spielte die chinesische Revolution für die Umwälzungen in Nordkorea und Vietnam.

Die sozialistische Revolution in den Zentren der kapitalistischen Welt wird, wenn nicht alles täuscht, vollständig anders verlaufen. Hier erst wird sich das Marxsche Modell von der sozialistischen Revolution verwirklichen. Weder die russische Oktoberrevolution noch der «Weg zum Sozialismus», den die Sowjetunion einschlug, werden in irgendeinem der für sie wesentlichen Merkmale für diese großen kommenden Revolutionen beispielgebend sein. Aber auch die Freiheitskämpfe der lateinamerikanischen Guerillas werden es nicht sein, sowenig wie die Ideen ihrer Führer Fidel Castro und Che Guevara. Die Revolution in den kapitalistischen Zentren wird von gewaltigen Volksmassen erkämpft werden und gerade darum leidenschaftslos nüchtern und frei von aller revolutionären Romantik sein. Sie wird die Prozesse vollenden und zum revolutionären Umschlag bringen, die sich längst in tausendfacher Gestalt in der «modernen Industriegesellschaft» vollziehen und die nichts anderes darstellen als die von Marx beschriebene Entfaltung der kommenden Gesellschaft im Schoße der alten.

Diese inneren, strukturellen Entwicklungen im Schoße der alten Gesellschaft muten äußerlich alles andere als revolutionär an. Sie sind es auch nicht, sie wälzen noch nicht um, aber sie bereiten die Umwälzung vor. Die wichtigsten Veränderungen dieser Art sind die immer weiter schreitenden gewerkschaftlichen Kämpfe um Mitbestimmung und soziale Sicherheit, der zunehmende Trend zum Staatsmonopolismus, die Einbeziehung der Frau in den industriellen Produktionsprozeß und die damit verbundene neue Emanzipationsbewegung und Auflösung der bürgerlichen Ehe, die fortschreitende berufliche Spezialisierung und Qualifizierung der Arbeiterschaft, in der die ungelernten Arbeitskräfte zur bedeutungslosen Minderheit werden, die erst beginnende Automatisierung der Verwaltungsarbeit mit Hilfe der Computertechnik, die zu einer enormen Reduktion der aufgeblähten Bürokratie führen wird, die unaufhaltsame Verkürzung der Arbeitszeit, die Millionen bisher überarbeiteter und von der industriellen Fronarbeit ermüdeter Menschen zur Besinnung und zu sich selbst bringen wird, die außerordentliche Erleichterung der

Freizügigkeit in der Wahl des Arbeitsplatzes auch über die Ländergrenzen hinweg und der immer größer werdende Touristenverkehr – alles das sind Elemente einer zukünftigen freieren Formation, für deren Entfaltung die bestehenden kapitalistischen Produktionsverhältnisse tatsächlich zu immer unerträglicheren Fesseln werden. Dabei sind die Veränderungen, die sich direkt in der Produktionssphäre vollziehen, die entscheidenden. Der gewerkschaftliche Kampf geht nicht mehr nur um Lohnforderungen, sondern um die Mitentscheidung in allen Fragen der Produktion, der Gewinnverteilung, der innerbetrieblichen Struktur, der Erweiterung der Produktion, aber auch um die Errichtung von Betriebsschulen und anderen Einrichtungen zur beruflichen Weiterqualifizierung der Arbeiter.

Wenn es gelingt, diese wachsende Macht der gewerkschaftlich organisierten Arbeiterklasse mit weiterreichenden politischen Forderungen und Zielsetzungen zu verbinden, wird der revolutionäre Kampf in eine neue Phase eintreten. Noch scheint im Bewußtsein der Massen keine Verbindung zwischen diesen ökonomischen Strukturwandlungen und den politischen Kämpfen zu bestehen. Die blutigen Rassenkämpfe in den USA und der Kampf der progressiven Weißen um die Bürgerrechte der Neger, der Aufstand der studentischen Jugend gegen den Krieg in Vietnam, gegen die autoritären Strukturen des Establishments und für eine neue Zielsetzung aller gesellschaftlichen Aktivitäten vollziehen sich noch scheinbar unabhängig von den ökonomischen Wandlungen. Einer der Gründe, und nicht der geringste, für diese gesellschaftliche Bewußtseinsspaltung ist der ideologische Bankrott, den die Ideen des Sozialismus und Kommunismus durch den Stalinismus erlitten haben. Aber dieser Bankrott, davon bin ich unerschütterlich überzeugt, wird überwunden werden, wenn sich die Entwicklung in der sozialistischen Welt behaupten und fortsetzen wird, die ihr bisher sichtbarstes Zeichen in der ČSSR gefunden hat. Die Welt, in der wir leben, ist eine Einheit. Die Umwälzung findet nicht mehr isoliert in einzelnen Ländern statt, sie ist ein weltumspannender Prozeß geworden. Was man heute den Zerfall der kommunistischen Weltbewegung nennt, steht mit dem Übergang der Weltrevolution in eine neue Phase in engstem Zusammenhang. Dieser Zerfall, der nichts weiter ist als die Auflösung ihrer erstarrten hegemonialen Struktur, ist die Vorbedingung für ihr Wiedererstarken. In diesem Wiedererstarken wird die revolutionäre Bewegung nicht nur ihre gegenwärtige Zersplitterung überwinden, sondern auch die viel tiefere und folgenschwere, die mit der Gründung der Dritten Internationale ihren Anfang nahm.

In jener denkwürdigen Parteiversammlung, in der Kurt Hager uns mit seinem Schlüsselbund die Übernahme der Macht anbot, war auch von dieser Einheit die Rede gewesen. Ein Revisionist, so meinte Hager, der mit den Grundideen unserer Bewegung nicht mehr übereinstimme, der die heiligen Ziele des proletarischen Internationalismus in Frage stelle, könne nicht mehr Mitglied der Partei sein. Aus der SED könne man uns wohl ausschließen, hatte ich geantwortet, aber aus der kommunistischen Weltbewegung werde uns niemand anderes ausschließen können als wir selbst.

Es hatte wohl mehr als eine Stunde gedauert, ehe Stasi 1 und 2 den Vernehmungsraum wieder betraten. Ich hatte den Eindruck, daß sie guter Stimmung waren.

Stasi 1 setzte sich zu mir an den kleinen runden Tisch mit dem Telefon, das kein Telefon war, da, wo sonst Stasi 3 gesessen hatte.

«Sie meinen also, daß es besser ist, wenn Sie uns keine Aussagen machen. Das bringt uns natürlich in einige Schwierigkeiten», eröffnete er in freundlichem Ton die Unterhaltung. «Ich weiß, Sie fühlen sich in vielem ungerecht behandelt. Ich glaube, Sie werden darüber später einmal anders denken. Ich kann mir nicht vorstellen, daß Sie immer glauben werden, Sie allein seien im Recht und die ganze Partei und unser Staat im Unrecht. Sie sind jetzt nur sehr enttäuscht, was verständlich ist. Aber ich habe eine Frage. Mußten Sie den Artikel gegen die KPD wirklich unbedingt im *Spiegel* veröffentlichen. Im *Spiegel*, diesem politischen Hintertreppen-Magazin, in dem die Herren drüben ihre schmutzige Wäsche waschen? Sie hatten hier eine gute, interessante wissenschaftliche Arbeit an der Akademie, Sie hatten Ihre Mitarbeiter und eine gesicherte Stellung. Was zum Teufel bewog Sie, sich in diese komplizierten Fragen einzumischen, noch dazu, ohne sich mit Genossen darüber zu besprechen, weder mit Genossen unserer Partei noch mit Genossen der KPD. Beides hätten Sie doch jederzeit ohne Schwierigkeiten gekonnt. Sie sind doch ein alter Genosse mit allen notwendigen Erfahrungen. Sie mußten doch voraussehen, was das für Folgen haben würde.»

«Wieso? Wichtig war doch nur, was ich in diesem Artikel tatsächlich geschrieben habe. War das denn so schlimm?»

«Lassen wir die Frage, ob das schlimm war, einmal beiseite. Sie mußten doch wissen, daß selbst dann, wenn alles richtig gewesen wäre, was Sie geschrieben haben, ein Artikel ausgerechnet von Ihnen, von einem Mann also, den der Westen wegen seiner Schwierigkeiten mit uns inzwischen für sich mit Beschlag belegt hat, unter keinen Umständen nützlich sein konnte. Hätte die KPD zu Ihrem Artikel ja gesagt, so wäre sie damit in einen offenen Widerspruch zu uns getreten. Wäre das denn gut gewesen? Das hätte ja so ausgesehen, als ob sich die KPD nun auch in das Heer der Kritiker der DDR einreiht. Sie haben also den Protest der KPD unvermeidlich gemacht, und darin allein liegt schon ein Schaden, selbst im Sinne Ihrer eigenen Bestrebungen, die ich einmal anerkennen will – nicht daß ich sie teile, aber ich will sie anerkennen als Ihre ehrliche gute Meinung, als ein Streben, unserer Sache zu nützen. Sie mußten doch wissen, daß unter den gegebenen Umständen nur das Gegenteil dabei herauskommen konnte.»

«Schon bevor ich den Artikel schrieb, habe ich versucht, mit führenden Genossen unserer Partei und der KPD darüber zu sprechen. Ich habe mehr als zwei Monate vor seiner Veröffentlichung an Kurt Hager geschrieben, aber keine Antwort erhalten.»

«Nun gut, vielleicht wäre es besser gewesen, Ihnen zu antworten. Aber die Genossen waren vielleicht darüber im Zweifel, was Sie mit der Antwort anstellen würden. Ob Sie sich durch eine ablehnende Antwort überhaupt davon hätten abhalten lassen, doch zu veröffentlichen, was Ihnen paßt, und das Antwortschreiben der Partei gleich noch dazu, gewissermaßen als Alibi für Sie und obendrein zur Desavouierung der Partei. Seien Sie ehrlich, Sie haben damals bestimmt mit diesem Gedanken gespielt. Aber davon ganz abgesehen, als einem Mann, der wirklich genügend Erfahrung hat, werfe ich Ihnen vor, daß Sie ohne gründliche Aussprache und ohne Zustimmung der Genossen keinen Artikel dieser Art hätten veröffentlichen dürfen!»

«Ich habe den Artikel vor seiner endgültigen Fertigstellung mit einer ganzen Anzahl mir befreundeter Genossen ausführlich diskutiert und ihre Zustimmung erhalten.»

«Solche Genossen, es mögen gar keine schlechten sein, findet man immer. Daß Sie überhaupt solche Diskussionen für erforderlich hielten, beweist doch nur, wie recht ich habe.»

Ich mußte ihm in vielem tatsächlich recht geben, brachte es aber nicht fertig, es offen zuzugestehen. Zumindest von seinem Standpunkt, dem Standpunkt der Partei aus, hatte er recht, wenn er meinte, daß mein Artikel vermutlich kaum dazu beigetragen hatte, die KPD umzuformen. Wahrscheinlich hatte meine Kritik sie in ihrer damaligen Position nur noch verhärtet, ihr vielleicht den möglichen Ausweg durch eine Neugründung, der ja inzwischen beschritten wurde, erschwert, ihn jedenfalls nur verzögert.

«Die Partei», fuhr er fort, mein Zögern bemerkend, «konnte gar nicht anders reagieren. Ich glaube, Sie wußten das.»

«Ja, ich habe damit gerechnet, aber ich habe doch auch gehofft, daß es diesmal anders sein könnte, besser. Mir schien die Sache zu ernst, als daß die Partei sie nur unter dem Gesichtspunkt ihres Verhältnisses zu meiner Person betrachten würde.»

«Das ist ein Irrtum. Die Partei betrachtete die Sache nicht unter dem Gesichtspunkt ihres Verhältnisses zu Ihrer Person, sondern sie mußte davon ausgehen, wie sie die von Ihnen im ganzen vertretenen politischen Meinungen und Ziele beurteilt. Sie wissen, daß die Partei diese Vorstellungen für falsch hält. Hätte man in irgendeiner Form Ihren Artikel akzeptiert, so hätten Sie statt des gebotenen kleinen Fingers gleich die ganze Hand genommen. Sie wollten auf diesem Wege mit Ihren Ideen gewissermaßen durch die Hintertür wieder in die Partei eindringen.»

«Ja, ich muß zugeben, daß ich etwas derartiges für möglich hielt.»

«Und da wundern Sie sich?»

«Nein, ich wundere mich nicht, aber ich bedauere es. Ich bin zu lange Optimist gewesen.»

«Ich glaube, es wäre gut, einmal gründlich mit Ihnen zu diskutieren, damit Sie Ihre Irrtümer einsehen. Diese Irrtümer liegen ja nicht auf dem Gebiet der Philosophie. Was Sie da gesagt haben, ist harmlos und ungefährlich. Ihre Irrtümer werden aber gefährlich, wenn Sie sich mit Fragen der Politik beschäftigen. Ist für Sie die Philosophie in Wahrheit nicht nur ein Vorwand, um etwas anderes zu erreichen, um an die Politik heranzukommen?»

Das sei eine schwierige Frage, erwiderte ich. Mein Verhältnis zur Philosophie sei von vornherein politisch, ich hätte mich nie als Philosophen betrachtet. Mit Engels sähe ich im dialektischen Materialismus die Aufhebung der Philosophie. Dialektisches Denken, in allen Wissenschaften durchgesetzt, mache die Philosophie als geschlossenes Lehrgebäude überflüssig. Vielleicht habe das die Philosophieprofessoren in Rage gebracht, vielleicht hätten sie um ihre gutgepolsterten Lehrstühle gebangt.

«Aber bei der Kritik der Partei an Ihren Ideen ging es doch nicht um die Lehrstühle der Philosophieprofessoren. Sie haben mit geschickter philosophischer Verbrämung für unbeschränkte Presse- und Informationsfreiheit geworben, Sie haben die Grundsätze der sozialistischen Moral kritisiert und Ihre eigenen, recht zweifelhaften Ansichten in diesen Fragen als des Marxismus letzten Schluß ausgegeben – darum ging es doch.»

Lenins Schrift «Über Materialismus und Empiriokritizismus» behandele auch lauter philosophische Fragen, sei aber eine eminent politische Schrift, wandte ich ein.

«Das will ich nicht bestreiten», lenkte Stasi 1 ein. «Aber die Partei ist eben zu dem Ergebnis gelangt, daß die von Ihnen vor den Studenten verkündeten Lehren nicht nur falsch, sondern auch schädlich für die Entwicklung des sozialistischen Bewußtseins sind. Daraus hat sie ihre Schlußfolgerungen gezogen. Schließlich sind unsere Universitäten keine Diskutierklubs, sondern Stätten der Lehre der Wissenschaft. Und in den Fragen des Marxismus ist nun einmal die Meinung der Partei maßgeblich.»

Meiner Meinung nach, widersprach ich, habe die Partei durch ihre Maßnahmen nur erreicht, daß sich die Verbreitung meiner falschen Meinungen verzehn- oder verzwanzigfacht habe. Es wäre sicher besser gewesen, sich sachlich mit ihnen auseinanderzusetzen und sie Punkt für Punkt zu widerlegen. Das wäre überzeugender gewesen und hätte sicher auch größeres Interesse gefunden.

«Glauben Sie wirklich, daß sich Ihre Hörer für Ihren Marxismus interessierten? Er wird Ihnen bestenfalls verziehen. Was Ihre Hörer interessierte, waren Ihre offenen und versteckten ideologischen Angriffe auf unseren Staat. Sie haben sich einfach des Mittels der Demagogie bedient. Dabei wissen Sie doch, wie schwer wir es mit der ideologischen Erziehungsarbeit haben. Die Leute sind mit vielem nicht einverstanden. Sie hören jeden Tag das Westradio oder sehen das Westfernsehen. Dort werden unsere offiziellen Meinungen mit den raffiniertesten Mitteln angegriffen und verleumdet. Was heißt ‹offizielle Meinungen› – die einfache marxistisch-leninistische Lehre wird angegriffen. Wenn Sie jetzt eine ähnliche Kritik vorbringen, haben Sie die reaktionärsten Hörer auf Ihrer Seite. Sie fühlen sich in Ansichten bestätigt, die doch kaum die Ihren sind.»

Die Gefahr sei nicht zu bestreiten, gab ich zu. Darum hätte ich sehr aufmerksam beobachtet, welche Stellen in meinen Vorlesungen besonderen Beifall erhielten. Danach könne man kaum sagen, daß die Mehrzahl meiner Hörer reaktionär gewesen sei, viele hätten im Gegenteil kontroverse Standpunkte zu meinen Ansichten geäußert. Ich hielte es vielmehr im eigentlichen Sinne für politisch reaktionär, jeden, der die eigenen Ansichten nicht teile, für einen Reaktionär halten.

«Aber glauben Sie nicht auch, daß es unter den besonderen und schwierigen Bedingungen, unter denen wir hier in der DDR unseren Kampf zu führen haben, mit diesem starken West-Einfluß, sehr viele reaktionäre Ansichten gibt?»

«Gerade darum halte ich Vorlesungen und Diskussionen dieser Art für das wirksamste Mittel, für den Marxismus zu werben. Der Erfolg wäre noch viel größer gewesen, wenn sich unsere Philosophieprofessoren, unsere Historiker, Psychologen und Ökonomen an der entstandenen Diskussion beteiligt hätten. Man hätte meine Ansichten, wo sie fehlerhaft waren, korrigieren können. Das wäre sehr viel überzeugender gewesen. Aber die meisten wollen nur einen Marxismus unter der Käseglocke.»

Bei solchen Ausdrücken sei allerdings zu verstehen, daß ernsthafte Marxisten keine Lust hätten, sich öffentlich mit mir zu streiten, meinte Stasi 1.

Ich hätte in diesem Fall weniger an den Geruch unter der Käseglocke gedacht, erwiderte ich, als an das einfache Faktum, daß der Marxismus, wie jede Wissenschaft, am besten an der frischen Luft der Kritik und des Zweifels gedeihe.

Es habe aber doch Widerspruch gegeben, sagte Stasi 1.

«Während der Vorlesungen, ein volles Wintersemester lang, kein einziges Mal, obwohl ich mehrmals zur Diskussion aufgefordert habe», stellte ich richtig. «Erst nach dem Plenum, auf dem meine Vorlesungen im Bericht des Politbüros scharf kritisiert wurden, brach der Sturm der Entrüstung los. Da entdeckten die beamteten Philosophen ihre marxistische Meinung über meine Vorlesungen. Professor Ley von der Humboldt-Universität zum Beispiel hatte vorher angeboten, meinen Text gemeinsam mit seinen Kommentaren zu veröffentlichen. Offenbar konnte er sich nicht vorstellen, daß man ein ganzes Semester lang solche Vorlesungen halten konnte, ohne die Billigung der höchsten Parteiinstanzen hinter sich zu haben. Solche Leute haben nur eine Meinung, wenn es auch die offizielle Meinung ist. Es handelt sich hier um eine Frage der sozialistischen Demokratie, der Freiheit der Meinungsbildung und Meinungsäußerung, des freien wissenschaftlichen Meinungsstreites, zu dem der XX. Parteitag uns alle aufgerufen hatte.»

«Nun, hier ist ja nicht der Ort, um solche Fragen zu Ende zu diskutieren», sagte Stasi 1 mit seiner höflichen Stimme. «Dafür ist die Partei der richtige, einzig mögliche Ort. Warum haben Sie sich nie um eine offene Aussprache bemüht?»

«Ich habe mich mehrmals darum bemüht, sowohl schriftlich wie mündlich, zuletzt im vergangenen Jahr in einem längeren Gespräch mit Alfred Neumann gelegentlich der Zwanzigjahrfeier der Befreiung des Zuchthauses Brandenburg. Alfred Neumann sagte mir damals zu, daß man mich einladen werde. Aber dieses Versprechen ist bis heute nicht erfüllt worden.»

«Dazu kann ich nichts sagen. Also, kommen wir zum Schluß: Ich glaube, ich brauche Sie nicht noch einmal zu fragen, ob Sie bei Ihrer Aussageverweigerung bleiben wollen» – ich schüttelte nur meinen Kopf – «also, dann gibt es von meiner Seite auch nichts weiter zu bemerken.»

Er stand auf und ging einen Schritt auf mich zu. Ich erhob mich auch. Er bot mir die Hand, die ich – etwas überrascht – ergriff und sagte: «Dann also wünsche ich Ihnen alles Gute. Ein Wort des Respekts möchte ich Ihnen immerhin sagen.»

Nachdem er gegangen war, machte sich Stasi 2 still an seine mühevolle Arbeit, das Protokoll aufzusetzen. Ich hatte Zeit, über das lange Gespräch mit Stasi 1 nachzudenken. Jetzt, nachdem er gegangen war, wurde mir klar, daß ich ihm in wichtigen Fragen nicht genügend widersprochen hatte. Aber was hätte es geholfen? Ich verwarf diese Frage jedoch. Man muß immer sofort widersprechen, nicht einfach alles hinnehmen.

Es ist merkwürdig, wie dieser Genosse mit einer Selbstverständlichkeit die Position der Partei reproduzierte. Das wirkte wie eine intellektuelle Lähmung auf mich. Wie oft hatte ich das früher erlebt, wenn ein führender Genosse Ansichten vorbrachte, die eigentlich den schärfsten Protest herausforderten. Aber man nahm sie einfach hin, in einem merkwürdigen Zustand der Ergebenheit. Das war die kollektive Weisheit, die eigene war nur die individuelle, die schwächere. Man ergab sich von vornherein. Gerade mit diesem Schisma wollte ich ja Schluß machen. Er hatte gesagt: In Fragen des Marxismus ist die Partei kompetent. Warum hatte ich dem nicht sogleich widersprochen? In Fragen des Marxismus ist überhaupt niemand kompetent. Das heißt, dieser Satz ist nur dann richtig, wenn man den Marxismus als Wissenschaft anerkennt. Aber gerade mit diesem Anspruch trat ja die Partei auf: Der Marxismus ist die wissenschaftliche Grundlage unserer Politik! Kolakowski sagte, was Marxismus ist, bestimmt jeweils von Fall zu Fall die Behörde. Welcher Wahnsinn! Man stelle sich das auf die Physik angewandt vor! Alle Flugzeuge würden abstürzen, kein Sputnik die Erde umkreisen, kein Computer eine richtige Rechnung ausführen. Was richtig ist, kann keine Behörde bestimmen. Das kann der Mensch nur in mühevoller Arbeit herausfinden, und was dann richtig ist, ist richtig, ob es ihm paßt oder nicht. Was die Behörde für richtig erklärt, ist immer nur das, was ihr paßt.

Der Marxismus kann sich als Wissenschaft nur behaupten und weiterentwickeln, wenn die wissenschaftliche Diskussion unter Marxisten und zwischen Marxisten und Nichtmarxisten in aller Welt frei und ungehindert in aller Öffentlichkeit vor sich gehen kann. Wo diese freie Diskussion unterdrückt und behindert wird, dort wird der Marxismus unterdrückt. Demnach wird gegenwärtig der Marxismus gerade in den Ländern unterdrückt, die sich auf ihn berufen, in den sozialistischen Ländern! Eine paradoxe Situation: In jedem sozialistischen Land bestimmt die dort herrschende Partei nach eigenem Gutdünken, was der Marxismus zu den wichtigsten Fragen zu sagen hat. Jeder Einwand gegen diese Parteideklarationen wird als klassenfeindlicher Revisionismus – oder gelegentlich auch als Dogmatismus – verteufelt. Da die Parteien in den verschiedenen Ländern keineswegs einheitlich verfahren, entstehen lauter verschiedene Marxismen, die sich gegenseitig immer feindseliger bestreiten und bekämpfen. Dieser Zustand ist inzwischen so weit gediehen, daß ruhige, sachliche Diskussionen zwischen den Marxisten verschiedener Parteien überhaupt nicht mehr möglich sind. Soweit überhaupt noch Auseinandersetzungen stattfinden, ergeht man sich in unflätigen Beschimpfungen. Dies ist der Zerfall der kommunistischen Weltbewegung. Seine Ursache ist die Unterdrückung des Marxismus in den sozialistischen Ländern. Das heißt, die Unterdrückung des Marxismus ist selbstverständlich nur eine partielle Ursache, sie ist nur eine besondere Seite eines viel komplexeren Vorgangs. Man muß sich nämlich fragen, was denn die kommunistischen Parteien dazu bringt, den Marxismus in ihren Ländern zu unterdrücken.

Im Bewußtsein dieser Parteien gibt es natürlich keinerlei Unterdrückung des Marxismus. Worauf es den Parteien in erster Linie ankommt, ist die Unterdrückung jeder öffentlichen Kritik an ihrer Politik. Wenn die Kritik von nichtmarxistischen oder gar antimarxistischen Positionen aus erfolgt, so kann ihre Unterdrückung «vom Klassenstandpunkt» aus noch relativ leicht gerechtfertigt werden. Das ist bei einer marxistischen Kritik nicht möglich. Da aber jede Kritik unterdrückt werden soll, muß in diesen Fällen einfach bestritten werden, daß die Kritik eine marxistische Grundlage hat. Man verleumdet seine Kritiker, indem man behauptet, sie hätten sich ein marxistisches Mäntelchen umgehängt, um gute Sozialisten zu täuschen. Am unangenehmsten ist die Situation, wenn die Kritiker sich auf offizielle Erklärungen anderer kommunistischer Parteien berufen können. Im äußersten Fall erklärt man dann die ganze betreffende Partei als revisionistisch, bürgerlich verseucht, opportunistisch, nationalistisch usw., wie es gerade paßt oder auch nicht paßt.

Die übertriebene Empfindlichkeit gegenüber öffentlicher Kritik ist ein Charakteristikum des Stalinismus. Er lebt in ständiger Furcht. Weil er gezwungen ist, zur Abwehr von Kritik ständig alle Meinungen zu manipulieren und den eigenen Sicherheitsbedürfnissen anzupassen, hat er nur sehr wenig wirkliche Achtung vor theoretischen Überlegungen und Untersuchungen. Im Grunde verachten die Inhaber der Macht ihre eigenen Ideologen, die untertänig bereit sind, die Wahrheit und ihren eigenen Verstand nach Wunsch zu verbiegen. Man bedient sich dieser intellektuellen Knechte, weil man sie braucht, aber man nimmt sie nicht ernst.

Auf diese Weise vollzieht sich eine fortschreitende Auszehrung des Marxismus in den sozialistischen Ländern. Die marxistische Parteischulung wird immer mehr auf die Bedürfnisse der politischen Tagessituation eingeschränkt. Man verbindet «die Theorie mit der Praxis», indem man die Theorie zu einem anpassungsfähigen Hilfsmittel degradiert, das jede politische Praxis rechtfertigen kann. Unter Stalin entledigte man sich der marxistischen Kritik, indem man sich der marxistischen Kritiker entledigte. Der Neo-Stalinismus ist im Grunde radikaler: Er entledigt sich des Marxismus.

Der tiefere Grund für diesen Prozeß der Auszehrung und Aushöhlung des Marxismus ist also die Unvollständigkeit der sozialistischen Revolution in diesen Ländern. Die Revolution kann auf die Dauer nicht auf halbem Wege stehenbleiben. Wenn es ihr nicht gelingt, den nun entscheidenden zweiten Schritt zu tun, den Schritt zur sozialistischen Demokratie, zum demokratischen Sozialismus, wird sie schließlich von der Konterrevolution hinweggefegt werden. Der Stalinismus bereitet nicht nur seinen eigenen Untergang vor. Indem er die Theorie der Revolution aller ihrer Glaubwürdigkeit beraubt, produziert er auch in immer bedrohlicherer Weise die ideologischen Voraussetzungen für die Konterrevolution. Aber in seiner Blindheit kann er zwischen seiner positiven Überwindung durch revolutionäre Herstellung der sozialistischen Demokratie, wie sie in der ČSSR im Prager Frühling des Jahres 1968 gelang, und der Konterrevolution nicht unterscheiden. Für den Stalinismus ist alles Konterrevolution, was seine Machtposition bedroht.

Die tschechoslowakische Tragödie kann zum tragischen Niedergang der ganzen revolutionären Bewegung in der Welt führen. Mit Schrecken und Beklemmung muß man an die Möglichkeit eines Krieges zwischen der Sowjetunion und China denken. Soll die Menschheit dieses Planeten doch noch in den Giftschwaden eines Atomkrieges ausgelöscht werden, womöglich eines Atomkrieges, der seinen Ausgang in einem bewaffneten Konflikt zweier sozialistischer Staaten nimmt? Die Einheit der revolutionären Bewegung in der Welt muß wiedergewonnen, sie muß neu geschaffen werden, wenn das Schicksal einer neuen Barbarei abgewendet werden soll. Alles wird davon abhängen, ob die Kommunisten in der Sowjetunion die Lehren aus den Ereignissen in der ČSSR ziehen und selbst den Weg einschlagen werden, den sie gegenwärtig mit allen Mitteln bekämpfen.

Die dritten acht Stunden in dem verräucherten Verhörzimmer in der Magdalenenstraße 12 waren zu Ende. Stasi 2 gab mir seine Arbeit. Ich las, wie es sich gehört, Seite für Seite, und unterzeichnete, Seite für Seite. Dann verabschiedeten wir uns. Ich war entlassen. In den Frühling.

Danach

Einige Zeit rechnete ich noch damit, zu einer weiteren Zeugenvernehmung geladen zu werden. Aber es geschah nichts. Schließlich entschloß ich mich, Rechtsanwalt Vogel aufzusuchen. Ich besuchte ihn am 13. Juni in seinem Büro. Vogel ist in seiner äußeren Erscheinung das, was man sich unter einem formvollendeten Gentleman vorstellt. Er blickt freundlich, ist aber doch völlig verschlossen und undurchsichtig. Das ist bei der eigenartigen Arbeit, die seine Hauptbeschäftigung ist, nicht anders möglich. Ich erklärte ihm in voller Offenheit, was mich bewogen hatte, bei den Vernehmungen durch die Stasi die Aussage zu verweigern.

«Glauben Sie nicht auch, daß ich auf diese Weise Frau X. geholfen habe?»

«Das weiß ich nicht.»

«Glauben Sie, daß unter diesen Bedingungen überhaupt ein Prozeß gegen sie durchgeführt werden wird?»

«Das werden wir sehen. Aber ich kann Ihnen sagen, daß es noch verschiedene Möglichkeiten gibt, Frau X. zu helfen. Wir müssen abwarten.»

Ich drang nicht in ihn. Ich konnte mir denken, worauf er anspielte. Er war ja der Spezialist im Austausch von Gefangenen zwischen Ost und West.

Ende Juli, ziemlich genau vier Monate nach ihrer Festnahme, wurde Frau X. an die Grenze gebracht und nach dem Westen abgeschoben. Später erfuhr ich durch Freunde aus Westberlin die näheren Details dieses «Austausches». Vogel hatte gute Arbeit geleistet.

Damit war dieses unerfreuliche und nicht ungefährliche Kapitel abgeschlossen. Frau X. war verboten worden, das Gebiet der DDR wieder zu betreten. Ich habe sie seitdem nicht wiedergesehen. Aus Briefen, die ich von ihr erhielt, und aus Nachrichten von Freunden, die sich nach ihrer Freilassung mit ihr getroffen hatten, ging hervor, daß die vier Monate eine sehr schwere Zeit für sie gewesen waren. Es hat lange gedauert, bis sie sich über alle Zusammenhänge Klarheit verschafft hat.

Haftzeiten sind Zeiten großer psychischer Spannung. Sie gehen an keinem Menschen spurlos vorüber. Manchen wird in der Haft das Rückgrat gebrochen. Besonders gefährdet sind Menschen, die sich unter dem Druck der Verhöre durch die Geheimpolizei dazu verleiten lassen, ihre Freunde zu verraten. Sie genießen dadurch zwar oft Vorteile, werden vorzeitig entlassen und erhalten schnell wieder eine ordentliche Arbeit und andere materielle Vorteile. Aber dafür werden sie von der Geheimpolizei erpreßt, systematische Spitzeldienste für sie zu leisten. Wer diesen Weg geht, bemerkt bald, daß es der Weg in den Untergang ist. Meistens ist es dann aber schon zu spät. Die vermeintlichen Vorteile und Annehmlichkeiten erweisen sich als eine schreckliche Sklavenkette, die das Opfer niederzieht und moralisch zerrüttet. Aber auch Menschen, die die Haft womöglich für Jahre ungebrochen überstanden haben, leiden nach ihrer Freilassung unter einem schweren seelischen Trauma, das in seinen Wirkungen überhaupt erst nach der Wiedererlangung der Freiheit hervortritt. Viele politisch Gefangene aus den KZs und Zuchthäusern der Nazizeit erlitten nach ihrer Befreiung im Jahre 1945 zunächst einmal einen regelrechten körperlichen Zusammenbruch, oft Leute, die in der Haft unerschütterlich allen Gefahren und Leiden widerstanden hatten.

Ich erinnere mich noch, wie es mir damals erging. Im Mai 1945 erhielt ich vom Magistrat von Groß-Berlin als erste Arbeit die Stellung eines Verwaltungsdirektors des Krankenhauses Neukölln in Britz. Sowenig eine solche Arbeit auch mit meiner beruflichen Ausbildung in Einklang stand, ging die Sache doch besser als erwartet. Ich hatte 1933–35 gemeinsam mit meinem Freund Georg Groscurth in einem kleinen Laboratorium im Moabiter Krankenhaus gearbeitet, wo Groscurth Oberarzt geworden war. Durch die Erfahrungen dieser Zeit war ich mit den Problemen eines großen Krankenhauses ziemlich gut vertraut. Dank meiner guten Beziehungen zu den Magistratsstellen und zur Besatzungsmacht konnte ich dem Krankenhaus den Umständen entsprechend nützlich sein. Aber wie das in Krankenhäusern typisch ist, die Hauptprobleme hatten ihre Quelle meist in der strengen hierarchischen Struktur. Chefärzte sind gottähnliche Wesen, ob sie das wollen oder nicht. Der ärztliche Direktor ist überhaupt der Herrgott selbst. Alle Mitglieder der komplizierten Hierarchie achten eifersüchtig darauf, daß niemand das Subordinationsverhältnis verletzt, das seiner Stellung in der Hierarchie entspricht. Da Menschen die so erfreuliche Eigenschaft besitzen, daß ihnen zumindest kleinere Verletzungen der hierarchischen Ordnung Spaß machen, daß ihnen immer ein wenig der Finger juckt, die autoritäre Ordnung zu verletzen, hatte ich ständig kleinere oder größere Streitigkeiten zu schlichten und salomonische Urteile zu fällen. Meine Urteilssprüche erfreuten sich meist dankbarer Zustimmung – nicht, weil ich der Verwaltungsdirektor war, sondern weil ich aus dem Zuchthaus kam und dadurch bei den Behörden und Besatzungsstellen Persona grata war. Aber das dauerte leider nicht sehr lange. Ich erkrankte an einer schweren tuberkulösen Rippenfellentzündung, einer Pleuritis exsudativa. Ich lag kaum eine Woche in meinem «eigenen» Krankenhaus als Patient im Bett, da bekam ich noch eine der schweren typhusähnlichen Darminfektionen, die damals viele Menschen dahinrafften. Ein Konsilium berühmter Ärzte erschien an meinem Krankenbett. Aus ihren freundlichen Mienen entnahm ich, daß sie mit meinem baldigen Ableben rechneten. Prof. Brugsch, der zu dieser Gruppe freundlicher Herren gehörte, hat mir später erzählt, daß es in der Tat so war. Weil alles so ganz anders kam, hat mir Brugsch später einmal als Arzt entscheidend geholfen. Er war wohl der erste, der verstand, daß die normalen medizinischen Erfahrungen nicht ausreichen, wenn es darum geht, einen Menschen zu beurteilen, der sich noch unter den Wirkungen eines schweren Hafttraumas befindet.

Meine Genesung kam auf eine ganz «unmedizinische» Weise zustande. Eines Tages, ich lag noch fest und schwer krank im Bett, erschien ein freundlicher Genosse aus dem zentralen Magistrat von der Abteilung Volksbildung. Er eröffnete mir, der Magistrat habe beschlossen, mich mit der Verwaltung der Kaiser-Wilhelm-

Institute zu betrauen. Ob ich dazu bereit sei. Das hieß also, ich sollte dorthin zurückkehren, wo mich die Nazis im Jahr 1933 hinausgeworfen hatten. Schon bei der Eröffnung dieses Angebots fühlte ich mich sofort um 25 % gesünder. Meine bereitwillige Zusage war vom rein medizinischen Standpunkt aus völlig unsinnig. Es wurde vereinbart, daß ich in drei Tagen mit einem Auto nach Dahlem gefahren werden solle, daß dort eine provisorische Wohnung für mich eingerichtet und eine zuverlässige Genossin zu meiner Betreuung zur Verfügung gestellt werden sollte, damit ich bald wieder ganz gesund würde. Trotz scharfer Proteste meiner Ärzte wurde dieser Plan durchgeführt. Ich wurde gesund, nach zwei Monaten war meine Pleuritis vollständig abgeklungen. Meine körperliche Verfassung war dank der guten Pflege durch die Genossin, wir nannten sie das Ännchen, und dank einer überreichlichen guten Ernährung wieder ausgezeichnet.

Aber sehr merkwürdige Folgeerscheinungen des Hafttraumas bestanden fort. Im Gegenteil, da es sich um psychische Erscheinungen handelte, traten sie mit der Wiederherstellung meiner körperlichen Gesundheit besonders deutlich hervor. Es dauerte fast ein Jahr, bis sie gänzlich verschwunden waren. Ganz allgemein bestand bei mir damals eine meiner normalen psychischen Konstitution sonst ganz fremde starke emotionale Labilität. Schon Kleinigkeiten konnten mich unwiderstehlich zu Tränen rühren.

Ganz merkwürdige Kleinigkeiten. Eines Tages sollten mir verschiedene Angestellte des Kaiser-Wilhelm-Instituts für Physikalische Chemie und Elektrochemie vorgestellt werden, die ich noch nicht persönlich kennengelernt hatte. Einer nach dem anderen kam in mein Dienstzimmer, einen großen Raum, der traditionell Ehrfurcht forderte. Dort hatten früher mächtige Herrn residiert. Als letzten schickte man mir einen biederen alten Institutsdiener, von dem ich gehört hatte, daß er sich in der Nazizeit sehr gut verhalten und sogar mit der geheimen kommunistischen Zelle im Institut zusammengearbeitet hatte. Er kam zögernd herein. Als ich ihn anblickte, blieb er sofort devot stehen, hob seinen rechten Arm und sagte: «Heil Hitler.» Dann merkte er erst seinen Fehler und erschrak, als ob ihn der Schlag getroffen hätte. Ich stand auf und sagte so freundlich wie nur irgend möglich: «Ach, lieber Herr B., könnten Sie nicht noch einmal hereinkommen?» Er verstand mich sofort, ging hinaus, schloß die Tür und kam dann wieder herein. Ich schüttelte ihm die Hand. So schlimm war diese Zeit gewesen, die Nazizeit. Als er nach einem kurzen Gespräch über seine Arbeit gegangen war, mußte ich hilflos weinen.

Eine weitere Wirkung des Hafttraumas, die ich mit einigem Schrecken an mir feststellte, war ein schweres Nachlassen meines Gedächtnisses. Diese Gedächtnisschwäche betraf nicht nur sachliche Kenntnisse, sondern ganz besonders Ereignisse, die nur kurze Zeit zurücklagen. Schon nach wenigen Tagen hatte ich das meiste vergessen, was ich erlebt hatte. Nur mit Mühe konnte ich mich an Personen erinnern, mit denen ich lange Gespräche geführt hatte. Aber ebenso, wie der Erinnerungsraum rückwärts in die Vergangenheit eingeengt war, so waren auch meine Vorstellungsmöglichkeiten von dem, was in nächster Zeit geschehen würde, vollkommen dunkel. Der hell erleuchtete Zeitabschnitt, in dem ich lebte, erstreckte sich nur über wenige Tage, manchmal schien es mir, nur über Stunden. Ganz klar in meinem Bewußtsein war eigentlich nur ein sehr enger Abschnitt der Gegenwart. In diesem Abschnitt konnte ich mich einigermaßen sicher bewegen, wobei ich stets darüber verwundert war, daß die anderen Menschen nichts von meinem anomalen Zustand zu bemerken schienen.

Eine schlimme Folge dieses Zustandes war, daß es mir ungeheure Mühe bereitete, längere zusammenhängende Texte zu schreiben. Ich mußte immer wieder nachlesen, was ich in den ersten Zeilen gesagt hatte, um mich nicht zu wiederholen oder völlig durcheinanderzugeraten. Ich konnte mich nicht konzentrieren, weil mein Gedächtnis nicht in Ordnung war. Die Fähigkeit, einen größeren Zusammenhang zu überblicken, einen räumlichen wie einen zeitlichen, aber auch einen begrifflichen, war beschädigt.

Es dauerte Monate, in denen sich die Bereiche, die ich zeitlich und begrifflich überblicken konnte, nur langsam erweiterten. Volle Verfügung über mein sonst sehr gut funktionierendes Gedächtnis erlangte ich erst nach etwa einem Jahr. Ich erlebte diese psychische Wiedergesundung ganz bewußt und mit großer innerer Befriedigung.

Bewußtsein und Gedächtnis hängen offensichtlich eng zusammen. Vergäße man in jedem Augenblick alles wieder, so könnte man zwar leben und agieren. Aber wenn man eines Tages aus diesem anomalen Zustand «erwachte» und wieder über ein normales Erinnerungsvermögen verfügen würde, so erschiene die ganze gedächtnislose Zeit wie eine Zeit der völligen Bewußtlosigkeit. Im Zustand der Gedächtnislosigkeit scheint die Zeit stillzustehen. Die Gegenwart ist die einzige Wirklichkeit. Sie ist allein im Recht und bestimmt alles. Es gibt keine Ursachen und keine Folgen. Es gibt auch keine Kritik. Kritik kann sich nur mit Hilfe des Gedächtnisses entfalten. Die Kritik zielt zwar auf die Mängel des Bestehenden, also des Gegenwärtigen. Aber sie leitet sich von der Frage ab, wie das Gegenwärtige entstanden ist und wohin es führen wird. Kritik setzt zeitlichen Überblick voraus, also Gedächtnis. Wer die Kritik fürchtet, fürchtet also auch das Gedächtnis. Meist führt diese Furcht zu einer Unterschätzung des Gedächtnisses. Man hofft, die Sache sei vergessen. Alle autoritären Regime teilen diese Furcht. Damit das Gedächtnis ausgelöscht wird, erfinden sie sich die Vergangenheit. Die Vergangenheit wird und muß tagtäglich auf den neuesten Stand gebracht werden. Orwell schildert dieses geisteskranke Verhalten in seinem Roman «1984». Die Herstellung der neuesten Vergangenheit ist dort die Aufgabe des Wahrheitsministeriums. Die Aufgabe dieses Ministeriums ist also nicht die Herstellung eines bestimmten Bewußtseins, sondern die Auslöschung des Bewußtseins. Denn Bewußtsein bedeutet ja, daß man sich des Ganges der Dinge und ihres Zusammenhangs bewußt ist, daß man jeden gegenwärtigen Augenblick gerade darum und nur darum wirklich versteht, weil man ihn im Zusammenhang mit dem Vergangenen und dem Künftigen begreift.

Die Monate der Haftbedingungen, das absolute Ausgeliefertsein an eine autonome Macht, auf deren Entscheidungen man so gut wie gar keinen Einfluß ausüben kann, und ganz besonders die daher rührende Unmöglichkeit, die Größe der Gefahr, in der man schwebt, zuverlässig beurteilen zu können, das alles zusammen ruft während der Haft neben einer äußersten Anspannung aller seelischen Widerstandskräfte zugleich den Zustand der Zeitlosigkeit, quasi eines Stillstandes der Zeit, hervor, eine psychische Konstellation, durch die man optimal auf das überraschende Auftreten von Gefahren eingestellt ist. Aber erst nach Wegfall dieser Bedingungen, nach Wiedererlangung der Freiheit, wenn also die Voraussetzungen für diese psychische Reaktion aufgehoben sind, tritt sie plötzlich als gefährliche, die seelische Existenz bedrohende geistige Anomalie in unser Leben. Die meisten Menschen brauchen selbst nach kurzen Haftzeiten, besonders wenn sie in dieser Zeit ständigen Verhören ausgesetzt waren, viele Monate, um dieses Hafttrauma zu überwinden und ihr seelisches Gleichgewicht wiederzufinden.

Die Freiheit, das normale Leben, in dem der Mensch tun und lassen kann, was ihm gerade einfällt, in dem er gehen kann, wohin es ihm beliebt, nimmt unter den Bedingungen des Eingesperrtseins immer mehr die Züge einer phantastischen, irrealen Utopie an. Die Befreiung als plötzliche Verwirklichung dieser Utopie ist ein starker psychischer Schock. Verglichen mit den Zuständen der Haft ist selbst die so fragwürdige Freiheit, die die Gesellschaft ihren Mitgliedern heute gewährt, fast identisch mit der vollkommensten Freiheit, die man sich nur denken kann. Daß auch das Leben in der Gesellschaft im Grunde nur eine Form von Haft ist, würden wir wohl erst dann begreifen, wenn wir plötzlich aus den Haftbedingungen unseres gesellschaftlichen Lebens entlassen würden. Der psychische Schock dieser Befreiung und die Nachwirkungen des Hafttraumas wären in diesem Falle wohl kaum geringer, vielleicht für viele Menschen, die sich völlig an die Unmenschlichkeit ihres bisherigen Lebens gewöhnt hatten, sogar unerträglich.

Das Leben in der Unfreiheit wird dem Menschen nur dadurch erträglich, daß er aufhört, die Unfreiheit überhaupt zu empfinden. Das ist ein ganz normaler Vorgang. Jedes Kind wird in jahrelanger mühevoller Arbeit durch Eltern, Erzieher und Umwelt daran gewöhnt, die Welt, in der es nun zu leben hat, als etwas ganz Normales anzusehen. Es wird sozial angepaßt. Der Mensch wird domestiziert. Wer diesen Zustand der sozialen «Stubenreinheit» nicht erreicht oder ihn deswegen, weil er seinen inneren Mechanismus durchschaut, verächtlich und lächerlich findet, ist asozial, entweder auf der untersten Stufe der Sozialität als ausgeschiedener Krimineller oder auf der obersten Stufe, als Revolutionär.

Asoziale sind gegenüber den gesellschaftlichen Normen zumindest gleichgültig. Sie beachten sie nicht, soweit das irgend möglich ist. Der vielfältige Zwang, den die Gesellschaft trotzdem unvermeidlicherweise auf sie ausübt, oft auch mit Erfolg, wird von ihnen als Unrecht, als Willkür einer ihnen verhaßten Autorität empfunden. Der Asoziale will für sich selbst alle gesellschaftlichen Normen privat außer Kraft setzen. Der Revolutionär erhebt sich erst dann über die hilflose Beschränktheit des Asozialen, wenn er die gesellschaftlichen Normen nicht mehr nur privat für sich selbst, sondern wenn er sie allgemein, für alle, außer Kraft setzen will. Dies Ziel kann er aber nie als privater Ausbrecher aus der gesellschaftlichen Haft erreichen. Im Gegenteil, er muß sich als Häftling unter Häftlingen verhalten, ihr Führer gerade dadurch werden, daß die Mehrheit der Häftlinge sich mit ihm identifizieren kann.

> «Wo er sich zu Tisch setzt,
> setzt sich die Unzufriedenheit zu Tisch,
> das Essen wird schlecht,
> und als eng wird erkannt die Kammer.
> Wohin sie ihn jagen, dorthin
> geht der Aufruhr, und wo er verjagt ist,
> bleibt die Unruhe doch.»

So lobt Brecht den Revolutionär. Er ist überall und setzt sich mit an jedermanns Tisch. Er ist wie alle und doch ein andrer, seine

Worte öffnen die Augen, er weiß, was zu tun ist, er stellt die Fragen und findet die Antworten. Er isoliert sich nicht, sondern macht sich gemein.

Der Asoziale macht sich, meist sogar gegen seinen Willen, schon rein äußerlich kenntlich. Als Nicht-Angepaßter bringt er auch die äußeren Formen der Anpassung nur unzulänglich zustande. Viele Revolutionäre, die sich noch im naiven Stadium des Protestes befinden, machen den schweren Fehler, ihre Protesthaltung auch äußerlich absichtsvoll an sich kenntlich zu machen. Sie versehen sich, nicht wesentlich anders als der von ihnen verachtete Kleinbürger, mit den ihnen gemäßen Status-Symbolen. Status-Symbole sind äußerliche Kennzeichnungen der eigenen sozialen Position. Sie üben ihre Funktion gerade dadurch aus, daß sie ihrem Träger die Illusion verschaffen, mit ihrer Hilfe mehr zu scheinen als zu sein. Das gleiche gilt von den revolutionären Status-Symbolen. Der Protestant erscheint sich selbst dadurch als Revolutionär. Er wird es aber erst, wenn er sich dieser fragwürdigen Status-Symbole entledigt und in der Gesellschaft untertaucht. Solange er sich äußerlich kenntlich macht, braucht keine staatliche Macht ihn zu fürchten. Gefährlich wird er erst, wenn er weniger scheint, als er ist, wenn er ein jedermann zu sein scheint, wenn er unsichtbar geworden ist.

Der Revolutionär paßt sich nicht an, aber er versieht sich ganz bewußt mit den äußeren Kennzeichen der Anpassung. Gerade weil er die gesellschaftlichen Zusammenhänge der sozialen Sklaverei durchschaut, kann er sich souverän in dieses Tarnkleid hüllen, es sogar womöglich nach Bedarf wechseln. Er kämpft nicht gegen die Symbole, sondern gegen das, was in ihnen zum Ausdruck kommt, nicht gegen die Bilder, sondern gegen das, was sie abbilden. Er sagt, was alle nicht zu sagen wagen, aber er sagt nur, was alle begreifen. Er denkt weiter, aber er denkt nicht allein. Was er tut, macht sichtbar, was nicht alle sehen. Seine Worte sind bedenklich, er hat vor nichts Achtung. Gerade weil er einer ist wie alle, können alle ihm folgen.

Unser Jahrhundert ist das Jahrhundert der Weltrevolution. Aber sosehr auch alle revolutionären Prozesse heute nicht mehr voreinander isoliert sind, sondern sich in vielfältiger Weise berühren und beeinflussen, so sind sie doch je nach den politischen und ökonomischen Entwicklungszuständen der verschiedenen Länder von großer Verschiedenheit. Der Marxismus ist zwar die allgemeine theoretische Basis, von der aus die revolutionären Situationen wissenschaftlich zu begreifen sind. Aber die Ergebnisse der marxistischen Analyse sind so verschieden wie die Umstände und Bedingungen, die sie zu untersuchen hat. Es ist wie in jeder Wissenschaft: Die allgemeine Theorie befaßt sich mit dem Möglichen, die konkrete Analyse mit dem Wirklichen. In der allgemeinen Theorie wird dargestellt, was unter den verschiedensten Bedingungen und historischen Voraussetzungen möglich ist, und demnach auch, was unmöglich ist. Die Theorie stellt in logischer Geschlossenheit die Gründe und gesetzmäßigen Zusammenhänge dar, sie gibt an, warum und wie das Mögliche mit Notwendigkeit bestimmt ist. In der konkreten Analyse und in der von ihren Ergebnissen bestimmten revolutionären Praxis wird die Theorie auf die Wirklichkeit angewandt. Ohne die Theorie ist es unmöglich, auch nur ein Bild der Wirklichkeit zu gewinnen. Die Theorie ist das abbildende System. Wie ein optisches Objektiv ordnet und analysiert sie die von den Erscheinungen ausgehenden Signale, faßt sie zusammen und sammelt sie zu Bildpunkten. Das entstehende Bild ist die umfassende Form der Information über die Wirklichkeit.

Wie jedes abbildende System hat die Theorie jedoch Mängel. Ihre «Auflösung» ist begrenzt, das heißt, sie kann nicht beliebig kleine Details scharf erfassen. Außerdem hat sie systematische Abbildungsfehler, das Bild enthält Verzerrungen, geometrische und spektrale. Das Bild ist farbstichig, einzelne Spektralgebiete werden überbewertet. Diese Mängel der Theorie machen sich bei ihrer Anwendung in der Praxis als politische Mißerfolge oder Fehlentwicklungen bemerkbar. Ihre Analyse ist schwierig, weil aus dem Widerspruch zwischen Theorie und Praxis eine Revision der Theorie hergeleitet werden muß, ohne daß für die Darstellung dieses Widerspruchs etwas anderes zur Verfügung steht als die zu revidierende Theorie selbst. Die wirkliche Probe auf die

Richtigkeit der vorgenommenen Revision kann wiederum erst die Praxis liefern. Sie ist ja auch die ursprüngliche Quelle aller Theorie. Von ihr geht die Weiterentwicklung der Theorie aus.

Auf unsere Frage bezogen heißt das, daß die Probleme und Ergebnisse der revolutionären Praxis Gegenstände des allgemeinsten Interesses der Revolutionäre der ganzen Welt sind und daß die theoretische Erfassung der Widersprüche zwischen Theorie und Praxis und die Versuche, sie zu lösen, Aufgaben der internationalen marxistischen Wissenschaft sind ohne jede Beschränkung auf das Land und die Partei, in denen sie zutage getreten sind.

Gegenwärtig gibt es eine einigermaßen lebendige wissenschaftliche Diskussion auf marxistischer Grundlage nur außerhalb des sogenannten sozialistischen Blocks. In den sozialistischen Staaten werden auch die Antworten auf theoretische Fragen weitgehend von der Behörde dekretiert, jedenfalls immer dann, wenn sie für die Politik der Partei praktische Relevanz haben. Die freie Entfaltung der wissenschaftlichen Auseinandersetzung kann aber auch in den sozialistischen Staaten erzwungen werden. Dazu ist es erforderlich, daß alle Parteien, die die Notwendigkeit der freien und öffentlichen politisch-wissenschaftlichen Diskussion fordern und für sich anerkennen, wie beispielsweise die italienische und die französische Kommunistische Partei, nicht nur in ihrer Presse und auf internationalen Konferenzen ganz allgemein mit dieser Forderung auftreten, sondern daß sie sich noch mehr als bisher mit den wenigen kritischen Marxisten solidarisieren, die noch oder schon ihre Stimme innerhalb der sozialistischen Länder erheben.

Für die Zukunft der revolutionären sozialistischen Bewegung in der Welt hängt alles davon ab, daß die theoretische Stagnation, diese Sklerose des Marxismus, wie Sartre sie genannt hat, überwunden wird. Das Vorhandensein von theoretischen Meinungsverschiedenheiten ist ja nicht das Übel. Im Gegenteil, es ist gut, daß es sie gibt. Schlecht ist aber, daß diese Meinungsverschiedenheiten nicht gründlich und öffentlich zur Sprache gebracht und ausdiskutiert werden, sondern gegenseitige Diffamierung und

Verleumdung die einzige Praxis des Auseinandersetzens ist.

Die Offenheit der Auseinandersetzung würde allerdings bedeuten, daß jede Partei es sich gefallen lassen muß, daß ihre Politik und ihre theoretischen Ansichten von anderen Parteien und überhaupt von jedem innerhalb und außerhalb des Landes kritisiert werden können. In den meisten sozialistischen Staaten ist eine derartige Kritik bisher praktisch ausgeschlossen. Kritische Meinungen werden nicht publiziert, wer sie in Reden und Vorträgen, selbst in der bescheidensten Form von Öffentlichkeit äußert, wird sehr schnell auch von diesen Möglichkeiten abgeschnitten und hat sogar mit strafrechtlichen Verfolgungen zu rechnen. Demokratische Freiheiten innerhalb der sozialistischen Staaten sind also auch unabdingbare Voraussetzung für Erneuerung und Wiederbelebung der marxistischen theoretischen Arbeit.

Eine Entdeckung sowie weitere Bemühungen um Arbeit

Wir hatten 1966 einen schönen milden Herbst. Im Oktober war es noch warm und trocken. Das Laub der Wälder um Grünheide begann sich gerade zu verfärben. Es waren noch viele Zelter am See, mehr als sonst in früheren Jahren. Mit unserem kuriosen Wasserfahrzeug, dem dicken, motorisierten Kahn «Kuddel-Daddeldu», so benannt nach Ringelnatzens Seehelden, fuhren wir zu den Badeplätzen an den Seen. Allen Wirrnissen zum Trotz genossen wir des Lebens Fröhlichkeiten, meine Freunde und ich auch. Nachdem ich monatelang in der Stadt allein in meiner großen Fünfzimmerwohnung am Strausberger Platz gewohnt hatte – meine Frau war nach der Scheidung in eine kleinere Wohnung desselben Hauses gezogen –, lebte ich nun wieder vorzugsweise draußen in unserem Sommerhäuschen am Möllensse in Grünheide.

Es war am 5. Oktober, einem Mittwoch, als ich die Entdeckung machte. Eine befreundete Genossin hatte mich besucht. Sie war vor einigen Jahren aus dem Westen in die DDR übergesiedelt, 1961 «nach der Mauer», aus Solidarität mit unserem «sozialistischen Staat deutscher Nation». Sie war nun von vielem enttäuscht, oft niedergeschlagen, voller Fragen ohne Antwort, aber doch noch fest in ihren alten Überzeugungen wie ich. Wir hatten viel zu bereden, viel zu bedenken.

Wir hatten uns gerade zum Frühstück gesetzt, als der elektrische Strom ausfiel. Ich wußte, daß in der Gegend gerade an den Leitungen gearbeitet, neue Drähte gezogen und neue Masten aufgestellt wurden. Aber nun konnten wir keine Nachrichten hören, das Radio war tot. Ich besaß aber noch meinen kleinen UKW-Transistor, einen besonders leistungsfähigen kleinen Apparat, dadurch ausgezeichnet, daß er einen weit größeren Frequenzbereich empfangen konnte als solche Apparate normaler Bauart. Als ich ihn auf den normalen Wellenbereich einstellen wollte, denn er stand ganz außerhalb des normalen Frequenzbereiches, hörte ich plötzlich an einer Stelle, wo überhaupt kein Sender sein «durfte», einen lauten Pfeifton. Der Pfeifton verschwand, wenn ich den Lautstärkeregler auf «kleiner» stellte, bei einer bestimmten Einstellung ganz plötzlich und entstand sofort wieder, wenn ich die Lautstärke nur wenig erhöhte. Es war die typische Erscheinung einer sogenannten akustischen Rückkopplung, die eintritt, wenn sich ein Mikrophon und ein vom Mikrophon gespeister Lautsprecher im selben Raum befinden und aufeinander einwirken. Ein Schallimpuls, der vom Lautsprecher kommt, erregt das Mikrophon, das ihn aufnimmt und sofort im Lautsprecher noch einmal entstehen läßt. Das wiederholt sich ständig, wobei der zeitliche Abstand der aufeinanderfolgenden Impulse einfach gleich der Laufzeit des Schalls zwischen Lautsprecher und Mikrophon ist. Nähert man den Lautsprecher dem Mikrophon, so nimmt dieser zeitliche Abstand ab, die Frequenz des Heultons nimmt also zu, der Ton wird höher. Auch diesen Effekt konnte ich mit meinem Transistorempfänger beobachten. In meinem Raum befand sich also ein Mikrophon, das einen UKW-Sender betrieb, auf den ich meinen Empfänger – zufällig – eingestellt hatte.

Die Genossin war etwas verwundert über meine Reaktion auf das Pfeifen des Transistorradios. Ich erklärte ihr meine Vermutung und bat sie, eine Reihe beliebiger Sätze oder Worte in normaler Lautstärke zu sprechen, während ich mit meinem kleinen Empfänger in den Garten hinausging. Die Sache war großartig. Alles, was die Genossin im Innern des Hauses sagte, konnte ich in meinem Radio draußen im Garten mit voller Klarheit hören. Wir machten uns nun an die Suche des Abhörsenders. Zunächst einmal fand ich schnell die Gegend heraus, wo der Pfeifton am höchsten war, der Abstand zwischen Mikrophon und Lautsprecher also am kleinsten. Dann stellte ich den Empfänger so leise ein, daß der Pfeifton verschwand. Vorsichtig klopfte ich die Gegend der Wand ab, wo wir den Kleinsender vermuteten. Mein Klopfen hörte ich dabei als lautes Knacken im Empfänger. So ließ sich der Ort des Mikrophons auf einen Umkreis von wenigen

Zentimetern bestimmen. Es befand sich an der Scheuerleiste am Fußboden. Es war von hinten mit einem dicken Batzen Klebwachs an die Leiste angeklebt. Das Mikrophon selbst war sehr klein, es steckte in einem von hinten in die Leiste gebohrten Loch, das vorn, zum Zimmer hin, nur eine kleine Öffnung hat. Vom Mikrophon führte ein kurzes Kabel zum eigentlichen Sender, einem kleinen Kunststoffkästchen, das in der Wandverkleidung verborgen war. Vom Sender führte noch eine Leitung zu einer Batterie, die das Gerät mit Strom versorgte. Ich machte mir nicht die Mühe, die Batterie zu finden. Ich wollte schließlich nicht meine ganze Wand auseinanderreißen.

Wie sich später bei einer genaueren Untersuchung des Senders herausstellte, betrug seine Sendefrequenz 52 Megahertz. Aber – der Laie verzeihe mir diese technische Bemerkung – wegen der bei einem so kleinen Sender unvermeidlichen Nichtlinearität sendete er außerdem noch mit ziemlicher Leistung auf seiner ersten Oberwelle, bei der doppelten Frequenz also, bei 104 Megahertz. Dort hatte ich ihn zuerst empfangen.

Wie man sich vorstellen kann, versetzte uns diese Entdeckung zunächst in eine ziemliche Aufregung. Schon das systematische Aufsuchen des Senders und das prompte Ergebnis dieser Suche waren einigermaßen spannend gewesen. Da hatten wir nun so ein Ding leibhaftig vor Augen, wie wir es zwar schon immer vermutet, aber doch im stillen wie eine Sache aus einem schlechten Krimi immer nur halb geglaubt hatten. Es ist ja kein angenehmes Gefühl, wenn man plötzlich mit voller Sicherheit weiß, daß jeder Laut in der eigenen Wohnung von irgendeinem x-beliebigen Ohr jederzeit ohne eigenes Wissen abgehört werden konnte. Und das wer weiß wie lange schon!

Doch auch diese Frage ließ sich noch klären. Eine Untersuchung des Klebwachses, mit dem das Mikrophon an der Scheuerleiste befestigt war, ergab, daß es sich höchstens zwei bis drei Monate an dieser Stelle befunden haben konnte. Klebwachs härtet nämlich sehr langsam und ändert mit der Zeit seine Konsistenz. In meinem Kalender fand ich, daß ich knapp zwei Monate vorher für drei Trage an die Ostsee gefahren war. In dieser Zeit war allem Anschein nach die Anlage montiert worden.

Die Frage war nun, was mit unserem Fund geschehen sollte. Zunächst bat ich die Genossin, die zur unfreiwilligen Zeugin dieser Entdeckung geworden war, um absolutes Stillschweigen. Ich verpackte das Mikrophon samt dem Sender, an dem sich auf einen Streifen Pappe geklebt noch die Sendeantenne befand, sorgfältig in einem absolut luftdichten Gefäß, das ich ebenso sorgfältig und dauerhaft verschloß. Derart wertvolle Gegenstände müssen pfleglich behandelt werden. Das Päckchen deponierte ich dann an einem Ort, der mir genügend Sicherheit versprach. Nach eingehenden Beratungen mit Freunden kamen wir zu dem Beschluß, die ganze Sache zunächst mit Stillschweigen zu behandeln. Auf keinen Fall wollten wir deswegen «ein Faß aufmachen». Dabei wäre doch nichts herausgekommen als höchstens die Verängstigung einiger harmloser Leute in unserem Bekanntenkreis.

Erst zwei Jahre später haben wir davon erzählt. Wir hatten uns inzwischen mit der Möglichkeit solcher Abhörvorrichtungen in unseren Wohnungen so vollkommen abgefunden, daß wir es gelernt hatten, «mit dem Minispion zu leben». Wir besaßen damit ja auch eine Art «heißen Draht» direkt zur Zentrale. Abgesehen von unseren privaten Dingen, deren unfreiwillige Publizität natürlich nicht sehr angenehm war, machten wir aus unseren politischen Ansichten ja nirgends ein Hehl. Um zu erfahren, wie wir dachten, war so ein Kleinsender also gewiß nicht nötig. Wir konnten aber den Lauschern auf diesem Wege einiges Interessante mitteilen.

Wolf Biermann hat die Entdeckung meines Kleinsenders zu einer frechen und zugleich freundlichen Ballade angeregt, der Stasi-Ballade:

1

Menschlich fühl ich mich verbunden
mit den armen Stasi-Hunden
die bei Schnee und Regengüssen

mühsam auf mich achten müssen
die ein Mikrophon einbauten
um zu hören all die lauten
Lieder, Witze, leisen Flüche
auf dem Clo und in der Küche
– Brüder von der Sicherheit
ihr allein kennt all mein Leid

Ihr allein könnt Zeugnis geben
wie mein ganzes Menschenstreben
leidenschaftlich zart und wild
unsrer großen Sache gilt
Worte, die sonst wärn verscholln
bannt ihr fest auf Tonbandrolln
Und ich weiß ja: Hin und wieder
singt im Bett ihr meine Lieder
– dankbar rechne ich euchs an:
die Stasi ist mein Ecker
   die Stasi ist mein Ecker
      die Stasi ist mein Eckermann

2

Komm ich nachts alleine mal
müd aus meinem Bierlokal
und es würden mir auflauern
irgendwelche groben Bauern
die mich aus was weiß ich für
Gründen schnappten vor der Tür
– sowas wäre ausgeschlossen
denn die grauen Kampfgenossen
von der Stasi würden – wetten?! –
mich vor Mord und Diebstahl retten

denn die westlichen Gazetten
würden solch Verbrechen – wetten?! –
Ulbricht in die Schuhe schieben

(was sie ja besonders lieben!)
dabei sind wir Kommunisten
wirklich keine Anarchisten
Terror (individueller)
ist nach Marx ein grober Feller
die Stasi ist, was will ich mehr
mein getreuer Leibwäch
  mein getreuer Leibwäch
    mein getreuer Leibwächter

3

Oder nehmen wir zum Beispiel
meinen sexuellen Freistil
meine Art, die so fatal war
und für meine Frau ne Qual war
nämlich diese ungeheuer
dumme Lust auf Abenteuer
– seit ich weiß, daß die Genossen
wachsam sind, ist ausgeschlossen
daß ich schamlos meine Pfläumen
pflücke von diversen Bäumen

denn ich müßte ja riskiern
daß sie alles registriern
und dann meiner Frau serviern
sowas würde mich geniern
also spring ich nie zur Seit
spare Nervenkraft und Zeit
die so aufgesparte Glut
kommt dann meinem Werk zugut
– kurzgesagt: die Sicherheit
sichert mir die Ewig
  sichert mir die Ewig
    sichert mir Unsterblichkeit

4

Ach, mein Herz wird doch beklommen
solltet ihr mal plötzlich kommen
kämet ihr in eurer raschen
Art, Genossen, um zu kaschen
seis zuhaus bei meinem Weib
meinen armen nackten Leib
ohne menschliches Erbarmen
grade, wenn wir uns umarmen
oder irgendwo und wann
mit dem Teufel Havemann

Wenn wir singen oder grad
Konjak kippen, das wär schad
ach, bedenkt: ich sitz hier fest
darf nach Ost nicht, nicht nach West
darf nicht singen, darf nicht schrein
darf nicht, was ich bin, auch sein
– holtet ihr mich also doch
eines schwarzen Tags ins Loch
ach, für mich wär das doch fast
nichts, als ein verschärfter
  nichts, als ein verschärfter
    nichts, als ein verschärfter Knast

Nachbemerkung und Zurücknahme

Doch ich will nicht auf die Spitze
treiben meine Galgenwitze
Gott weiß: es gibt Schöneres
als grad eure Schnauzen

Schönre Löcher gibt es auch
als das Loch von Bautzen

Seit dem Januar 1966 war ich nun schon ohne jeden Pfennig Einkommen. Eine Menge laufender Unkosten ließen meine bescheidenen Ersparnisse sichtlich dahinschmelzen. Ich unternahm deshalb beim Ministerium für Chemische Industrie einen neuen Versuch, mir Arbeit zu beschaffen. Ende August hatte sich das Ministerium bereit erklärt, einen «Zwischenvertrag» mit einer Laufzeit von drei Monaten mit mir abzuschließen. Gegenstand: Ausarbeitung eines Forschungsplanes über bestimmte Probleme der Polyacrylnitrile. Also wieder die Faserstoffchemie. Die mögliche fruchtbare Zusammenarbeit war im Frühjahr an den diskriminierenden Bedingungen gescheitert, die die Akademie der Wissenschaften gegen mich verfügt hatte. Diesmal sollte vertraglich gesichert werden, daß ich fachliche Beratungen ohne Einschränkung mit jedem Experten des Gebiets führen konnte, allerdings nur in einem mir für diesen Zweck im Gebäude des Ministeriums von Fall zu Fall zur Verfügung gestellten Raum. Ich hatte diesem neuen Vorschlag zugestimmt, mußte aber auf den in Aussicht gestellten Vertragsentwurf trotz mehrfach wiederholter Mahnungen bis zum November, also fast zweieinhalb Monate warten. Nichts von den angebotenen Bedingungen für die Sicherung meiner Zusammenarbeit mit den Experten fand sich in dem Vertrag. Ich machte einen Gegenvorschlag, der mir das Recht auf das Beratungszimmer sicherte. Er wurde abgelehnt. Damit waren die Kunstfaser-Pläne endgültig gestorben.

Im Januar 1967 stellte ich beim Magistrat einen Antrag auf Zahlung der sogenannten Ehrenpension für Verfolgte des Naziregimes. Der Antrag wurde schließlich nach einem halben Jahr genehmigt. Im Frühjahr 1967 richtete ich eine Eingabe an den Vorsitzenden des Staatsrates und bat ihn um seine Unterstützung bei meinen Bemühungen um Arbeit. Ein Brief seines Sekretärs verwies mich wieder an das Ministerium für Chemische Industrie. Dort kam endlich am 29. November 1967 eine neue Verhandlung zustande. Aber diesmal machte man mir zu meiner größten Verwunderung einen wirklich vernünftigen Vorschlag. Ich sollte mit einer kleinen, selbständigen Gruppe von Wissenschaftlern und technischen Mitarbeitern ein technisch wichtiges und auch wissenschaftlich interessantes Problem bearbeiten, das auf meinem speziellen Fachgebiet lag, auf dem Gebiet der Fotochemie also. Alle wichtigen Details, Art und Lage der Laborräume, Zahl und Qualifikation der Mitarbeiter, apparative Ausrüstung und Zielsetzungen der geplanten Forschung wurden eingehend beraten. Man stellte mir in Aussicht, daß meine Gruppe mit Beginn des zweiten Quartals 1968 arbeitsfähig sein werde. Selbstverständlich sagte ich ohne jede Einschränkung zu. Das neue kleine Forschungslabor sollte in Berlin in den Räumen einer Fabrik untergebracht werden, deren Produktion eng mit unserem Forschungsgebiet zusammenhing. Aber wieder begann eine lange Zeit des Wartens. Im März 1968 wurde ich schließlich zu einer Besprechung in das Ministerium eingeladen. Wieder saß ich dem gleichen Dr. L. gegenüber, wie in allen bisherigen Verhandlungen mit dem Ministerium. Er war nun sichtlich sehr verlegen:

«Zu meinem Bedauern muß ich Ihnen mitteilen, daß sich der Vorschlag, den wir Ihnen gemacht haben, nicht realisieren ließ. Die für diese Arbeiten in Berlin zuständige Werksleiterin des VEB Photochemische Werke Köpenick, die Genossin Kredo, hat es abgelehnt, mit Ihnen zu verhandeln. Und wie Sie wissen, sind die Werksleiter entsprechend dem Neuen Ökonomischen System der Planung und Leitung der Volkswirtschaft in solchen Entscheidungen absolut selbständig. Auch wir hier im Ministerium haben keine Möglichkeiten, uns da einzumischen.»

«Können Sie mir sagen, womit Frau Kredo ihre Ablehnung begründet?»

«Ja, sie sagte, die für diese Arbeiten in Betracht kommenden wissenschaftlichen Kollektive würden die Zusammenarbeit mit Ihnen ablehnen.»

Das war nun eine geradezu phantastische Behauptung. Im VEB Photochemische Werke Köpenick arbeiteten nämlich in einer besonderen, vom Werk unabhängigen Forschungsstelle fast sämtliche meiner früheren Schüler und wissenschaftlichen Mitarbeiter, und zwar unter der Leitung eines der begabtesten meiner Schüler, dessen wissenschaftlichen Weg ich von der Diplomarbeit bis zur Habilitation begleitet hatte und mit dem mich enge Freundschaft verband. Er hatte im übrigen dem Ministerium den Vorschlag gemacht, der nun auf einmal nicht realisierbar war. Viele meiner früheren Mitarbeiter hatten mich auch jetzt noch öfters besucht und immer wieder gesagt, wie gern sie in einem Kollektiv mit mir arbeiten würden. Damit war keine Kritik an dem gegenwärtigen Leiter verbunden, es war der einfache Ausdruck, was sie von meiner fristlosen Entlassung dachten.

«Aber Herr Dr. L.», sagte ich einigermaßen fassungslos über dieses Ausmaß von Tatsachenverdrehung, «wie Sie wohl wissen, hat doch der Leiter des von Frau Kredo zitierten Kollektivs, Herr Dr. P., Ihnen selber diesen Vorschlag gemacht!»

«Ja, aber was soll ich machen, es geht eben nicht. Mir tut das auch leid.»

«Gut, also was würden Sie sagen, wenn ich Ihnen ein Kollektiv von Mitarbeitern, wissenschaftlichen und technischen, namentlich nachweise, die bereit sind, mit mir zusammenzuarbeiten? Sie müßten mir allerdings die Zusicherung geben, daß diesen Mitarbeitern wegen ihrer Bereitschaft keinerlei berufliche oder sonstige Nachteile erwachsen, und diese Zusicherung müßten Sie auch den Betreffenden selbst geben.»

«Das hat doch alles gar keinen Zweck», reagierte nun Herr Dr. L. nervös und gereizt. «Daß Sie unter Ihren Anhängern jederzeit genug Leute finden würden, das weiß ich auch. In Wirklichkeit interessiert Sie die wissenschaftliche Arbeit ja gar nicht in erster Linie. Sie wollen auf diesem Wege doch nur Ihre Rehabilitierung erreichen!»

«Sie meinen, bei den Arbeiten, die Sie mir bisher angeboten haben, bestand diese Möglichkeit nicht, weil ich da als Nichtfachmann nur wenig Chancen gehabt hätte. Aber hier fürchten Sie, daß ich womöglich Erfolge haben könnte. Was haben Sie eigentlich dagegen, wenn ich durch wissenschaftliche Leistungen meine Rehabilitierung erreiche? Wäre das nicht ein absolut legitimes Verfahren?»

«Ja, wenn es um die Wissenschaft ginge, da bestreitet Ihnen ja niemand etwas. Es handelt sich um Ihre politische Rehabilitierung. Sie wissen doch genau, worum es geht!»

Herr Dr. L. hatte, sicherlich unfreiwillig, die Katze aus dem Sack gelassen. Damit war vollständig klar, daß ich so lange keinerlei Aussicht hatte, zu irgendeiner wissenschaftlichen Tätigkeit zu kommen, ehe ich nicht – durch ein Wunder oder durch den Lauf der Dinge – politisch rehabilitiert war. Als Optimist, der seinen Optimismus weniger auf die Möglichkeit von Wundern als auf den Lauf der Dinge gründet, bin ich jedoch sicher, daß ich eines Tages wieder im Kreis meiner Freunde und Mitarbeiter wissenschaftlich arbeiten werde.

Der Prager Frühling

1968 wurde das Jahr der großen Hoffnungen und der bitteren Enttäuschungen. In der ČSSR wurde bewiesen, daß Sozialismus und Freiheit miteinander vereinbar sind, ja mehr noch, daß ohne Freiheit kein wahrer Sozialismus und ohne Sozialismus keine wahre Freiheit möglich ist. Das ist das unwiderlegliche Ergebnis der acht Monate freier sozialistischer Demokratie in der ČSSR vom Januar bis zum 21. August 1968.

Freiheit und Frieden sind die beiden großen Hoffnungsbegriffe der Menschheit. Sie, die so eng zusammenhängen, wurden voneinander getrennt. Die «westliche» Welt nahm sich die Freiheit, die «östliche» den Frieden. Heute sind beide Worte abgenutzt, korrodiert, zu reinen Parolen geworden, mit denen die Staatsmänner die leeren Phrasen ihrer Reden drapieren. Mit allem, was der Osten tut, rettet er der Menschheit den Frieden, während der Westen – selbst in Vietnam – die Freiheit gegen Willkür und Unterdrückung mit Napalm und Splitterbomben verteidigt.

Diese Polarisierung der Begriffe Freiheit und Frieden hat ihre historischen Wurzeln. Die Freiheit war der Grundbegriff der bürgerlichen Revolution. Die Volksmassen, die die feudale Autokratie und mit ihr die Privilegien der Aristokratie zerbrachen, folgten dem Banner, das die Göttin der Freiheit entrollt hatte, versinnbildlicht durch jene kraftvolle Gestalt eines schönen jungen Weibes mit entblößten Brüsten, in der sich auch die Befreiung des Weibes von der Herrschaft des Mannes ankündigt. Aber dieser Sieg der Freiheit wurde in der nun anbrechenden Epoche der kapitalistischen Gesellschaft sehr schnell zu einer Selbsttäuschung. Der Kapitalismus hatte die Unfreiheit nicht überwunden, er hatte sie nur in den Falten der Freiheitsfahne verhüllt und unsichtbar gemacht. Im Feudalismus war die Ausbeutung des Menschen durch den Menschen noch teilweise unverhüllt. Zwar war die Totalität der Ausbeutung, wie sie in der Sklavenhaltergesellschaft sichtbar geworden war, auf eine scheinbar partielle Ausbeutung reduziert worden, auf zeitlich begrenzten Frondienst, auf den Zehnten und andere Abgaben an die herrschende Feudalklasse. Aber die Ausbeutung war noch sichtbar. Im Kapitalismus sind – zum Schein – alle Privilegien abgeschafft. Der Mensch verfügt frei über sich, über seine Arbeitskraft und über sein Eigentum – sofern er solches besitzt. Weil Eigentum im Kapitalismus nicht nur persönliches Recht an den Gegenständen des eigenen Gebrauchs bedeutet, sondern auch Eigentum an den Gegenständen, die für andere Menschen unentbehrlich sind, wenn sie materiell existieren wollen, Eigentum an Grund und Boden und an Arbeitsinstrumenten und Naturschätzen, wird das Eigentum zur ökonomischen Grundlage der vollkommensten Form von Ausbeutung, die je existiert hat. Der Begriff der Freiheit wird ausgehöhlt, weil sich die Privilegien der herrschenden Klasse auf ein Recht gründen, das die staatliche Ordnung nicht nur schützt, sondern im Prinzip auch niemandem verwehrt, auf das Recht am privaten Eigentum. Sei fleißig und sparsam, sei schlau und auf der Hut, so kannst du leicht und schnell zu Eigentum gelangen und auch ein Kapitalist werden. Wer Geld und Besitz angehäuft hat, war eben klüger, fleißiger und sparsamer als die übrige leichtfertige und verschwenderische Menschheit. Diese Freiheit wird von denen, die von ihr erfolgreich Gebrauch gemacht haben, schonungslos verteidigt.

Der Kapitalismus hat die Welt in einem Ausmaß verändert wie keine gesellschaftliche Ordnung vor ihm. In den letzten fünfzig Jahren ist mehr geschehen als je zuvor in Jahrtausenden. An der Spitze stehen die technischen Errungenschaften. Zur Zeit der Jahrhundertwende gab es zwar schon einige Erfindungen, in denen sich die phantastischen Neuerungen dieses Jahrhunderts utopisch ankündigten. Aber fast alles, was heute technisch zur Selbstverständlichkeit geworden und Hauptgegenstand einer riesigen industriellen Massenproduktion ist, existierte damals noch nicht oder nur in den unbedeutendsten Anfängen und kam selbst in den phantastischen Schriften der damaligen Science-Fiction-Literatur kaum vor: das Auto, das Flugzeug, der Kühlschrank, die Waschmaschine, das Radio, das Fernsehen, der Film als Ton- und Farbfilm, das Grammophon und das Tonband, die künstliche Radioaktivität, der Kernreaktor, die Atombombe, die Weltraumrakete, die weltumspannende Nachrichtentechnik, der elektronische Schnellrechner, die Kybernetik und ihre Anwendung zur Automatisierung der Produktionsprozesse und zu anderen Selbststeuerungsprozessen, bei denen das menschliche Gehirn versagen würde. Nichts deutet darauf hin, daß das Tempo und das Ausmaß dieser neuen industriellen Revolution sich in den kommenden Jahrzehnten verlangsamen wird. Ständig werden neue umwälzende Erfindungen gemacht und neue Anwendungsbereiche schon bekannter Verfahren erschlossen. Zwar hat sich die Sowjetunion auf vielen Gebieten der Technik Spitzenpositionen erobert. Aber im ganzen liegt sie doch noch an zweiter Stelle hinter den hochindustrialisierten kapitalistischen Staaten, die man politisch-ökonomisch als Einheit zu betrachten hat. Trotz wachsender innerer Widersprüche im ökonomischen System des Kapitalismus ist er immer noch führend in der Welt und entwickelt seine Produktivkräfte in immer noch zunehmendem Tempo.

Unter der Führung der Vereinigten Staaten haben die großen kapitalistischen Staaten in den letzten fünfundzwanzig Jahren ihre militärische, politische und ökonomische Zusammenarbeit immer besser organisiert. Durch eine zwar nur unvollkommen funktionierende Stabilisierung ihrer Währungssysteme, die die Voraussetzung der freien Konvertierbarkeit der kapitalistischen Hauptwährungen darstellt, haben sie ihren internationalen Handel stark ausgeweitet und bestimmen auf diese Weise heute praktisch alle Preise der wichtigsten Produkte und Rohstoffe in der Welt. Die damit einhergehende Internationalisierung ihres Banksystems hat es ermöglicht, auf wirtschaftliche Gleichgewichtsstörungen und konjunkturelle Krisen sehr wirksam vorbeugend zu reagieren, so daß seit der großen Weltwirtschaftskrise Ende der dreißiger Jahre keine vergleichbar ernste Krise mehr eingetreten ist. Es kommen nur noch leichte «Rezessionen» vor, die sich sogar meist auf einzelne Länder beschränken und durch gemeinsame Maßnahmen schnell aufgefangen werden. Die kapitalistischen Staaten haben sich mit erheblichem Erfolg die ökonomischen Machtmittel des Staatsmonopolismus verschafft, mit deren Hilfe sie die Entwicklung der Löhne und Preise, der Kapitalrendite und der Investitionstätigkeit kontrollieren und steuern können.

In den großen kapitalistischen Zentren, aber auch in vielen kleineren Staaten hat sich das System der parlamentarischen Demokratie vollständig durchgesetzt, es hat sich verfeinert und vielfältig institutionalisiert. Es besitzt heute einen hohen Grad von Flexibilität und Anpassungsfähigkeit, nachdem es von einigen strukturellen Mängeln befreit worden ist, die in Deutschland während der Zeit der Weimarer Republik noch hervorgetreten waren. Die Hauptgefahr, die politische Zersplitterung durch eine Vielzahl von im Parlament vertretenen Parteien, bestand in England und den USA von Anfang an nicht, in England auf Grund des Mehrheitswahlsystems, in den USA wegen der beherrschenden Macht des Präsidenten, der alle vier Jahre realiter durch ein reines Mehrheitswahlsystem gewählt wird, das Kandidaten kleinerer Parteien keine Chancen läßt und sie damit praktisch auch aus der politischen Arena ausschließt. In den meisten anderen Ländern hat man gemischte Systeme aus Mehrheits- und Verhältniswahlrecht geschaffen, zu denen auch Systeme zu zählen sind, die, wie in der Bundesrepublik, kleinere Parteien durch eine Prozentklausel vom Parlament fernhalten.

Die parlamentarische Demokratie, in der im Parlament Regierungsparteien und Opposition in offener Fehde gegeneinander auftreten, erzeugt in sehr überzeugender Form die Illusion, daß wirklich «alle Macht vom Volk ausgeht», vom Wählervolk. Außerparlamentarische politische Aktivität ist zwar nicht verboten. Aber sie ist von vornherein dadurch diskriminiert, daß sie als querulantes Aufbegehren einer Minderheit erscheint, die Sonderinteressen vertritt. Die parlamentarische Demokratie tritt gegenüber politischen und weltanschaulichen Lehren tolerant auf. Sie erklärt sich ihrem Wesen nach als «ideologiefrei». Jeder kann nach seiner eigenen Fasson selig werden. Gerade in dieser nicht nur deklamatorisch, sondern auch in der Praxis des Staates zur Schau gestellten Grundposition findet die herrschende Ideologie ihren sichtbarsten Ausdruck, die ideologische Verhüllung der tatsächlichen Machtverhältnisse nämlich, über die nicht das Volk zu bestimmen hat, sondern das Kapital. «Die herrschenden Ideen sind die Ideen der Herrschenden» – nirgends gilt dieser Satz mehr als in den kapitalistischen Staaten.

Es wäre aber grober Schematismus, wenn man diese politisch-ideologische Struktur des Spätkapitalismus für absolut gefestigt hielte. Der Kapitalismus schuf sich mit dem Proletariat nicht nur die Klasse, die einmal sein Totengräber sein wird, sondern sie schuf sich mit ihrer «Ideologiefreiheit» und ihrer Toleranz, auf die sie nur in äußerster Bedrohung verzichten kann, auch den Totengräber ihrer Ideen. Innerhalb der kapitalistischen Gesellschaft entwickeln sich auf allen Gebieten des Lebens neue, zukunftsträchtige Ideen, während die Ideen der Herrschenden mehr und mehr erstarren und verkalken. Es zeigt sich, daß Form und Inhalt der parlamentarischen Demokratie sich immer weniger entsprechen. Der progressive, freiheitliche Charakter der Form gerät in wachsenden Widerspruch zum zunehmend reaktionären Inhalt des Systems. Die Kritik an diesem reaktionären Inhalt wird vehementer, besonders in der von revolutionären Ideen erfüllten Jugend. Aber sie darf nicht in den Fehler verfallen, statt des Inhaltes die Form anzugreifen. Nur der umgekehrte Weg ist sinnvoll: Es gilt, die noch bestehenden Formen nicht nur zu verteidigen, sondern dazu auszunutzen, den reaktionären Inhalt zu bekämpfen. Es gilt, nachzuweisen und praktisch zu demonstrieren, daß der politische Inhalt die freiheitlichen Grundrechte verletzt, daß er im Prinzip mit ihnen unvereinbar ist. Und dieser politische Inhalt ist einfach der Kapitalismus selbst, der nicht imstande ist, Freiheit in anderer Form zu gewähren als in der Form einer Illusion.

Der moderne Kapitalismus hat in seinen Zentren zu einer enormen Steigerung des Lebensstandards geführt. Zwar gibt es in den USA aus verschiedenen, hauptsächlich historisch begründeten Ursachen neben dem massenhaften Wohlstand auch noch das entsetzliche Elend einer Minderheit, hauptsächlich unter der amerikanischen Negerbevölkerung. Aber in den gut organisierten Wohlstandsgesellschaften ersticken die Leute geradezu in ihrem Reichtum, wenn man ihre Lebensgewohnheiten mit denen des überwiegenden Teils der übrigen Menschheit vergleicht. Sie werden nicht nur körperlich fett und unappetitlich, viel schlimmer ist ihre seelische und geistige Verfettung, die sie zu willfährigen Dienern der herrschenden Klasse macht. Die ganze Lebenstätigkeit des Wohlstandsbürgers steht unter der Devise: Arbeiten, Geld verdienen, das Verdiente konsumieren. Jede Betätigung, die mit diesen drei Tätigkeiten nicht harmoniert und ihnen nicht dient, ist unverzeihlicher Luxus, den sich nur diejenigen leisten können, die auch ohne Arbeit über eine unerschöpfliche Geldquelle verfügen. Aber es gehört in diesem System schon die Eigenwilligkeit eines Außenseiters dazu, um irgendeine private Geldquelle, mag sie noch so reichlich fließen, für unerschöpflich zu halten. Die Folge ist eine fortschreitende Schrumpfung und Verflachung des kulturellen Lebens. Krimis und banale Liebesromane erreichen wohl noch Auflagen von einigen Hunderttausend, während künstlerisch und geistig bedeutende Literatur es in der Regel bestenfalls auf einige Zehntausend bringt. Aber was bedeutet das schon angesichts des Massenkonsums anderer, keineswegs wohlfeilerer Güter! Für den Preis von ein bis zwei Schachteln Zigaretten kann man sich bereits ein modernes Taschenbuch kaufen, eine Buchform, in der heute fast die ganze klassische und moderne Weltliteratur zu haben ist. Die Kultur wird mehr und mehr zum Reservat einer Schicht von Außenseitern und unbarmherzigen Kritikern der Gesellschaft, von Menschen, die das Mitspielen in der verlogenen Wohlstandsgesellschaft ablehnen und die bereit sind, auf die vielen verlockenden Konsumbedürfnisse zu verzichten, die die Consumer-society ihren Bürgern andressiert hat.

Aber selbst das gehört noch zur auf Hochglanz polierten Fassade des Kapitalismus. Es verschleiert sein Wesen. Denn er hat keineswegs nur Wohlstand hervorgebracht, sondern mehr noch Elend, Hunger und Tod für wenigstens anderthalb Milliarden

Menschen dieser Erde, für die unglücklichen Bewohner der ehemaligen Kolonialgebiete, die man in raffinierter Verdrehung der Tatsachen mit wohlwollender Herablassung als «unterentwickelte Länder» klassifiziert. Dabei ist das Massenelend, das heute in diesen Ländern herrscht, überhaupt erst durch die Kolonialherrschaft entstanden und wird durch die moderneren Formen der ökonomischen Unterdrückung, die heute praktiziert werden, nicht nur aufrechterhalten, sondern zunehmend verschärft. Das Ganze läuft noch dazu unter dem Firmenschild «Entwicklungshilfe», wobei die Millionen- und Milliardenbeträge, die man in den «Entwicklungsländern» investiert, keineswegs helfen, das Elend zu mildern, sondern nur dazu dienen, die politische und ökonomische Machtposition des edlen Spenders zu festigen. Da wird wahrhaftig nichts verschenkt. Und das einzige Geld, das nicht in Bergwerksanlagen, Gummiplantagen und Industrieunternehmen fließt, die die billige Arbeitskraft dieser Länder zur Erzielung von Riesenprofiten für sich ausbeuten und ihre Produkte größtenteils im Ausland verkaufen, das einzige Geld, das nicht direkt in gewinnbringende ausländische Unternehmen gesteckt wird, fließt in die Taschen einer Clique von reaktionären Politikern, willfährigen und gutbezahlten Lakaien, mit deren Hilfe, je nach Lage der Dinge, eine pseudo-demokratische Regierung, meist aber eine Diktatur von Militärs und Faschisten im Sattel gehalten wird.

Wo immer das Volk sich anschickt, die Diktatur der Compradores zu stürzen, erscheint der Weltpolizist Nummer 1, der sich stets auf ein Hilfeersuchen der bedrohten Regierung berufen kann, und unterdrückt den Aufstand mit Waffengewalt. Das einzige Land, wo der Weltpolizist zu spät kam, weil sich die Sowjetunion rechtzeitig eingeschaltet hatte, ist Kuba. Aber auch dieses Land hat noch lange Zeit schwer unter den ökonomischen Folgen der früheren Kolonialherrschaft zu leiden. Es ist geradezu ein Musterbeispiel für den Mechanismus der ökonomischen Unterdrückung und Ausbeutung durch ein reiches kapitalistisches Land. Während die Industrieproduktion nur wenig entwickelt wurde, wurde die gesamte landwirtschaftliche Produktion auf wenige Monokulturen umgestellt, neben Tabak in erster Linie auf Zucker. Da auch der Satz gilt: «Der Mensch lebt nicht von Zucker allein», reichte in der Folge die eigene landwirtschaftliche Produktion dieses fruchtbaren Landes nicht mehr aus, die Bevölkerung zu ernähren. Man mußte den Zucker gegen Lebensmittel tauschen, wobei die USA ein glänzendes Geschäft machten; denn ihre Landwirtschaft leidet unter einer ständigen Krise der Überproduktion. Für jede Tonne Zucker aus Kuba brauchte der US-Staat eine entsprechende Menge eigener landwirtschaftlicher Produkte, die er zur Stabilisierung der Preise jährlich aufkaufte, weniger zu vernichten. Praktisch bekam er den Zucker auf diese Weise geschenkt, wobei er noch dazu die Preise diktieren konnte, seine Preise hoch und den Zuckerpreis niedrig. Als Fidel Castros Revolution den Diktator von US-Gnaden Batista davongejagt hatte, glaubte man in den USA zuerst, es würde genügen, die Kubaner auf ihrem Zuckerberg verhungern zu lassen. Aber das erwies sich als eine Fehlrechnung. Entscheidend hierfür war die wirtschaftliche und politische Hilfe der Sowjetunion und Chinas. Aber auch gegenüber der «westlichen» Welt war die amerikanische Blockade nicht voll wirksam. Eine ganze Menge kubanischer Zucker rieselte doch noch durch ihre Ritzen.

Der Zucker ist immer noch die Hauptfessel, die die politische Unabhängigkeit des Landes einschränkt, zumindest potentiell. Es muß unter erheblichen wirtschaftlichen Opfern die Zuckermonokultur schrittweise abbauen und eine möglichst moderne landwirtschaftliche Produktion aufbauen, die fähig ist, den Eigenbedarf an Lebensmitteln zu decken. Die Arbeitsproduktivität in dieser Landwirtschaft muß so hoch sein, daß nur ein Teil der Bevölkerung hierfür erforderlich ist. Armut und Hunger können nur überwunden werden, wenn eine Arbeitskraft auf dem Lande wesentlich mehr Lebensmittel erzeugt, als sie zur eigenen Ernährung benötigt. Ein Landarbeiter muß sich und möglichst viele Industriearbeiter in den Städten ernähren. Nur dann ist der Aufbau einer modernen Industrie überhaupt möglich. In den USA erzeugt heute eine landwirtschaftliche Arbeitskraft eine Lebensmittelmenge, die ausreicht, 20 bis 30 Menschen reichlich zu ernähren. Dies wird durch eine Industrialisierung der Landwirtschaft erreicht. Mit den von ihr produzierten technischen Einrichtungen und Maschinen arbeitet gewissermaßen ein Teil der Industrie mit in der Landwirtschaft. Dadurch erst wird die Produktivität der Arbeitskraft in der Landwirtschaft auf die Höhe gebracht, die in der Industrie erreicht ist. Die entscheidende wirtschaftliche Hilfe, die Kuba und allen Ländern, deren Ökonomie durch die Methoden der kolonialen Ausbeutung verwüstet ist, gegeben werden kann, ist also Hilfe zur Entwicklung ihrer Landwirtschaft durch Bereitstellung von landwirtschaftlichen Maschinen und Transportmitteln, durch Aufbau von Verarbeitungsbetrieben, Ausbau des Straßennetzes, Elektrifizierung und Versorgung mit Düngemitteln. Der Ausbau der Industrie dieser Länder kann nur in dem Maße erfolgen, in dem die Landwirtschaft fähig ist, Arbeitskräfte für diese Industrie freizusetzen, ohne daß die landwirtschaftliche Produktion dadurch geschmälert wird. Das meines Wissens einzige sozialistische Land, in dem diese elementaren Grundsätze von Anfang an beachtet und mit Erfolg angewendet wurden, ist übrigens China. Es ist also damit zu rechnen, daß China in den nächsten Jahren, wenn sich diese Politik voll ausgewirkt haben wird, seine Industrieproduktion schnell vergrößern und in Anbetracht des Fleißes und der Geschicklichkeit seiner Bevölkerung, der Größe des Landes und seines Reichtums an Naturschätzen im Laufe der Zeit zur ersten Industriemacht der Welt werden wird.

Es wäre verlockend, in diesem Zusammenhang den Fragen der zukünftigen Entwicklung dieses 700-Millionen-Volkes weiter nachzugehen, von dessen Kultur und Lebenshaltung wir Europäer so Entscheidendes lernen könnten. Ich will mich jedoch auf eine utopistische Bemerkung beschränken. Ich benutzte das der Vergangenheit entstammende Wort «Industriemacht». Wenn China den vollen Reichtum seiner industriellen Produktivität entfaltet haben wird, so hoffe ich, wird die Welt im ganzen so viel weiter gekommen sein, daß der Begriff der Macht das Denken und Streben der Staaten nicht mehr beherrscht.

Das reine Machtdenken muß Schiffbruch erleiden, wenn wir alle leben wollen. Wenn der Zweite Weltkrieg einen Sinn gehabt hat, so den, daß er dem Machtdenken der herrschenden Schicht in Deutschland einen tödlichen Stoß versetzt hat. Das zweite große kapitalistische Land, das heute einen physischen und moralischen Bankrott seines Machtdenkens erlebt, sind die USA. Die größte Militärmacht der Welt scheitert an dem Widerstand eines kleinen «unterentwickelten» Volkes, des Volkes von Vietnam. Das von Washington ausgehaltene reaktionäre Regime in Saigon würde einen Abzug der 600000 US-Soldaten nicht einen Tag überleben. Auch hier erweist es sich, daß eine noch so starke Interventionsarmee ein Volk wohl zeitweise unterdrücken kann, gegen den wachsenden nationalen Widerstand am Ende aber doch machtlos ist. Das hängt auch damit zusammen, daß die Interventen immer nur die reaktionärsten Elemente als ihre Verbündeten gewinnen können. Man bedenke: Der gegenwärtige Präsident von Südvietnam, Thieu, kämpfte bei Dien Bien Phu als höherer Offizier auf seiten der Franzosen gegen sein eigenes Volk, ein regelrechter Verräter also, von seinen Vorgängern, dem Hitler-Verehrer General Ky und dem Diktator Diem, ganz zu schweigen.

Der tiefste Schatten aber fällt auf das Bild des modernen Kapitalismus, wenn wir bedenken, daß er der Menschheit die beiden furchtbarsten Vernichtungskriege und die Schande der Atombombenabwürfe auf Hiroshima und Nagasaki gebracht hat. Sechs Millionen Tote im Ersten Weltkrieg, sechzig Millionen im Zweiten – wie viele werden es im dritten sein, der nur ein nuklearer Selbstmord der Menschheit sein kann? Diese massenmordenden Kriege und die furchtbare nukleare Drohung, die nach wie vor besteht, sind unter anderem auch Errungenschaften des Kapitalismus. In den Jahren seit 1945 befanden wir uns mehrere Male am Rande eines solchen entsetzlichen Krieges. Er wurde schließlich nur durch das nukleare Patt verhindert, durch die erfolgreiche sowjetische Atomrüstung also, die die USA-Politiker in den ersten Jahren nach 1945 für unmöglich gehalten hatten.

Der gegenwärtige Stand der Kriegstechnik sorgt vorläufig dafür, daß die instabile Balance dieses Patts fortbesteht. Aber die Militärtechniker und Wissenschaftler sind eifrig bemüht, durch neue Erfindungen dieses Gleichgewicht zugunsten einer Seite aufzuheben. Der amerikanische Plan eines Antiraketen-Raketen-Systems zielt darauf ab. Wenn es nämlich gelingt, alle anfliegenden Raketen der anderen Seite schon vor Erreichung ihrer Ziele abzufangen, während die andere Seite dies nicht oder noch nicht oder nur unzureichend fertigbringt, hat man die gegnerische Atomwaffe praktisch ausgeschaltet. Man besitzt dann wieder das Atomwaffenmonopol und kann zumindest erneut mit einer Politik der atomaren Erpressung beginnen. Allerdings sind die Kosten für ein solches System so gewaltig, daß auch den USA daraus wirtschaftliche Belastungen erwachsen werden, die in ihrem ganzen Umfang schwer vorauszusehen sind. Präsident Nixon hat gegen die warnenden Stimmen zahlreicher Wissenschaftler, militärischer Fachleute und Politiker diesem Plan zugestimmt. Die Zustimmung ist kein bloßer amerikanischer Bluff, aber man kann hoffen, daß sie vorläufig nur als Druckmittel für Verhandlungen gemeint ist.

In dieser Welt der atomaren Bedrohung verlangt die Menschheit mehr als je zuvor die Abschaffung des Krieges. Sie verlangt den Frieden. Tatsächlich läßt sich heute das Verlangen nach dem allgemeinen Frieden, das bisher nur ein Hoffnungstraum der Menschheit war, auf den lapidaren Satz reduzieren: Wir wollen leben. Es geht nicht mehr darum, ob hier und dort in der Welt politische Gegensätze und der Besitz von Machtpositionen mit den Mitteln des Krieges ausgefochten werden. Es geht um unser aller Leben. Eine einzige moderne Superbombe entwickelt eine Sprengkraft, die um ein Mehrfaches größer ist als die Sprengkraft sämtlicher Bomben und Granaten zusammen, die von den kriegführenden Mächten im Verlauf des ganzen Zweiten Weltkrieges insgesamt zur Explosion gebracht wurden. Es existieren bereits viele Zehntausende solcher Bomben. Die Explosion sämtlicher heute existierender nuklearer Sprengköpfe innerhalb der relativ kurzen Zeit eines derartigen Krieges würde außerdem die Atmosphäre des Planeten mit einer ungeheuren Menge radioaktiver Spaltprodukte verpesten, die allein schon genügen würden, den größten Teil alles Lebens auszulöschen oder zu verkrüppeln.

Die Kriegstechnik hat einen Stand erreicht, der die Abschaffung des Krieges zur Lebensnotwendigkeit für uns alle gemacht hat.

Was erscheint da selbstverständlicher, als die Forderung nach Frieden über die Forderung nach Freiheit zu setzen? Erst den Frieden, dann die Freiheit! Das ist die Position des Ostens.

Die Forderung nach Frieden ist der zentrale Begriff der Politik der sozialistischen Staaten und auch der kommunistischen und sozialistischen Parteien in den westlichen Ländern. Der moderne imperialistische Krieg geht aus den wachsenden Widersprüchen innerhalb der kapitalistischen Welt hervor. Die Kriege dienen ihm zur teilweisen Überwindung dieser Widersprüche. Wenn man ihn hindert, sich dieses Mittels zu bedienen, beschleunigt man also den Untergang des Kapitalismus an seinen eigenen Widersprüchen. Durch Erzwingung des Friedens wird folgerichtig der Krieg für alle Zeiten abgeschafft sein. Das ist, sehr vereinfacht, die theoretische Grundkonzeption. Die Sowjetunion tritt deshalb, getreu diesen Prinzipien, für die allgemeine Abrüstung, für die Abschaffung der Atomwaffen, für die Auflösung aller militärischen Stützpunkte auf fremden Territorien, für die Auflösung aller Kriegsarmeen ein. Sie bietet der Welt eine andere Lösung an: die friedliche Koexistenz der beiden Systeme.

Gegen diese sowjetische Politik und ihre Begründung werden heute von Genossen, die sich als konsequente Marxisten-Leninisten bezeichnen und dabei in ihren Argumenten oft auf Mao Tsetung und die chinesischen Kommunisten berufen (ob und inwieweit mit Recht, kann ich aus Mangel an ausreichender Information nicht beurteilen), verschiedene Einwände geltend gemacht:

1. Die Sozialisten-Kommunisten seien zwar nicht für den Krieg, aber der Krieg sei unvermeidlich und zur Überwindung des Kapitalismus auch historisch notwendig. Es sei eine naive Illusion zu glauben, daß der Kapitalismus, wenn er ernsthaft

durch revolutionäre Bewegungen in den eigenen Ländern und durch wirtschaftliche Krisen bedroht werde, auf einen dritten imperialistischen Krieg verzichten werde. Im übrigen habe der Kommunismus bisher von jedem dieser Kriege profitiert. Aus dem Ersten Weltkrieg sei die Oktoberrevolution hervorgegangen, aus dem Zweiten das sozialistische Lager und die siegreiche Revolution in China. Nach dem dritten Weltkrieg werde die ganze Welt kommunistisch sein.

2. Der Verlauf des Krieges in Vietnam und der erfolgreiche Widerstand der kubanischen Revolution gegen den USA-Imperialismus beweise, daß auch die effektive militärische Macht der USA und der übrigen imperialistischen Staaten schwächer geworden sei und ständig abnehme.

3. Ein atomarer dritter Weltkrieg werde keineswegs die gesamte Menschheit vernichten, er werde seine größten Verwüstungen nur in den kapitalistischen Zentren anrichten, wo es auch die größte Zahl an Todesopfern geben werde.

4. Die Vernichtung der kapitalistischen Zentren werde zwar die Industrieausrüstung dieser Staaten größtenteils zerstören, nicht aber die dort gewonnenen technologischen Kenntnisse. Diese Kenntnisse würden nach dem Krieg der kommunistischen Welt zur Verfügung stehen, die besseren Gebrauch von ihnen machen werde als der verrottete Kapitalismus.

5. Darum sei die Chruschtschowsche These von der friedlichen Koexistenz der beiden Systeme nicht nur illusorisch, sondern revisionistisch und konterrevolutionär. Sie diene der Sowjetunion nur zur Tarnung ihrer Machtpolitik und ihres geheimen Einverständnisses mit den USA-Imperialisten über die Aufteilung der Welt.

Diese Einwände sind nicht unbedacht mit einer Handbewegung vom Tisch zu wischen.

Es wäre tatsächlich naiv zu glauben, daß ein dritter Weltkrieg nicht mehr möglich sei. Es wird auch alles getan, um ihn vorzubereiten. Die jährlichen Ausgaben für Rüstungen sind heute erheblich größer als die gesamten Rüstungskosten der kriegführenden Mächte im Zweiten Weltkrieg. Dabei ist die Zerstörungskraft der

Waffen ins Astronomische gewachsen. Hunderte von Satelliten umkreisen die Erde zu keinem anderen Zweck, als jeden militärischen Schritt der anderen Seite mit Argusaugen zu beobachten. Radarschirme bewachen die Horizonte, weil beide Seiten fürchten, die andere könne plötzlich einen vernichtenden Überraschungsangriff führen. Alle militärischen Vorbereitungen sind genau bis zu dem Punkt gebracht, wo ein Krieg beginnen könnte, und zwar sowohl ein Angriff wie auch die Abwehr eines Angriffs. Der Krieg findet eigentlich nur deswegen nicht statt, weil der Vorteil eines Angriffs zu unsicher ist und man hofft, daß die weitere Entwicklung dieses unsichere Gleichgewicht zugunsten einer Seite entscheidend ändern wird.

Aber auch die politischen und ökonomischen Gründe für den Krieg sind noch nicht genügend ausgereift. Vorhanden sind sie natürlich schon. Wenn es in den nächsten Jahren nicht zum nuklearen Weltkrieg kommt, werden die USA gezwungen sein, ihre Position in Vietnam zu räumen. Diese Niederlage wird weltweite Auswirkungen haben, die das, was die USA schon heute durch Vietnam zu fühlen bekommen, politisch und wirtschaftlich weit in den Schatten stellen. Dabei beruht diese Niederlage vom Standpunkt der US-Militärs aus gesehen nur darauf, daß die USA wegen ihrer Bereitschaft, den Weltfrieden zu erhalten, daran gehindert sind, den «schmutzigen» Krieg mit einer kleinen Serie von Atombomben aus der Welt zu schaffen. Wird diese verlogene Friedensliebe aber eine ernsthaftere Belastung überstehen? Mit verbissener Miene muß Uncle Sam es sich schon heute gefallen lassen, daß seine besten Freunde ihn am kräftigsten schröpfen. Er, der reichste Mann der Welt, hat schon mehr Schulden, als unter Freunden erlaubt ist, und er muß noch gute Miene zum bösen Spiel machen, wenn ihm die blanken Dollars und sein gutes Gold aus den löchrig gewordenen Taschen rinnen. Es besteht natürlich die Möglichkeit, daß die USA sich aus dieser Lage einfach dadurch befreien, daß sie zur alten Politik der Splendid Isolation zurückkehren und einen rücksichtslosen Wirtschaftskrieg gegen ihre Freunde eröffnen. Aber sie könnten auch auf weniger menschenfreundliche Auswege verfallen.

Der Imperialismus, das blinde Streben nach Weltmacht, alle erdenklichen Formen der Unterdrückung und Ausbeutung, übermäßiger Reichtum auf der einen und hoffnungslose Armut auf der anderen Seite, der beherrschende Einfluß engstirniger Generäle, das alles besteht fort und hindert die Menschheit, ihre Probleme in Gemeinschaft und Frieden zu lösen. Dabei sind längst alle materiellen Mittel geschaffen oder zumindest bereits erprobt, wenn auch meist am falschen Objekt, die rein technisch gebraucht werden, um die brennendsten Lebensfragen der schnell wachsenden Milliarden, die in unmenschlichem Hunger und Elend leben, zu lösen. Rein finanziell wären dafür nicht entfernt die Unsummen erforderlich, die heute für Rüstung verschwendet werden, so daß die fetten Wohlstandsbürger in den reichen Ländern nicht einmal den Gürtel für die ärmeren enger schnallen müßten. Gäbe es das nicht, was die Politiker die Politik nennen, das heißt heute ganz einfach: diese Zurückgebliebenheit der gesellschaftlichen Entwicklung, diesen Anachronismus der Systeme, befände sich die geistige und politische Bewältigung der Zusammenhänge des gesellschaftlichen Lebens auf der gleichen Höhe wie die Beherrschung der Naturkräfte, so brauchten wir uns keine Sorgen zu machen um Krieg und Frieden, um Leben oder Tod der ganzen Menschheit, auch keine Sorgen um die Freiheit der Menschen. Aber es ist nicht so. Wir leben unter der ständigen Drohung, vernichtet zu werden, und tun fast nichts dagegen als auf das Wunder hoffen, irgendwie werde sich die Welt schon aussöhnen. Das aber, darin haben die Chinesen zweifellos recht, ist der fast sichere Weg in die Katastrophe.

Aber gibt es nur diesen sicheren Weg in die Katastrophe? Für die Bewohner der industriellen Ballungszentren bedeutet sie die Vernichtung. Wird der chinesische Reisbauer sie überleben? Ich kann verstehen, wenn der revolutionäre Guerillakämpfer, der in den Dschungeln Lateinamerikas einen erbarmungslosen Krieg gegen seine heimischen und ausländischen Ausbeuter führt, wenig Mitleid mit den gutgenährten Einwohnern der reichen Großstädte hat und sich sagt, daß er schon mehr überstanden hat, als die Giftschwaden des atomaren Selbstmordes ihm antun können.

Sicher ist richtig, daß niemand heute exakt voraussagen kann, wie die Welt nach einem atomaren «Schlagabtausch» aussehen würde. Amerikanische Experten haben ausgerechnet, daß in den ersten Tagen des Krieges über 150 Millionen Amerikaner tot sein werden. Am längsten werden wahrscheinlich die Besatzungen der Raketenabschußbasen leben. Aber vielleicht werden auch immer noch genug Überlebende aus den Bunkern kriechen und sich daranmachen, die gleiche Welt des Wahnsinns erneut aufzubauen. Auch damit sollten die Reisbauern rechnen. Vielleicht wird der Atomkrieg nicht vernichtend genug sein, um die Probleme der Menschheit auf die einfachste Art aus der Welt zu schaffen, die denkbar ist, nämlich dadurch, daß er die Menschheit selbst aus der Welt schafft. Aber auf jeden Fall wird er vernichtend genug sein, um den Überlebenden eine Welt des Grauens zu hinterlassen. Kein einziges Problem wird er lösen. Er wird uns in die Barbarei zurückwerfen.

Aber wird die Politik der friedlichen Koexistenz der beiden Systeme uns retten können? Wird es gelingen, diese Politik bis zu ihrem endgültigen Erfolg durchzusetzen und aufrechtzuerhalten? Wie soll schließlich die Entscheidung zwischen den beiden Systemen herbeigeführt werden? Oder soll es nie zur Entscheidung kommen? Läuft diese Politik nicht auf die gerade im Osten so geschmähte Konvergenz der Systeme hinaus?

Chruschtschow, der die Politik der friedlichen Koexistenz deklariert hat, verband mit ihr die Idee, die Entscheidung zwischen den beiden Systemen solle durch friedlichen ökonomischen Wettstreit herbeigeführt werden. Er forderte, die Sowjetunion solle die Vereinigten Staaten binnen weniger Jahre wirtschaftlich überflügeln und dadurch aller Welt demonstrieren, daß man im Kommunismus besser leben kann als im reichsten kapitalistischen Land. Es ist interessant, daß Chruschtschow hierbei keineswegs eine einfache Kopie der Konsumgewohnheiten in den USA im Auge hatte. Er wollte zwar auch den individuellen Konsum kräftig steigern, aber weit mehr sollten alle Formen des gesellschaftlichen Konsums entwickelt werden. In der Form des gesellschaftlichen Konsums werden nämlich die Bedürfnisse der Menschen mit einem wesentlich geringeren Aufwand materieller Mittel erfüllbar als bei individuellem Konsum. Der Wirkungsgrad der aufgewendeten materiellen Mittel ist größer. Es kommt zum Beispiel nicht darauf an, für jede sowjetische Familie alle zwei bis drei Jahre ein Auto zu produzieren, das nicht nur den größten Teil seiner Lebenszeit gar nicht fährt, sondern, Wind und Wetter ausgesetzt, irgendwo am Straßenrand parkt, von den Folgen einer plötzlichen Überschwemmung des noch nicht genügend ausgebauten sowjetischen Straßennetzes ganz abgesehen. Es kommt vielmehr darauf an, die Reise- und Transportbedürfnisse der Bevölkerung in einer technisch optimalen und optimal wirksamen Weise zu erfüllen. Es ist selbstverständlich möglich, die Transportbedürfnisse der Bevölkerung einer Großstadt mit Hilfe eines kybernetisch geregelten Systems hochgradig automatisierter Taxis weitaus besser zu befriedigen, als dies mit einer Riesenflut privater Kraftfahrzeuge überhaupt möglich ist. Wenn man bedenkt, welche gewaltigen ökonomischen Werte in den Millionen Privatautos praktisch brachliegen, mehr zum Verrosten als zum Fahren bestimmt, dann wird man einsehen, daß ein solches modernes System im Endeffekt sogar wesentlich billiger ist.

Diese ökonomische Zielsetzung erforderte aber nicht nur eine völlige Umorientierung der sowjetischen Wirtschaftspolitik einschließlich der Außenhandelspolitik, sondern auch einen entscheidenden Wandel der politischen Struktur. Die Sowjetunion stand vor der historischen Aufgabe, endgültig mit dem System des Stalinismus zu brechen. Mit dem XX. Parteitag der KPdSU wurde der Kampf eröffnet, mit dem XXII. Parteitag noch einmal, wenn auch schon abgeschwächt, erneuert. Aber die schweren Rückschläge, die Chruschtschows Politik erlitt, die Aufstände in Polen und Ungarn, die Kuba-Krise, die schweren Fehlschläge seiner fehlerhaften Agrarpolitik, die gewaltig wachsenden Kosten der Rüstung und des Wettlaufs zum Mond, alles das führte schließlich zur Niederlage. Sie war aber keine bloße persönliche Niederlage Chruschtschows, sondern die Niederlage der Ideen und Hoffnungen, die der XX. Parteitag geweckt hatte.

Von großer Bedeutung für die Folgen dieser Niederlage im Weltmaßstab war die Preisgabe der internationalen revolutionären Ziele durch Chruschtschow. Im Interesse des schnelleren eigenen Wirtschaftswachstums stellte er die wirtschaftliche Hilfe an China ein und zog, während die Chinesen mit Hilfe der Sowjetunion mitten in einem gewaltigen industriellen Aufbau steckten, von einem Tag auf den anderen eine ganze Armee von Technikern und Ingenieuren aus China zurück. Der begonnene Aufbau von Industrieanlagen konnte nicht fortgesetzt werden. China erlitt unvorstellbare Verluste. Es ist keine Frage, daß es schon vor dem Abbruch der Wirtschaftshilfe an China tiefgreifende politische Meinungsverschiedenheiten zwischen den chinesischen und sowjetischen Kommunisten gegeben hatte. Chruschtschow war der Ansicht, daß die Chinesen durch die seiner Meinung nach abenteuerliche Politik der Volkskommunen und die soziale Gleichmacherei schließlich alle wirtschaftlichen Aufwendungen der Sowjetunion nutzlos vergeuden würden. Der Abzug der sowjetischen Techniker brachte den politischen Konflikt nur zum Ausbruch. Seine Wurzeln reichten tiefer. Es geht dabei um Grundfragen der kommunistischen Weltbewegung. Weil dieser Konflikt bis heute nicht nur nicht gelöst ist, sondern eigentlich fast nichts geschehen ist, ihn zu lösen, vielmehr alles auf Verschärfung drängt, befindet sich die kommunistische Weltbewegung im Zustand des fortschreitenden Zerfalls, ja der Auflösung. Dabei beschränkt sich dieser Zersetzungsprozeß keineswegs auf den Zusammenhalt der Parteien und Gruppen, die man offiziell zu den Mitgliedern dieser Weltbewegung zählt. Er hat die gesamte revolutionäre Linke der Welt erfaßt, die in eine Unzahl politischer Sekten aufgesplittert ist.

Die meisten revolutionären Gruppen, selbst die wenigen großen kommunistischen Parteien in den Ländern außerhalb des sozialistischen Lagers, sind heute nicht mehr bereit, sich mit irgendeinem der in den sozialistischen Staaten etablierten Systeme uneingeschränkt zu identifizieren. Die historische Mission der Oktoberrevolution und der chinesischen Revolution werden zwar anerkannt. Aber der Weg, den die Kommunisten in diesen

Ländern nach der Revolution beschritten haben, wird zumindest nicht als verbindlich für die eigenen Vorstellungen vom Weg zum Sozialismus angesehen. Jede Partei will ihren eigenen Weg gehen und übt oft scharfe Kritik an ihren historischen Vorgängern. Sie muß das schon deshalb tun, um ihre Basis in den Massen nicht zu verlieren. Die Massen sind angesichts der politischen Verhältnisse in den sozialistischen Staaten von Zweifeln erfüllt. Sie sehnen sich nach der Freiheit, die keine Illusion ist, und fürchten sich vor einer Diktatur dogmatischer Stalinisten.

Freiheit und Frieden, diese zwei großen Hoffnungen der Menschheit, können sie nicht miteinander in Einklang gebracht werden? Der Prager Frühling des Jahres 1968 hat die Frage mit Ja beantwortet.

Je mehr wir uns der Vorgänge in der ČSSR seit dem Januarplenum bewußt werden, und zwar einschließlich dessen, was nach dem 21. August geschah, um so deutlicher wird erkennbar, daß jener Frühling in Prag eine entscheidende Wende in der Entwicklung der gesamten revolutionären Bewegung in der Welt herbeiführen wird, und zwar nicht nur nicht gegen die Sowjetunion, sondern auch in der Sowjetunion.

Die gefährliche und sinnverwirrende Phase der friedlichen Koexistenz kann mit einiger Aussicht auf Erfolg nur dann durchgestanden werden, wenn sich die Hoffnungen der Massen in aller Welt erneut den Ideen des Sozialismus zuwenden. Dazu müssen wir uns der Freiheit bemächtigen, wir müssen dieses reinste Ideal des Humanismus den schmutzigen Händen entreißen. Wir müssen beweisen, daß Freiheit und Sozialismus nicht nur miteinander vereinbar sind, sondern daß es ohne Sozialismus keine Freiheit und ohne Freiheit keinen Sozialismus geben kann.

Sind das nur schöne Worte? Schöne Worte sind nicht wahr, wahre Worte sind nicht schön, heißt es im letzten Spruch des Lao Tse im Tao Teh King. Die Freiheit ist kein schönes Wort in den Ohren der Unterdrücker, ganz besonders, wenn es wahr gemacht wird. Dazu muß man die Freiheit beim Namen nennen. Statt ihres marmornen Abbildes muß sie als lebendiges Wesen unter uns erscheinen. Kurz gesagt, man darf sich nicht mit einem reinen Abstraktum begnügen. Man muß genau sagen, welche Freiheit und welche Freiheiten man fordert.

Also welche:

1. Freiheit der Rede.
Sie bedeutet, daß jedermann jederzeit und an jedem Ort seine Meinung frei äußern, Kritik jeder Art üben und Forderungen jeder Art vorbringen kann. Hierfür müssen jedermann alle Mittel der Publikation, Presse, Rundfunk, Fernsehen und alle Formen von Druckschriften offenstehen. Niemand, auch der Staat nicht, darf das Recht haben, dieses Recht in irgendeiner Form zu beschränken, auch nicht dadurch, daß er sich ein staatliches oder privates Monopol auf dem Gebiet der Massenmedien und Publikationsmittel verschafft.

2. Freiheit der Information.
Sie bedeutet, daß niemand, auch keine staatliche Instanz, das Recht haben darf, den Zugang zu irgendwelchen Informationen zu kontrollieren oder zu beschränken. Jedermann muß das gleiche Recht und die gleiche Möglichkeit haben, sich jedwede Information zu beschaffen und zu verbreiten.

3. Freiheit der Wahl des Aufenthaltsortes, des Arbeitsplatzes und der Arbeit.
Sie bedeutet, daß jedermann das Recht haben muß, den Ort seines Aufenthaltes, und zwar innerhalb wie außerhalb des eigenen Landes, frei zu wählen. Er muß das Recht haben, frei zu entscheiden, ob er und was er arbeiten will und wo. Er muß das Recht der uneingeschränkten Freizügigkeit haben.

4. Freiheit der Bildung von Vereinigungen, Organisationen und Parteien.
Sie bedeutet, daß jedermann das Recht haben muß, sich mit anderen, die dazu bereit sind, zu Vereinigungen, Organisationen und Parteien zusammenzuschließen, die über ihre Ziele und Aufga-

ben frei und ohne äußere Einmischung selbst entscheiden können. Hierzu zählen also nicht nur politische Organisationen und Parteien, sondern auch Produktionsgenossenschaften, Arbeitsgemeinschaften, Interessengemeinschaften und Lebensgemeinschaften.

In der ČSSR wurden die ersten drei Grundfreiheiten nach dem Januar praktisch verwirklicht. Die Durchsetzung der vierten wurde in Angriff genommen, doch es ergaben sich Schwierigkeiten. Man fürchtete sich vor der Möglichkeit, daß sich politische Gegner des Sozialismus nun legal organisieren könnten. Aber auch diese vierte Freiheit wäre zweifellos verwirklicht worden, wenn nicht der 21. August die Entwicklung jäh unterbrochen hätte. Niemals zuvor hatte nämlich eine an der Macht befindliche kommunistische Partei eine so breite Zustimmung und Anerkennung bei den Volksmassen gefunden wie damals die KPČ. Eine demokratische Organisierung ihrer Gegner hätte wenig Aussicht gehabt, Einfluß zu gewinnen oder gar den Sozialismus zu gefährden

Die internationale Ausstrahlung, die von dem freiheitlichen Sozialismus der ČSSR ausging, war gewaltig. Sie traf nicht nur die revolutionäre Linke und die kommunistischen Parteien, sondern auch den progressiven Teil der Mittelschichten. Sie hatte wesentlichen Anteil an dem Aufruhr der Massen in Frankreich, der im Mai 1968 bis nahe an den revolutionären Umsturz führte. Die französische Bourgeoisie erschrak fast zu Tode und bewilligte den streikenden Arbeitern die weitestgehenden Lohnforderungen, die je in einem kapitalistischen Land erhoben worden waren. Daß es nicht zum vollständigen Umsturz kam, verdankt die französische Bourgeoisie nur der noch zu großen inneren Zerstrittenheit der Linken. Die französische KP und die kommunistische Gewerkschaft CGT, die größte im Lande, mißtrauten den radikalen jungen Revolutionären in der Studentenschaft, denen allerdings auch viele wichtige Kenntnisse und Erfahrungen in der Leitung einer großen revolutionären Bewegung fehlten. So kam es auch hier aus Mangel an einer starken politischen Leitung nur zu Teilerfolgen, die vorläufig praktisch einer Niederlage gleichkommen.

Der demokratische Sozialismus in der ČSSR, der Kommunismus mit dem menschlichen Antlitz, war für acht Monate die Hoffnung einer rasch anwachsenden Zahl von Menschen in den sozialistischen Staaten und auch in den Staaten der westlichen Welt. Leidenschaftliche Empörung war deshalb die unmittelbare Reaktion auf die militärische Intervention der fünf Warschauer-Pakt-Staaten, die ganz offensichtlich kein anderes Ziel verfolgte, als dieser neuen, hoffnungsvollen Entwicklung des Sozialismus den Garaus zu machen. Tagelang waren Alexander Dubček und die wichtigsten seiner Genossen in der Führung der KPČ in sowjetischer Haft, wie man sagte, unter schweren und unwürdigen Bedingungen. Die Faust des Stalinismus, der sich international durch die Ausstrahlungen des Prager Frühlings bedroht fühlte, hatte rücksichtslos zugeschlagen.

Mancher, der ein Buch liest, murrt . . .

... wenn er Werbung findet, wo er Literatur suchte. Reklame in Büchern!!!? Warum nicht auch zwischen den Akten in Bayreuth oder neben den Gemälden in der Pinakothek?

«Rowohlts Idee mit der Zigarettenreklame im Buch (finde ich) gar nicht anfechtbar, vielmehr sehr modern. Hauptsache, es hat Erfolg und nützt dem Buch, was die deutsche Innerlichkeit dazu sagt, ist allmählich völlig gleichgültig, die will ihren Schlafrock und ihre Ruh und will ihre Kinder dußlig halten und verkriecht sich hinter Salbadern und Gepflegtheit und möchte das Geistige in den Formen eines Bridgeclubs halten – dagegen muß man angehen ...»

Das schrieb Ende 1950 – Gottfried Benn.

An Stelle der «Zigarettenreklame» findet man nun in diesen Taschenbüchern Werbung für Pfandbriefe und Kommunalobligationen. «Hauptsache, es hat Erfolg und nützt dem Buch.» Und es nützt auch dem Leser. (Für die Jahreszinsen eines einzigen 100-Mark-Pfandbriefs kann man sich beispielsweise drei Taschenbücher kaufen.)

Tage nach dem 21. August 1968

Artikel 27, 1

«Jeder Bürger der Deutschen Demokratischen Republik hat das Recht, den Grundsätzen dieser Verfassung gemäß, seine Meinung frei und öffentlich zu äußern. Dieses Recht wird durch kein Dienst- und Arbeitsverhältnis beschränkt. Niemand darf benachteiligt werden, wenn er von diesem Recht Gebrauch macht.»

Artikel 20, 1

«Jeder Bürger der Deutschen Demokratischen Republik hat unabhängig von seiner Nationalität, seiner Rasse, seinem weltanschaulichen oder religiösen Bekenntnis, seiner sozialen Herkunft und Stellung die gleichen Rechte und Pflichten. Gewissens- und Glaubensfreiheit sind gewährleistet. Alle Bürger sind vor dem Gesetz gleich.»

Aus der Verfassung der DDR vom 6. April 1968

«Den Grundsätzen dieser Verfassung gemäß» erfaßte viele Bürger der Deutschen Demokratischen Republik, die mit Freude und voller optimistischer Hoffnungen die Entwicklung in der ČSSR verfolgt hatten, am Morgen des 21. August 1968 große Empörung, als sie von dem überraschenden Einmarsch der Truppen von fünf Staaten des Warschauer Paktes in die ČSSR erfuhren. «Den Grundsätzen dieser Verfassung gemäß» kamen sie zusammen und sprachen ihre Meinung offen aus. Da sie nicht auf dem Mond, sondern in der DDR lebten, erfuhren sie, daß ihre Empörung von vielen kommunistischen Parteien in der Welt geteilt und in ihrer Schärfe noch überboten wurde.

Das Zentralkomitee der KP Frankreichs verurteilte in einer Sondersitzung am 22. August 1968 die bewaffnete Intervention in der ČSSR und erklärte unter anderem:

«Unsere Partei ist der Meinung, daß Probleme, die zwischen kommunistischen Parteien entstehen, durch brüderliche Diskussionen in zwei- und mehrseitigen Treffen gelöst werden sollen, wobei die Souveränität des Landes, die Entscheidungsfreiheit jeder Partei und der Geist des proletarischen Internationalismus respektiert werden müssen. Deshalb nimmt die Partei gegen jede Einmischung in die inneren Angelegenheiten einer Bruderpartei Stellung.»

Die Kommunistische Partei Italiens erklärte in einem am 25. August 1968 veröffentlichten Manifest:

«Die KPI hat ihre Mißbilligung der militärischen Intervention der Sowjetunion und der anderen Länder des Warschauer Paktes in der Tschechoslowakei ausgedrückt. Sie hat die kommunistischen Parteien dieser Länder gebeten, dem tschechoslowakischen Ersuchen nach Rückzug der Truppen nachzukommen.»

Die Kommunistische Partei Belgiens richtete am 21. August 1968 einen Brief an die kommunistischen Parteien der fünf Warschauer-Pakt-Staaten, in dem es heißt:

«Wir können die militärische Intervention in der Tschechoslowakei nicht billigen ... Wir ersuchen euch, zu überlegen, daß die Sache des Friedens und des Sozialismus wichtiger Kräfte beraubt wird, wenn insbesondere die westeuropäische Arbeiterklasse die Politik, die eure Partei durchführt, nicht versteht.»

Der Exekutiv-Ausschuß der schwedischen Linkspartei-Kommunisten gab am 21. August 1968 folgende Erklärung ab:

«Wir haben mit Abscheu die Nachricht erhalten, daß Streitkräfte des Warschauer Paktes in der ČSSR einmarschiert sind. Das ist ein Übergriff gegen die Souveränität des tschechoslowakischen Volkes. Die LKP, die für das Selbstbestimmungsrecht eines jeden Volkes eintritt, verurteilt die militärische Gewalt der Länder des Warschauer Paktes gegen die Tschechoslowakei. Der Versuch, mit Waffengewalt eine Politik zu ändern, die die offensichtliche Unterstützung des tschechoslowakischen Volkes hat, ist ein Verbrechen gegen die Prinzipien des Sozialismus.»

Der Vorsitzende der Kommunistischen Partei Rumäniens, des einzigen Landes, das dem Warschauer Pakt angehörte und an der

Intervention nicht teilnahm, Nicolae Ceausescu, sagte in einer Rede:

«Es ist unfaßbar, daß sozialistische Staaten die Freiheit und Unabhängigkeit eines anderen Landes verletzen. Es gibt keine Rechtfertigung und keinen Grund für eine militärische Intervention in die Angelegenheiten eines sozialistischen Bruderlandes.»

Ich entnehme diese Zitate der Oktobernummer des Jahrgangs 1968 von *Weg und Ziel*, der theoretischen Zeitschrift der Kommunistischen Partei Österreichs. Dort sind weitere Auszüge aus den Stellungnahmen von insgesamt siebzehn europäischen kommunistischen Parteien abgedruckt. Rechnet man die KPÖ, die die Intervention gleichfalls scharf verurteilte, dazu, so ergibt sich, daß die Intervention sofort nach dem 21. August von fünfzehn Parteien verurteilt und nur von drei Parteien gebilligt wurde. Diese drei Parteien waren die luxemburgische und die zyprische Kommunistische Partei und die KPD. Zieht man die Mitgliederzahlen der Parteien in Betracht, so ergibt sich, daß nur eine verschwindende Minderheit der europäischen Kommunisten die Intervention billigte.

Die meist jungen Leute, die in Berlin und vielen anderen Städten der DDR gegen die Intervention öffentlich protestierten, brachten also eine politische Meinung zum Ausdruck, die von der überwältigenden Mehrheit der europäischen Kommunisten geteilt wurde. Das ist wichtig. Denn es gibt verschiedene Möglichkeiten, den Artikel 27, 1 der Verfassung der DDR zu interpretieren. Es geht hierbei um die Frage, was eigentlich mit dem Terminus «den Grundsätzen dieser Verfassung gemäß» gemeint ist. Müssen die Meinungen, deren freie und öffentliche Äußerung gestattet ist, den Grundsätzen dieser Verfassung gemäß sein? Oder entspricht es den Grundsätzen dieser Verfassung, daß die Bürger der DDR das Recht haben, ihre Meinungen frei und öffentlich zu äußern? Aber selbst wenn man die erste Lesart zugrunde legt, die ich für falsch halte, könnte man in der DDR wohl kaum die öffentliche Äußerung einer Meinung für verfassungswidrig erklären, die von der überwältigenden Mehrheit der europäischen Kommunisten geteilt wird.

Daß die besagte erste Lesart falsch ist und den Grundsätzen dieser Verfassung widerspricht, geht aus den Sätzen des Artikels 27, 1 hervor, die auf den ersten Satz folgen, ganz besonders deutlich aber aus dem letzten Satz: «Niemand darf benachteiligt werden, wenn er von diesem Recht Gebrauch macht.» Wer sollte schon in der DDR irgendwelche Benachteiligung zu fürchten haben, der nur Meinungen äußert, die den Grundsätzen dieser Verfassung gemäß sind! Der Artikel 27, 1 besagt also tatsächlich klar und eindeutig, daß es in der DDR gestattet ist, auch von der Meinung der Regierung abweichende Meinungen frei und öffentlich zu äußern. Die einzige Einschränkung dieser Freiheit, von der in der Verfassung ausdrücklich die Rede ist, wird in Artikel 6, 5 formuliert, wo es heißt: «Militaristische und revanchistische Propaganda in jeder Form, Kriegshetze und Bekundung von Glaubens-, Rassen- und Völkerhaß werden als Verbrechen geahndet.» Wenn man die jüngste deutsche Vergangenheit bedenkt, dann kann man diese Einschränkung akzeptieren. Aber es kann kein Zweifel darüber möglich sein, daß der Artikel 27, 1 der Verfassung der DDR die Freiheit der Meinungsäußerung zum Grundrecht der Bürger erklärt und damit die öffentliche Äußerung von Kritik und Protest gegen Entscheidungen, Handlungen und Meinungen der Regierung ausdrücklich gestattet. Der ganze Artikel 27, 1 wäre sonst nichts anderes als eine verlogene Phrase zur Täuschung der Bürger über ihre verfassungsmäßigen Rechte.

Die Bürger der DDR, die nach dem 21. August 1968 öffentlich gegen die militärische Intervention der Warschauer-Pakt-Staaten in der ČSSR protestierten, machten also von einem Recht Gebrauch, das ihnen durch die Verfassung der DDR ausdrücklich zugestanden wird.

In welcher Form machen sie von diesem Recht Gebrauch? In den verschiedensten Formen. Sie stellten mit der Hand geschriebene kleine Flugzettel her. Andere vervielfältigten ihre Thesen mit der Schreibmaschine. Der Regisseur der Komischen Oper B. und seine Frau verteilten solche Flugzettel auf der Karl-Marx-

Allee in Berlin an die Passanten. Zwei junge Abiturientinnen befestigten selbstgemalte Zettelchen an den Windschutzscheiben parkender Autos. Ein sechzehnjähriger Schüler hißte am Fenster der elterlichen Wohnung am Strausberger Platz in Berlin eine große tschechoslowakische Fahne. Eine Gruppe junger Leute stellte Abschriften des Liedes «In Prag ist Pariser Kommune» von Wolf Biermann her. Zwei junge Männer malten in der Nacht vom 22. auf 23. August im Zentrum von Ost-Berlin den Namen DUBČEK mit weißer Farbe an die Häuserwände. Eine junge Frau schrieb an das dunkelblaue Dach des Kinderwagens, in dem ihr Baby lag, mit Kreide in großen Buchstaben die Namen DUBČEK und SVOBODA und zog damit am hellichten Tag durch ganz Berlin. Sie legte dabei auf der S-Bahn über 30 Kilometer zurück, wobei sie mehrere Male umstieg.

Das sind die Fälle, von denen ich genauere Kenntnis erhielt, weil mir die Beteiligten persönlich bekannt waren. Zwei davon waren meine eigenen Söhne Frank und Florian. Alle, bis auf die junge Mutter mit dem Kinderwagen, wurden verhaftet und später vor Gericht gestellt. Das gleiche Schicksal ereilte noch ungezählte andere, die in Berlin und anderen Städten der DDR öffentlich gegen die Intervention protestiert hatten. Da es praktisch keine offizielle Berichterstattung darüber gab, ist die Gesamtzahl unbekannt. Ein Mann, so wird erzählt, wurde verhaftet, weil er mit einer schwarzen Binde am Arm spazierenging. Stasi-Beamte fragten ihn nach der Bedeutung der Armbinde. «Weil eine große Hoffnung heute begraben wurde», antwortete er. Sie nahmen ihn mit. Er wurde vor Gericht gestellt und verurteilt. Seine Tat war die bedenklichste. Er hatte auf einfache Weise ausgedrückt, was alle empfanden.

Die Polizisten, die die Festnahmen durchführten, die Richter, die die Haftbefehle unterschrieben, die Untersuchungsbehörden, die die darauf folgenden monatelangen Verhöre veranstalteten, die Staatsanwälte, die die Anklageschriften verfaßten, schließlich die Richter, die die Urteile fällten, sie alle verletzten unter Mißbrauch ihres Amtes die eben neu beschlossene Verfassung der DDR. Die Anklagen stützten sich in den meisten Fällen auf zwei Paragraphen des neuen Strafgesetzbuches der DDR, in denen «staatsgefährdende Hetze» und «Staatsverleumdung» mit hohen Freiheitsstrafen bedroht werden. Was ich von Strafbestimmungen dieser Art halte, habe ich schon gesagt. Wichtig ist die Feststellung, daß sie dem Geist und Buchstaben der DDR-Verfassung widersprechen. Sie sind verfassungswidrig und damit ungültig. Die Verfassung ist das höhere Recht, das nicht durch willkürliche Strafbestimmungen aufgehoben werden kann. Außerdem, was wurde hier als «Hetze» und «Verleumdung» bezeichnet? Die Parolen der Protestierenden lauteten meistens so: Freiheit für die ČSSR. Hände weg vom roten Prag. Freiheit für Dubček, es lebe der freiheitliche Sozialismus. Auch wir wollen einen Dubček. Solidarität gegen Intervention. Dubček – Svoboda. Dubček – Freiheit. Sozialisten sind keine Interventen. Frieden und Freiheit. Es waren die Parolen der großen Hoffnung, die begraben wurde. Es waren Ausbrüche der Verzweiflung. Selbstverständlich rechneten diejenigen, die sie schrieben, mit der Verhaftung. Die meisten kamen gar nicht auf die Idee, daß die Verfassung sie beschützen könnte.

Zwei Monate nach der Verhaftung meiner Söhne gab ich der italienischen Zeitung *Il Giorno* ein längeres Interview, in dem ich meine Meinung über die Intervention zum Ausdruck brachte. Ich bemühte mich dabei, jede unnötige Schärfe in meinen Formulierungen zu vermeiden. Einige Tage danach klopfte es frühmorgens in meinem Häuschen in Grünheide gleichzeitig an sämtliche Türen und Fenster. Haussuchung. Der Staatsanwalt Windisch und vier Leute von der Stasi waren erschienen. Eine richterliche Anordnung zur Durchführung einer Hausdurchsuchung wurde vorgewiesen.

Ich beeilte mich nicht sehr mit dem Aufstehen; sollten sie warten. Aber sie waren ungeduldig und klopften erneut. Sie fürchteten wohl, ich könnte inzwischen wichtige Sachen verstecken. Die bevorstehende Aktion erfüllte mich mit einiger Sorge. Gewöhnlich verwandelt solche peinliche Haussuchung die Wohnung in ein Schlachtfeld. Dieses und jenes geht dabei zu Bruch, man ist tagelang mit Aufräumen beschäftigt. Die vier Genossen von der Stasi brachten zwar schöne kleine Köfferchen mit, die nicht nur die obligate Fotoausrüstung, sondern auch ein komplettes Sortiment schönster Einbrecherwerkzeuge enthielten. Aber sie machten nur von ihrem Fotoapparat Gebrauch, als sie nämlich den kleinen Koffer entdeckt hatten, der meinem Sohn Frank gehörte. Er enthielt wichtiges Beweismaterial, das auch unerhört gravierend war, nämlich verschiedene farbige Filzstifte und etwa zwei Dutzend Abschriften des Biermann-Liedes «In Prag ist Pariser Kommune», ein Lied, das Wolf lange vor der Intervention geschrieben hatte. Dieser Koffer mit seinem ganzen Inhalt an sonstigem Krimskram wurde einer längeren Serie von Blitzlichtaufnahmen für würdig befunden. O Staat der DDR, wovor dir graut!

Im übrigen wühlten die Genossen in Kisten und Kasten, sie lasen und schnüffelten. Was ihnen interessant erschien, steckten sie in große Tüten: Briefe, Manuskripte, Bilder, harmlose Schmierzettel. Aber sie hinterließen keine Unordnung. Sie nahmen jedes Bild von der Wand – ich habe recht viele Bilder –, beklopften und berochen es, nahmen jedes Buch aus dem Regal und blätterten es durch, nichts entging ihren wachsamen Augen. Aber zum Schluß war alles wieder an seinem Platz, von den nicht wenigen Büchern, Manuskripten und Briefschaften abgesehen, die in ihre Tüten gewandert waren. Als sie fortgingen, sah die Wohnung genauso aus wie vorher.

Während dieser emsigen Arbeit der Genossen, die ein erhebliches Training in diesem Metier verriet, unterhielt ich mich mit dem Staatsanwalt Windisch, einem schmächtigen, schüchtern wirkenden Mann, in dessen Gesichtsausdruck und Gebaren eine widersprüchliche Mischung von amtlicher Selbstbehauptung und verlegener Einsicht in die Peinlichkeit seiner Situation ausgedrückt war.

«Sagen Sie, Herr Staatsanwalt, kann man in der DDR eigentlich für bestimmte Meinungen, die man hat, bestraft werden?»

«Nein, selbstverständlich nicht. Man kann nur für Handlungen bestraft werden. Es kommt nicht darauf an, was jemand denkt, es kommt nur darauf an, was er getan hat, ganz konkret.»

«Aber ist nicht das, was ein Mensch denkt, oft sehr maßgeblich für das, was er tut?»

«Ja, aber trotzdem ist für das Gericht allein das entscheidend, was er konkret getan hat.»

«Aber glauben Sie nicht auch, daß man eine bestimmte Handlung in ihrer ganzen Bedeutung überhaupt erst dann gerecht beurteilen kann, wenn man auch die Motive genau kennt?»

«Das ist richtig. Bei der Beurteilung einer Tötung zum Beispiel entscheiden allein die Motive darüber, ob es sich um einen Totschlag oder um Mord gehandelt hat.»

«Ist nicht auch schon die Vorbereitung einer Tat strafbar?»

«In vielen Fällen ist die Vorbereitung ebenso strafbar wie die Tat.»

«Auch dann, wenn es sich um eine geistige Vorbereitung handelt?»

«Wie meinen Sie das?»

«Sehr einfach. Durch die geistige Vorbereitung entstehen ja die Motive.»

«Ich würde sagen, die geistige Vorbereitung und die Motive sind praktisch ein und dasselbe.»

Mein Sohn Frank habe gemeinsam mit einem Freund in der Nacht vom 22. zum 23. August einige Häuserwände in der Innenstadt mit einigen Strichen weißer Farbe bemalt, sagte ich. Diese «Tat» könne von den Hausbesitzern als eine geringfügige Sachbeschädigung angesehen werden, die sich ja sehr leicht beheben lasse. Aber nun säßen die beiden deswegen schon seit zwei Monaten in Untersuchungshaft. Demnach komme es bei einer Strafverfolgung durch die Gerichte offenbar nicht nur darauf an, was konkret getan worden sei, sondern auch auf das, was die Menschen sich dabei gedacht hätten. Wenn die beiden ein beliebiges Schimpfwort an die Häuser geschrieben hätten, hätte man sie nicht einen Tag in Haft behalten. «Aber sie haben den Namen des ersten Sekretärs einer Bruderpartei, der nach wie vor im Amt ist, an die Wände gemalt, um ihre Sympathie für ihn und seine Partei zu bekunden. An und für sich ist es unvorstellbar, daß das eine strafbare Handlung sein soll. Was die Staatsanwaltschaft hieran für strafbar hält, muß das sein, was die jungen Leute sich möglicherweise dabei gedacht haben.»

«Ich kann Ihnen diese Frage nicht beantworten, weil ich mit der Ausarbeitung der Anklage gegen Ihre Söhne nicht im einzelnen vertraut bin», wich Staatsanwalt Windisch aus. «Das Gericht wird jedenfalls streng nach unseren Gesetzen verfahren und nur dann eine Strafe verhängen, wenn eine strafbare Handlung vorgelegen hat. Ich habe nur die Aufgabe, die Haussuchung bei Ihnen durchzuführen.»

«Und warum durchsuchen Sie dann meine Bibliothek und beschlagnahmen zahlreiche Bücher und Zeitschriften?»

«Weil der Inhalt dieser Schriften Ihre Söhne und andere Jugendliche beeinflußt haben kann. Das muß geprüft werden.»

«Sie meinen also, wenn jemand den Namen DUBČEK an Häuserwände malt, dann muß man die Bibliothek des Vaters durchsuchen, um zu erfahren, was der Betreffende sich dabei gedacht hat?»

«Nein, um zu erfahren, wie er zu dem gekommen ist, was er sich dabei gedacht hat.»

«Sie haben recht, aber ich würde den Einfluß, den meine Bibliothek und meine Ansichten auf das Denken meiner Söhne ausüben, nicht überschätzen. Ich glaube, beide sind in ihren Ansichten und Meinungen schon sehr selbständig denkende Menschen.»

«Wir sind aber der Meinung, daß dieser Einfluß entscheidend war!»

«Sehen Sie, Herr Staatsanwalt, das war es, was ich von Ihnen hören wollte. Sie glauben also, ich sei der geistige Urheber dessen gewesen, was Sie meinen Söhnen vorwerfen. Warum verhaften Sie dann nicht mich, den ‹Schreibtischtäter›? Lassen Sie doch die jungen Leute laufen! Führen Sie den Prozeß gegen mich.»

«Das ist nicht möglich, weil Sie nichts Strafbares begangen haben.»

«Diese Logik verstehe ich nicht. Der Sohn schreibt DUBČEK an Häuserwände. Selbst die Polizei merkt, daß dies ein Protest gegen die militärische Besetzung in der ČSSR ist. Die Staatsanwaltschaft hält dies für strafbar und glaubt, daß der Vater den Sohn zu dieser Handlung geistig angestiftet hat. Aber der Vater wird nicht bestraft.»

«Sie haben eben nichts Strafbares getan. Sie haben doch das Recht, auch Ihren Söhnen gegenüber zu sagen, was Sie denken. Sie sind ja nicht der einzige Mensch, der Ihre Söhne beeinflußt hat. Daß sie sich mehr von Ihnen beeinflussen ließen als von anderen, zum Beispiel von der Mutter, das ist Sache der Söhne selbst. Dafür tragen die Verantwortung Ihre Söhne und nicht Sie.»

«Trotzdem wird man sagen, wenn es zum Prozeß kommt, daß man den Vater treffen will, aber seine Söhne schlägt. Ich würde Ihnen deshalb empfehlen, umgekehrt zu verfahren, oder noch besser: Verzichten Sie lieber auf jede Verfolgung.»

«Noch ist nicht entschieden, ob die Staatsanwaltschaft den Antrag auf Eröffnung eines Gerichtsverfahrens stellen wird. Aber ein Verfahren gegen Sie kommt nun einmal aus rein rechtlichen Gründen nicht in Betracht.»

«Dann müssen Sie aber wenigstens zugeben, daß ich im Falle eines Gerichtsverfahrens unbedingt als Zeuge vernommen werden muß. Da ich nach Ihrer Meinung der geistige Urheber oder Initiator, oder was Sie sonst wollen, der Tat bin, habe ich ein Recht darauf, vor Gericht gehört zu werden. Ich glaube auch, daß es eigentlich selbstverständlich ist, daß bei dieser Sachlage das Gericht – wie sagt man doch? – ‹im Interesse der Wahrheitsfindung› auf meine Vernehmung als Zeuge nicht verzichten kann.»

«Das ist möglich, wird aber durch das Gericht entschieden. Außerdem muß ein Antrag vorliegen.»

«Ich werde den Verteidiger bitten, auf jeden Fall einen solchen Antrag zu stellen, weil ich fürchte, daß ich sonst nicht geladen werde. Ich möchte auch endlich meine Söhne wiedersehen, und wenn es nicht anders geht, dann eben vor Gericht. Warum gestattet man mir eigentlich keinen Besuch? Finden Sie das nicht unmenschlich?»

«Solange die Voruntersuchung noch nicht abgeschlossen ist, sind Besuche, auch nächster Angehöriger, nicht zulässig, wenn die Klärung des Sachverhalts dadurch beeinträchtigt werden kann. Daß in Ihrem Fall damit zu rechnen ist, werden Sie der Untersuchungsbehörde zubilligen.»

«Der Stasi?»

«Ja, die Staatsanwaltschaft hat in diesem Fall das Ministerium für Staatssicherheit mit der Durchführung der Untersuchung beauftragt. Das ist nichts Besonderes.»

«Bei uns.»

«Wir hätten auch andere Stellen beauftragen können.»

«Haben Sie auch Einfluß auf die Behandlung der Gefangenen in der Haftanstalt des Ministeriums für Staatssicherheit?»

«Ja, warum fragen Sie danach?»

«Weil in der Haftanstalt gegen meinen Sohn Frank eine Ordnungsstrafe erlassen wurde, die geradezu mittelalterlich ist. Selbst in einem kapitalistischen Land wäre sie ein Skandal. Er erhielt allgemeines Leseverbot. Weil er in einer Zeitung einzelne Worte, wohl in Ermangelung eines Schreibzeuges, mit dem Fingernagel unterstrichen hatte. Leseverbot. Stellen Sie sich vor, was das heißt! Über Ordnungsstrafen gegen Häftlinge kann man verschiedener Meinung sein, aber wenn man schon solche Strafen überhaupt für zweckmäßig hält, noch dazu gegen einen Untersuchungsgefangenen, der als unschuldig zu gelten hat, solange kein Schuldspruch gegen ihn gefällt wurde, dürfte diese Strafe, das Leseverbot, in einem Land des Sozialismus überhaupt nicht im Bereich der Möglichkeit liegen. Übrigens gab es in der Bibliothek der Haftanstalt kein einziges Werk des wissenschaftlichen Marxismus. Mein Sohn hat beantragt, daß ihm durch seine Mutter Lenins Buch ‹Staat und Revolution› besorgt wird. Aber der Antrag wurde abgelehnt. Finden Sie diese Tatsache nicht auch empörend?»

«Ich will mich darum bemühen, daß das Leseverbot aufgehoben wird.»

«Genügt es denn nicht, wenn Sie den Generalstaatsanwalt von

diesen empörenden Zuständen in der Haftanstalt der Stasi in Kenntnis setzen? ‹Ich will mich darum bemühen›, das klingt nicht gerade optimistisch.»

Staatsanwalt Windisch zuckte schüchtern die Schultern, als wenn er sagen wollte: «Was fragen Sie mich das alles? Sie wissen doch selbst genau, wie alles ist.» Aber er sagte nichts weiter. Er schien geradezu dankbar, als einer der Stasis ihm in diesem Augenblick einen Packen Bücher mit der Bitte um Entscheidung vorlegte, ob sie beschlagnahmt werden sollten. Adam Schaff? Er ließ ihn mir, als ich ihm erklärte, daß er ein führender Theoretiker der polnischen Partei sei. Auch Ernst Fischer verteidigte ich mit Erfolg, als ich ihm sagte, daß er ZK-Mitglied der österreichischen Partei sei. Aber die dreibändige Trotzki-Biographie von Isaac Deutscher verschwand auf Nimmerwiedersehen. Und noch vieles andere dazu.

Als die Kolonne ihre Arbeit beendet hatte und wieder abgezogen war, wunderte ich mich darüber, wie wenig mich dieser unangenehme Besuch geärgert hatte. Nach der Verhaftung meiner Söhne hatte ich längst damit gerechnet und mich bei dem Gedanken daran zehnmal mehr geärgert als jetzt, da die Situation eingetreten war.

Am stärksten hatte wohl das Gespräch mit dem Staatsanwalt dazu beigetragen, meine Stimmung in Balance zu halten. Ich hatte das Gefühl wie nach einem gelungenen wissenschaftlichen Experiment im Labor. Diese Art von Kontakt mit unserer politischen Wirklichkeit braucht man gerade dann nötig, wenn man sich mit dieser Wirklichkeit kritisch auseinandersetzen will.

Noch einmal zwei Stunden

Bei seinem Abschied hatte mir der Staatsanwalt Windisch noch die neue Einladung überbracht, auch diesmal nur mündlich. Ich wurde gebeten, am folgenden Tag zu einer Zeugenvernehmung in der Magdalenenstraße zu erscheinen, morgens um elf Uhr.

Fast zwei Monate waren seit der Invasion vergangen, wir schrieben Oktober. Vorläufig schien der Überfall immer noch ein Schlag ins Wasser. Fast alle «Reformer» befanden sich noch in ihren führenden Positionen. Dubček war Erster Sekretär der KPČ, Svoboda Präsident, Černik Ministerpräsident, Smrkovski Präsident des Parlaments. Ota Šik trat zwar von seinem Posten als Stellvertretender Ministerpräsident zurück, behielt aber sein Abgeordnetenmandat und schien der geistige Inspirator der Wirtschaftsreform zu bleiben. Die Devise war offenkundig: Keine Rückkehr zu den Vor-Januar-Verhältnissen, eine vorsichtige Umschreibung für: Keine Rückkehr zum Stalinismus der Novotný-Periode.

Die Art, wie die KPČ der flagranten Verletzung ihrer Unabhängigkeit begegnete und zugleich mit dem Mittel nicht mißzuverstehender Anspielung das Volk vor nationalistischen Ausbrüchen und antisowjetischen Demonstrationen zurückhielt, das alles war erstaunlich. Die Völker der ČSSR hatten die bitteren Erfahrungen, die sie im Umgang mit ganz anderen Invasoren gewonnen hatten, zu nutzen verstanden. Sie waren bereit, ihr Unglück zu ertragen, die äußere Unterdrückung hinzunehmen, weil sie von einer Übermacht ausgeübt wurde. Aber sie waren nicht bereit, jemals wieder das System der inneren Unterdrükkung in ihrem Land zuzulassen. Auf diese Weise erwiesen sie sich als die Stärkeren.

Es schien mir damals zweifelhaft, ob die DDR unter diesen Umständen die Prozesse gegen die jugendlichen Demonstranten tatsächlich durchführen würde. Ich hatte auch Informationen, die darauf hindeuteten, daß es in dieser Frage in der Partei starke

Meinungsverschiedenheiten gab. In der Magdalenenstraße wurde ich mit der schon gewohnten Höflichkeit empfangen. Mein Partner, es war diesmal nur einer, war mir neu. Wie ich später erfuhr, war es der «Verhörer» meiner Söhne. Das ging auch schon aus der vorzüglichen Kenntnis bestimmter Details hervor, die er während unserer Unterhaltung an den Tag legte.

«Wir haben Sie im Zusammenhang mit dem Untersuchungsverfahren, das wir im Auftrage des Generalstaatsanwalts gegen Ihre Söhne durchführen, zu einer Zeugenvernehmung geladen. Pflichtgemäß muß ich Sie darauf aufmerksam machen, daß Sie nach der Strafprozeßordnung das Recht zur Verweigerung der Aussage haben. Wollen Sie von diesem Recht Gebrauch machen?»

«Nein.»

Er blickte mich erstaunt an. Hatte er geglaubt, daß ich ein Aussageverweigerer aus Prinzip sei?

«Aber im Falle Ihrer Söhne, wegen des Verwandtschaftsverhältnisses haben Sie doch unbezweifelbar das Recht zur Aussageverweigerung!»

«Das weiß ich. Aber ich glaube, daß ich meinen Söhnen helfen kann, wenn ich als wichtiger Zeuge Aussagen mache. Ich habe das dem Staatsanwalt Windisch ja schon erklärt. Eigentlich bin ich ja der Angeklagte.»

«Aber nein, es gibt kein Verfahren gegen Sie.»

«Leider. Als Angeklagter könnte ich mich besser verteidigen.»

Auf diese Bemerkung ging er nicht weiter ein, sondern begann mit seinen Fragen. Er hatte die Protokollbögen schon vor sich und stellte nur Fragen, die er schon vorher im Protokoll schriftlich formuliert hatte.

Er begann mit einigen Fragen zur Person, fragte nach den Schulleistungen und nach den besonderen Interessen der Söhne, wie sie sich entwickelt hätten, wie ihr Verhältnis zu den Eltern sei.

«Ist es richtig, daß Sie besonders in letzter Zeit einen sehr starken Einfluß auf die politisch-ideologische Entwicklung Ihrer

Söhne ausgeübt haben?»

«Natürlich habe ich Einfluß ausgeübt, so wie viele andere Menschen auch. Jeder Mensch ist in hohem Maße das Produkt der Einflüsse seiner Umwelt. Mein Einfluß wird aber sicher überschätzt, einfach deshalb, weil meine Söhne und ich in einigen wichtigen Fragen in unseren Ansichten weitgehend übereinstimmen. Daraus schließt man dann zu Unrecht, meine Söhne hätten diese Ansicht von mir bezogen. Es gibt doch ziemlich viele Leute in der DDR, die in einigen wichtigen Fragen der gleichen Ansicht sind wie ich. Glauben Sie, daß alle diese Leute ihre Meinungen von mir bezogen haben? Kann man nicht damit rechnen, daß es in vielen Fällen einfach die Tatsachen sind, die die Menschen vor Augen haben, die sie zum Nachdenken bringen?»

«Uns interessiert aber, wie groß Ihr Einfluß war, besonders im Vergleich mit dem Einfluß, den Ihre geschiedene Frau auf Ihre Söhne ausgeübt hat.»

«Der Einfluß meiner Frau war früher groß, er wirkte in allen politischen und weltanschaulichen Fragen in der gleichen Richtung wie meiner. Wir hatten ja keine Meinungsverschiedenheiten in diesen Fragen. Das änderte sich erst nach unserer Scheidung, und zwar so abrupt, daß meine Frau schon deshalb fast allen Einfluß verlor.»

«Ihre Frau hat erst seit ihrer Scheidung ihre politischen Meinungen geändert?»

«Nein, sie änderte nach meiner fristlosen Entlassung abrupt ihre politischen Meinungen, oder sagen wir es genauer: ihre Meinung über meine Meinungen; daraufhin ließ sie sich dann von mir scheiden.»

«Jedenfalls schätzen Sie den Einfluß Ihrer geschiedenen Frau in den letzten Jahren gering ein?»

«Ja.»

«Hatten Ihre Söhne freien Zugang zu allen Büchern Ihrer Bibliothek, oder haben Sie ihnen die Lektüre bestimmter Bücher und Schriften verboten oder diese dem Zugriff Ihrer Kinder entzogen?»

«Meine Söhne konnten immer alles lesen. Ich bin gegen jede

Zensur. Meine Bibliothek war für die Entwicklung der Kenntnisse und der Bildung meiner Kinder von größtem Wert.»

«Hätten Sie ihnen auch gestattet, Hitlers ‹Mein Kampf› zu lesen?»

«Leider besitze ich dieses Buch nicht mehr, das für das Verständnis des deutschen Faschismus so wichtig ist. Selbstverständlich hätten meine Söhne es lesen dürfen.»

«Aber dann hätten Sie Ihre Söhne der Gefahr ausgesetzt, unter den Einfluß faschistischer Ideen zu geraten.»

«Im Gegenteil. Der Einfluß faschistischer Ideen und faschistischen Denkens, der auch hier in der DDR in unserer Gesellschaft noch längst nicht genug überwunden ist, kann durch die Lektüre von ‹Mein Kampf› nur vermindert, nicht gefördert werden. Die größenwahnsinnigen Ideen Hitlers haben heute, nach dem ruhmlosen Zusammenbruch des Tausendjährigen Reiches, schon die Dimension der Lächerlichkeit angenommen. Das gilt übrigens auch für viele Schriften aus der Blütezeit der Stalin-Ära, die mit ihren servilen Bücklingen und verlogenen Elogen an die Adresse des größten und weisesten Führers in peinlicher Weise lächerlich wirken.»

Tatsächlich hatte ich mich schon in der Nazizeit oft darüber gewundert, wie ein ganzes Volk, einschließlich seiner sogenannten Gebildeten, dazu gebracht werden konnte, sich tagtäglich in den Büros, in den Fabriken, beim Einkaufen in den Geschäften mit dem lächerlichen Gruß «Heil Hitler» zu begrüßen. Wir Deutsche hatten wahrlich Übung im Personenkult. Das zeigte sich dann auch in der penetrantesten Weise, als der Stalinkult das Land erfaßte.

«Sie meinen also, wir sollten zur Bekämpfung der Überreste des Faschismus Hitlers ‹Mein Kampf› neu herausbringen?»

«Ich will nicht sagen, daß die Veröffentlichung von ‹Mein Kampf› gerade das dringendste Bedürfnis auf dem Buchmarkt der DDR ist. Es gibt einige tausend Bücher, denen ich den Vorrang geben würde. Sämtliche Bücher zum Beispiel, die Herr Windisch bei mir beschlagnahmen ließ, wären es wert, von vielen gelesen zu werden.»

«Glauben Sie denn wirklich, daß von Büchern nicht ein starker und schädlicher ideologischer Einfluß ausgehen kann?»

«Der stärkste ideologische Einfluß geht von Büchern aus, die verboten sind.»

«Wie soll das möglich sein, wenn die Leute sie nicht lesen können?»

«Gerade Sie vom Ministerium für Staatssicherheit wissen doch sehr gut, daß auch die modernste Staatsgrenze das Einsickern von Literatur nicht verhindern kann. Bücher und Autoren, auf die hier offiziell geschimpft und gewettert wird, sind dabei besonders begünstigt. Das ist ja die beste Reklame, so wie umgekehrt nichts verheerender für das Ansehen eines Autors ist als ein staatliches Lob. Aber auch die Bücher, die die Leute nicht lesen können, haben eine starke Wirkung. Man hört von ihnen und stellt sich oft Phantastisches vor, das um so stärker wirkt. Unterdrückung von Literatur bedeutet heute im Grunde Verbreitung dieser Literatur. Wir leben ja nicht mehr im Mittelalter. Die Massenmedien haben die Ländergrenzen längst illusorisch gemacht. Man kann heute kein Volk mehr mit Erfolg geistig bevormunden.»

«Haben Ihre Söhne auch Ihre Vorlesungen gelesen, ich meine das Buch ‹Dialektik ohne Dogma›?»

«Wie gründlich, weiß ich nicht. Wir haben manchmal über einiges diskutiert, was ich da behauptet habe.»

«Das Buch ist in der DDR nicht lizenziert.»

«Sagen Sie lieber, es steht auf dem Index. Aber auf die Veröffentlichung eines Index hat man bisher wohlweislich verzichtet. Er wäre praktisch ja ein Werbekatalog. Die Vorlesungen habe ich, wie Sie wissen, ein ganzes Semester lang öffentlich gehalten. Mehrere tausend Skripten wurden an die Hörer ausgegeben, von jeder einzelnen Vorlesung jeweils über tausend. Dagegen wurde nie Einspruch erhoben. Diese Skripten sind also legal.»

«Sie haben im Laufe der letzten Jahre eine Reihe von Zeitungsartikeln und Interviews veröffentlicht. Auch ein längeres Manuskript mit dem Titel ‹Dialektik des Materialismus› wurde bei Ihnen gefunden. Hatten Ihre Söhne zu diesen Schriften

Zugang. Haben sie sie gelesen?»

«Ja, sie hatten Zugang, und ich nehme auch an, daß sie sie gelesen haben.»

«Ist das ganz sicher?»

«Ich weiß das nicht mit Bestimmheit. Aber fragen Sie sie doch selber.»

«Da hatten wir mit Ihren Söhnen einige Schwierigkeiten. Sie sagen nicht gern viel.»

«Sie meinen, sie überlegen sich sehr genau, was sie sagen.»

«So kann man es auch ausdrücken. Ich habe im übrigen noch eine Frage: Gibt es Personen, die von Ihren Söhnen besonders bewundert werden, die sie als Vorbilder betrachten oder deren Leistungen ihnen besonders starken Eindruck gemacht haben?»

«Ja, mit großer Bewunderung verehren sie Lenin. Dabei möchte ich Sie übrigens fragen, warum Sie nicht gestattet haben, daß meinem Sohn Frank Lenins Werk ‹Staat und Revolution› ausgehändigt wurde, um das er seine Mutter gebeten hatte, weil es in der Bibliothek Ihrer Haftanstalt kein einziges Werk der marxistischen Literatur gibt?»

«Gegen Frank mußte leider ein Leseverbot erlassen werden.»

«Sie sollten sich dessen schämen.» Ich nahm alle Schärfe zusammen, die in dieser Situation möglich war, und wiederholte meinen Protest gegen diese skandalöse Maßnahme. Mein Gegenüber wurde sichtlich verlegen und stellte die alsbaldige Aufhebung dieses Verbots in Aussicht. Tatsächlich wurde es aber nie aufgehoben.

«Gibt es noch weitere Personen, die Ihre Söhne besonders verehren?»

«Ja, Fidel Castro, und ganz besonders Che Guevara.»

«Noch sonst jemanden?»

«Ich wüßte nicht.»

Mein höflicher Stasi kritzelte noch eine Weile am Protokoll und meinte dann, daß er mit seinen Fragen am Ende sei. Aber wenn ich den Wunsch hätte, von mir aus etwas zu erklären, so könne ich es gern noch zu Protokoll geben. Ich bat ihn, mich das Protokoll erst einmal lesen zu lassen. Meine stark reduzierten

Antworten wirkten in seiner Fassung sehr harmlos. Da ich daran interessiert war, als Zeuge vor Gericht geladen zu werden, kam dies meinen Wünschen entgegen. Offensichtlich war das Ziel der Vernehmung gewesen, meine geistige Urheberschaft an den «Straftaten» meiner Söhne nachzuweisen. Wenn man das Protokoll las, ergab sich der Eindruck, daß dieses Ziel erreicht worden sei. Ich studierte ziemlich lange an dem Protokoll, denn die Handschrift meines Vernehmers war nicht leicht lesbar. Was er denn meine, was ich noch zu Protokoll geben könne, fragte ich.

«Vielleicht möchten Sie von sich aus eine Erklärung abgeben. Sie haben hier die Möglichkeit zu sagen, was Sie über die ganze Angelegenheit denken. Sie könnten zum Beispiel etwas zur Verteidigung und Rechtfertigung Ihrer Söhne sagen. Wie gesagt, was Sie wollen, steht Ihnen völlig frei.»

Mein freundlicher Stasi genehmigte mir also zu sagen, was ich dachte.

«Es ist liebenswürdig von Ihnen, daß Sie mir gestatten, meine Meinung frei zu äußern, allerdings nur für Ihr Protokoll. Aber sagen Sie, habe ich nicht auch sonst das Recht dazu, wann und wo ich will?»

«Sie mißverstehen mich. Ich wollte Ihnen nur die Möglichkeit geben, noch von sich aus eine Erklärung zur Verteidigung Ihrer Söhne abzugeben. Sie wollen sie doch verteidigen?»

«Ja, natürlich.» Mir fiel ein Satz aus dem Beschluß des IX. Plenums des Zentralkomitees der Kommunistischen Partei Chinas zu Beginn der Kulturrevolution ein. «Die Mehrheit muß immer in Betracht ziehen, daß es möglich ist, daß nicht sie, sondern die Minderheit im Recht ist.» Mehrheitsbeschlüsse könnten also nicht darüber entscheiden, was richtig oder falsch sei. Durch Mehrheitsbeschluß könne man nur entscheiden, was man tun will, gleichgültig, ob es nun richtig oder falsch ist. Auf diesen Satz könnten sich die Parteiführungen in den fünf Warschauer-Pakt-Staaten zur Rechtfertigung in der Tat berufen.

«Sie meinen, weil sie im Warschauer Pakt die Mehrheit hatten, konnten sie die Invasion beschließen? Sie hatten aber auch recht mit diesem Beschluß.»

«Nein, ich meine es anders. Das Recht, die Invasion zu beschließen, hatten sie auch als Mehrheit nicht. Ich meinte etwas anderes, nämlich: Die fünf Parteileitungen könnten sich darauf berufen, daß sie mit diesem rechtswidrigen Beschluß möglicherweise doch das Richtige – im Interesse des Sozialismus – getan haben, obwohl die überwältigende Mehrheit der europäischen Kommunisten diesen Beschluß verurteilt hat und für falsch hält. Sie könnten sich darauf berufen, daß hier die Minderheit doch recht hatte.»

«Und wer hatte Ihrer Meinung nach recht?»

«Ich glaube, die Invasion war nicht nur Unrecht, sondern auch falsch.»

«Das haben Sie in Ihrem Interview bereits öffentlich erklärt.»

«Fidel Castro ist dagegen der Meinung: Sie war zwar Unrecht, aber richtig. Endgültig wird der weitere Verlauf der Geschichte entscheiden, wer hier recht hat.»

«Vielleicht hatte wirklich die Minderheit recht.»

«In diesem Land befinden Sie sich mit der Meinung, daß die Invasion richtig war, allerdings in der Mehrheit. Die jungen Leute, meine Söhne und viele andere waren eine Minderheit. Oder etwa nicht? Könnte es nicht auch in diesem Falle so sein, daß die Minderheit recht hatte und nicht Sie? In einem sozialistischen Land sollte es jedenfalls eine Unmöglichkeit sein, Leute dafür vor Gericht zu stellen, noch dazu, wenn andererseits die Mehrheit der europäischen Kommunisten die gleiche Meinung vertritt.»

«Wollen Sie, daß das noch in das Protokoll aufgenommen wird?»

«Ja, aber ich will den Text selbst formulieren.»

Ich schrieb, daß eine noch so sehr von der Richtigkeit ihrer Beschlüsse überzeugte Parteiführung von einer Schar junger Leute auch in ihrem eigenen Sinne nicht mehr Weisheit verlangen dürfe als von der Mehrheit der Kommunisten Europas. So etwa stand es dann im Protokoll.

Als ich den schon wieder reichlich verräucherten Raum, den

ich seit den Vernehmungen vor zweieinhalb Jahren bis auf winzige Details unverändert fand, verließ, war es kurz nach ein Uhr mittags. Es hatte also diesmal nur zwei Stunden gedauert.

Die Prozesse

Im Oktober 1968 begannen die Prozesse. Den Angeklagten wurde «staatsfeindliche Hetze» nach Paragraph 106 des neuen Strafgesetzbuches der DDR vorgeworfen. Dieser Paragraph hat folgenden Wortlaut:

§ 106
Staatsfeindliche Hetze

(1) Wer mit dem Ziel, die sozialistische Staats- oder Gesellschaftsordnung der Deutschen Demokratischen Republik zu schädigen oder gegen sie aufzuwiegeln,

1. Schriften, Gegenstände oder Symbole, die die staatlichen, politischen, ökonomischen oder anderen gesellschaftlichen Verhältnisse der Deutschen Demokratischen Republik diskriminieren, einführt, herstellt, verbreitet oder anbringt;
2. Verbrechen gegen den Staat androht oder dazu auffordert, Widerstand gegen die sozialistische Staats- oder Gesellschaftsordnung der Deutschen Demokratischen Republik zu leisten;
3. Repräsentanten oder andere Bürger der Deutschen Demokratischen Republik oder die Tätigkeit staatlicher oder gesellschaftlicher Organe und Einrichtungen diskriminiert;
4. den Faschismus oder Militarismus verherrlicht;

wird mit Freiheitsstrafe von einem Jahr bis zu fünf Jahren bestraft.

(2) Wer zur Durchführung des Verbrechens Publikationsorgane oder Einrichtungen benutzt, die einen Kampf gegen die Deutsche Demokratische Republik führen, oder das Verbrechen im Auftrage derartiger Einrichtungen oder planmäßig durchführt, wird mit Freiheitsstrafe von zwei bis zu zehn Jahren bestraft.

(3) Im Fall des Absatzes 1 Ziffer 3 ist der Versuch, in allen anderen Fällen sind Vorbereitung und Versuch strafbar.

Es interessiert mich sehr, was dieser Paragraph wirklich bedeutet und was nicht. «Wer mit dem Ziel, die sozialistische Staats- oder Gesellschaftsordnung der DDR zu schädigen oder gegen sie aufzuwiegeln ...» – heißt das: «Wer das Ziel verfolgt, daß die staatliche Ordnung der DDR durch eine Konterrevolution gestürzt und der Kapitalismus restauriert wird ...», oder heißt es: «Wer mit dem Ziel, an der Politik oder bestimmten Maßnahmen der Regierung der DDR und der SED öffentlich Kritik zu üben ...»? Als Kommunist bin ich mit aller Entschiedenheit dagegen, daß in der DDR der Kapitalismus restauriert wird, aber ich bin auch mit aller Entschiedenheit dafür, daß die Bürger eines sozialistischen Staates das Recht haben, die Politik ihrer Regierung und der Partei öffentlich rücksichtslos zu kritisieren. Solche rücksichtslose öffentliche Kritik ist nämlich keine Schädigung des Sozialismus und keine Aufwiegelung gegen den Sozialismus, sondern das Gegenteil, die wirksamste Form der Werbung für ihn, für seine Verwirklichung. Dieses Recht wird den Bürgern der DDR in Artikel 27 der Verfassung auch ausdrücklich garantiert. Wenn der Paragraph 106 des neuen Strafgesetzbuches der DDR mit der Verfassung der DDR in Einklang sein soll, darf er also nicht gegen eine öffentliche Kritik der Regierungspolitik gerichtet sein. Er kann nur dem Schutz der verfassungsmäßigen Ordnung gegen konterrevolutionären Umsturz dienen. Was der wahre Sinn des Paragraphen 106 ist, scheint also eine Frage der praktischen Auslegung zu sein. Aber das scheint nur so. Denn in Paragraph 96 des Strafgesetzbuches heißt es:

§ 96
Hochverrat
(1) Wer es unternimmt
1. die sozialistische Staats- oder Gesellschaftsordnung der Deutschen Demokratischen Republik durch gewaltsamen Umsturz oder planmäßige Untergrabung zu beseitigen oder in verräterischer Weise die Macht zu ergreifen;
2. das Gebiet der Deutschen Demokratischen Republik einem

anderen Staat einzuverleiben oder einen Teil desselben von ihr loszulösen;

3. einen Angriff auf Leben oder Gesundheit eines führenden Repräsentanten der Deutschen Demokratischen Republik zu begehen;
4. mit Gewalt oder durch Drohung mit Gewalt die verfassungsmäßige Tätigkeit der führenden Repräsentanten der Deutschen Demokratischen Republik unmöglich zu machen oder zu behindern,

wird mit Freiheitsstrafe nicht unter zehn Jahren oder mit lebenslänglicher Freiheitsstrafe bestraft.

(2) In besonders schweren Fällen kann auf Todesstrafe erkannt werden.

Wenn man die Schärfe der Strafbestimmungen des neuen Strafgesetzbuches bedenkt, so muß man sich wundern, daß die Vorbereitung des Hochverrats nicht strafbar ist. Denn in Paragraph 21 heißt es ausdrücklich: «Vorbereitung und Versuch einer Straftat begründen strafrechtliche Verantwortlichkeit nur, wenn es das Gesetz ausdrücklich bestimmt.» Was unter «Vorbereitung und Versuch» zu verstehen ist, wird gleichfalls definiert: «Vorbereitung liegt vor, wenn der Täter Voraussetzungen oder Bedingungen für die Ausführung der geplanten Straftat schafft, ohne mit der Ausführung zu beginnen. Versuch liegt vor, wenn der Täter mit der vorsätzlichen Ausführung beginnt, ohne sie zu vollenden.»

Nun beginnt allerdings der Hochverratsparagraph mit den Worten «Wer es unternimmt . . .» Der mit Strafe bedrohte Hochverrat ist also ein «Unternehmen» im Sinne des Paragraph 94, in dem es heißt: «Unternehmen im Sinne dieses Gesetzes ist jede auf die Verwirklichung eines Verbrechens gerichtete Tätigkeit.» Offensichtlich soll durch diese verschlüsselte Ausdrucksweise der Umstand berücksichtigt werden, daß im allgemeinen nur Vorbereitung und Versuch des Hochverrats bestraft werden können, da ja die Vollendung dieses Verbrechens den Verbrecher in den Besitz der staatlichen Macht bringt.

Eins aber geht sonnenklar aus dem Hochverratsparagraphen hervor, daß nämlich der Paragraph 106 gegen die «staatsfeindliche Hetze» nicht zum Schutz des Staates gegen gewaltsamen Umsturz und auch nicht gegen die Vorbereitung des Umsturzes gerichtet ist. Andererseits kann der Paragraph 106 auch nicht die Kritik und den Protest gegen die Politik der Regierung und der Partei mit Strafen bedrohen, weil eine solche Strafandrohung verfassungswidrig wäre. Wer also «Schriften, Gegenstände oder Symbole, die die staatlichen, politischen, ökonomischen oder anderen gesellschaftlichen Verhältnisse der Deutschen Demokratischen Republik nicht diskriminieren, sondern nur kritisieren, einführt, herstellt, verbreitet oder anbringt», kann nicht bestraft werden, sondern tut dies unter ausdrücklichem Schutz der Verfassung der DDR.

Nun kann man darüber streiten, was unter Diskriminierung zu verstehen ist. Im normalen Sprachgebrauch versteht man darunter eine Verletzung der Würde. Die Diskriminierung «staatlicher, politischer, ökonomischer und anderer gesellschaftlicher Verhältnisse», von denen in Paragraph 106 die Rede ist, könnte darin gesehen werden, daß jemand versucht, diese Verhältnisse in einer unsachlichen, die Würde verletzenden Weise verächtlich zu machen. Dies entspräche auch einigermaßen dem Sinn des Wortes «Hetze». Wo aber soll man die Grenze ziehen zwischen Diskriminierung, wenn der Kritisierte selbst darüber zu entscheiden hat, ob er sich durch die Kritik in seiner Würde verletzt fühlt? Wie leicht kann eine Regierung sich durch jede öffentliche Kritik in ihrer Würde verletzt fühlen! Was bleibt dann unter solchen Bedingungen noch übrig vom Recht auf freie Meinungsäußerung? Soll etwa jede Kritik strafbar sein, durch die staatliches Unrecht bloßgestellt wird, weil dadurch die Würde des Staates beeinträchtigt wird? Soll jede Kritik strafbar sein, bei der sich nachträglich herausstellt, daß der Kritiker einem Irrtum unterlegen war, so daß seine Kritik also sachlich nicht begründet war? Nun verlangt der Paragraph 106 in dem einleitenden Satz des Absatzes 1, daß die Diskriminierung «mit dem Ziel, die sozialistische Staats- oder Gesellschaftsordnung der DDR zu schädigen oder gegen sie aufzuwiegeln» unternommen wurde. Wer entscheidet darüber, daß der Beschuldigte dies Ziel verfolgte und daß er nicht einfach von seinem verfassungsmäßigen Recht auf freie Meinungsäußerung Gebrauch machte?

Zu allem Überfluß findet sich in dem neuen Strafgesetzbuch der DDR noch ein weiterer Paragraph, der fast das gleiche behandelt, der Paragraph gegen Staatsverleumdung:

§ 220
Staatsverleumdung
(1) Wer in der Öffentlichkeit
1. die staatliche Ordnung oder staatliche Organe, Einrichtungen oder gesellschaftliche Organisationen oder deren Tätigkeit oder Maßnahmen;
2. einen Bürger wegen seiner staatlichen oder gesellschaftlichen Tätigkeit, wegen seiner Zugehörigkeit zu einem staatlichen oder gesellschaftlichen Organ oder einer gesellschaftlichen Organisation

verächtlich macht oder verleumdet, wird mit Freiheitsstrafe bis zu zwei Jahren oder mit Verurteilung auf Bewährung, Geldstrafe oder mit öffentlichem Tadel bestraft.
(2) Ebenso wird bestraft, wer in der Öffentlichkeit Äußerungen faschistischen oder militaristischen Charakters kundtut.

Absatz 1 Ziffer 2 dieses Paragraphen werden meistens angewandt, wenn staatliche oder Parteifunktionäre beleidigt werden, weil man darin mehr erblickt als nur eine Beleidigung der Person. Es entspricht etwa dem, was man früher unter Beamtenbeleidigung verstand. Absatz 1 Ziffer 1 aber beschreibt fast den gleichen Tatbestand wie der Paragraph gegen staatsfeindliche Hetze. Beide bedeuten im Grunde weiter nichts, als daß jedem, der mit dem Staat, seiner Politik und den Maßnahmen der Regierung und der Behörden nicht einverstanden ist, der Mund verboten wird. Beide Paragraphen sind, sosehr sie sich hinter den Begriffen Diskriminierung, Verächtlichmachung und Verleumdung verstecken, unvereinbar mit Artikel 27 der Verfassung der DDR.

Wer darüber auch nur noch den geringsten Zweifel hegen sollte, wird durch die praktische Anwendung dieser Gesetzesparagraphen durch die Gerichte der DDR eines besseren belehrt. Meinen Sohn Frank, der gemeinsam mit einem Freund in der Nacht vom 22. zum 23. August 1968 mit weißer Farbe den Namen Dubček im Stadtzentrum von Ostberlin an Häuserwände malte, womit ganz offensichtlich eine Kritik an der Invasion der ČSSR zum Ausdruck gebracht wurde, verurteilte das Berliner Stadtgericht unter Vorsitz der Richterin Klabuhn auf Grund einer Anklage des Staatsanwaltes Erben wegen staatsfeindlicher Hetze zu 18 Monaten Freiheitsentzug. In gleicher Weise entschieden die Gerichte in zahlreichen weiteren Fällen. Diese Verfahren und diese Urteile sind verfassungswidrig. Sie sind das, was in Paragraph 244 des Strafgesetzbuches der DDR als Rechtsbeugung bezeichnet und mit Freiheitsstrafe bis zu fünf Jahren bedroht wird. Die Verfolgung dieser Straftaten verjährt erst in acht Jahren.

Ich war einigermaßen erstaunt und zugleich erfreut, als ich zur Gerichtsverhandlung gegen meine Söhne eine Ladung als Zeuge erhielt. Meine Diskussion mit dem Staatsanwalt Windisch hatte also etwas gefruchtet, ebenso meine Aussagen vor der Stasi. Ich freute mich auch darum über die Ladung, weil ich auf diese Weise meine Söhne endlich nach ihrer monatelangen Haft wiedersehen würde. Meine Anträge auf Besuchserlaubnis waren alle abgewiesen worden. Zu meiner Verwunderung wurde ich aber nicht zur Eröffnung der Verhandlung geladen, wie das sonst üblich ist. Meine Ladung galt erst für den Nachmittag. Ich wurde in einen als «Zeugenzimmer» deklarierten Raum eingesperrt, den ich auch während der Sitzungspausen des Gerichts nicht verlassen durfte. Auf diese Weise wurde erreicht, daß die einzigen Personen, mit denen ich in Berührung kam, die Gerichtsdiener und die Stasi-Angestellten waren, die die Gänge bewachten. Nur der Verteidiger meines Sohnes Frank kam in den Pausen in mein «Zeugenzimmer». Im ganzen wartete ich dort fünf Stunden auf meine Vernehmung.

Immer wieder überlegte ich mir, wie ich mich als Zeuge vor diesem Gericht verhalten sollte. Ich hatte keine Illusionen, daß meine Zeugenaussage auf das Urteil des Gerichts irgendeinen ins Gewicht fallenden Einfluß haben würde. Was ich zur Entlastung meiner Söhne vorzubringen hatte, waren ausschließlich politische und rechtliche Argumente. Was vom Gericht als strafbare «Tat» der Angeklagten angesehen wurde, konnte ich weder bezeugen noch bestreiten. Bestreiten konnte ich nur das Recht, diese Äußerungen des politischen Protestes als strafbare Handlungen zu verfolgen. Meine Söhne und ihre Freunde und viele andere jüngere und auch ältere Menschen in der DDR hatten in Formen, die frei von jeder gefährlichen Aggressivität waren, lediglich eine politische Meinung öffentlich zum Ausdruck gebracht, die von der überwältigenden Mehrheit der europäischen Kommunisten geteilt wurde.

Ich erfuhr später, daß das Gericht in seiner ganztägigen Sitzung an Hand umfangreicher Gutachten über die publizistische Tätigkeit meines Freundes Biermann und meiner eigenen Publikationen den Nachweis zu erbringen gesucht hatte, daß meine Söhne und ihre Freunde durch Biermann und mich zu ihrem Protest inspiriert worden seien. Ein Beobachter sagte mir: «Das war gar kein Prozeß gegen Ihre Söhne, sondern ein Prozeß gegen Biermann und Havemann.» Wie kläglich! Hatten sie denn wirklich nicht den Mut, sich direkt mit uns auseinanderzusetzen? Statt dessen verlasen sie lange Gutachten des Schriftsteller-Verbandes und des Instituts für Zeitgeschichte über Biermann und mich, Gutachten, deren Text und Inhalt uns beiden niemals zur Stellungnahme vorgelegt worden war. Ich saß wenige Meter von dieser Veranstaltung entfernt fünfeinhalb Stunden in meinem «Zeugenzimmer» und wartete. Man hätte mich jederzeit holen können. Kein wenigstens auf den Schein der Unabhängigkeit bedachtes Gericht der Welt hätte es sich geleistet, auf meine Stellungnahme zu den Beschuldigungen zu verzichten. Dieses Gericht mußte darauf verzichten, obwohl es mich offiziell als Zeugen geladen hatte. Ich wartete umsonst. Was andere über meine Söhne und über mich gesagt hatten, genügte dem Gericht. Auch meine Hoffnung, bei dieser Gelegenheit meine Söhne wenigstens wiederzusehen, erfüllte sich nicht. Ich durfte das Zeugenzimmer erst verlassen, nachdem meine Söhne, wie Verbrecher an Handschellen gefesselt, abgeführt worden waren.

Es hieß offiziell, daß diese Gerichtsverhandlungen öffentlich seien. Darum versuchte ich, wenigstens als Zuschauer an der einige Tage später stattfindenden Urteilsverkündung teilzunehmen. Aber man verwehrte mir schon den Eingang in das Gerichtsgebäude, weil ich nicht im Besitz einer besonderen Einlaßkarte war, die zum Besuch der Verhandlung an einen ausgewählten Personenkreis ausgegeben war. Durch einen Trick gelang es mir dann doch, in das Gebäude zu gelangen. Vor der Tür des Gerichtssaals wurde ich wieder nach der ominösen Einlaßkarte gefragt. Man wies mich zurück und erklärte, alles sei besetzt. Nur die Richterin Klabuhn selbst könne mir Einlaß gewähren. Als sie im Wandelgang erschien, sprach ich sie an. Sie erklärte, ich könne teilnehmen, soweit noch Platz im Gerichtssaal sei. Als ich an der Tür des Gerichtssaals wieder abgewiesen wurde, verwies ich auf eine völlig leere Bank. Die sei für eine Betriebsdelegation reserviert. Die Tür des Saales schloß sich. Ich sagte zu dem Gerichtsdiener, der die Tür bewachte: «Als ich in der Nazizeit vom Volksgerichtshof zum Tode verurteilt wurde, durften meine Eltern an der Sitzung des Gerichts teilnehmen. Sie erhielten auch die Erlaubnis, sich nach der Urteilsverkündung im Gerichtssaal eine halbe Stunde mit mir zu unterhalten.» Ich weiß nicht, ob unser sozialistischer Zerberus meine Worte richtig verstanden hatte, denn er gab eine entwaffnende Antwort: «Na sehn Sie, wir leben eben nicht mehr in der Nazizeit.»

Nicht mehr in der Nazizeit

Als sich am 27. April 1945 in den Gängen von Haus 2 des Zuchthauses Brandenburg aus den Kehlen von Hunderten ausgemergelter grauer Gestalten, zögernd beginnend, der Gesang der Internationale erhob, dies verheißungsvolle «Wacht auf, Verdammte dieser Erde», als die dicht Gedrängten die sowjetischen Befreier hoch über sich auf ihren Händen trugen, da ging sie in diesem Teil Deutschlands wirklich zu Ende, die Nazizeit. Aber ging sie auch in ganz Deutschland zu Ende?

Die politische Macht Hitlers und seines Staates brach damals in ganz Deutschland zusammen. Sie wurde durch die totale militärische Niederlage einfach ausgelöscht. Aber für uns Kommunisten war klar, daß der deutsche Faschismus nur die besonders grausige Spielart einer politischen Erscheinung war, die zwar durch nationale Eigenschaften spezifisch geprägt war, doch ihre Wurzeln keineswegs im deutschen Wesen, sondern in den Widersprüchen der kapitalistischen Gesellschaftsformation hatte. Überall in der Welt, wo soziale Unruhen die Herrschaft der bürgerlichen Klasse bedrohen, entsteht die Tendenz zur Errichtung der faschistischen Diktatur. Das System der parlamentarischen Demokratie, auf dessen politische Freiheiten die Staaten der westlichen Welt so stolz sind, wird tatsächlich nur in den wenigen reichen, hochindustrialisierten Ländern einigermaßen praktiziert, in denen die sozialen Widersprüche die herrschende Ordnung noch nicht am Lebensnerv bedrohen. Selbst in Westeuropa gibt es gegenwärtig drei faschistische Regime: in Portugal, Spanien und Griechenland. In der übrigen westlichen Welt rund um den Erdball ist die Regierungsform in den meisten Ländern nicht weniger weit entfernt als in Portugal oder Spanien. Die Erscheinungsformen dieser reaktionären Diktaturen und «Scheindemokratien» sind zwar ziemlich mannigfaltig, aber in einem politischen Hauptziel sind sie sich alle einig, im Kampf gegen den Kommunismus. Die mächtigen Vereinigten Staaten von Amerika, die so sehr auf Demokratie pochen, führen tatsächlich einen der grausamsten, unmenschlichsten Kriege zur Aufrechterhaltung eines rein faschistischen Regimes, den Krieg gegen das Volk in Vietnam. Natürlich auch unter dem Banner des Antikommunismus, in Wirklichkeit aber getrieben von dem Zwang zur militärischen Herrschaft über die Welt, dem Hunger nach Weltherrschaft, nach der alle großen imperialistischen Staaten streben, um sich endgültig von der Angst vor ihrem Untergang zu befreien, dessen Herannahen sie ahnen.

Der Antikommunismus ist deshalb bis heute die zentrale Doktrin der amerikanischen Nachkriegspolitik. Das hat dazu geführt, daß die USA sich überall zugunsten faschistischer oder faschistoider Regime einmischen, wo deren Existenz von links bedroht wird. Die Terrorherrschaft Batistas in Kuba hat die USA in keiner Weise davon abgehalten, mit diesem Land die engsten wirtschaftlichen Beziehungen zu unterhalten. Aber der Sturz Batistas durch Fidel Castros Revolution, an der die damalige Kommunistische Partei Kubas noch dazu ganz unbeteiligt war, veranlaßte die USA, sofort einen erbarmungslosen Wirtschaftsboykott gegen das kleine Land zu eröffnen, das als Monoproduzent von Zucker wirtschaftlich praktisch vollkommen von den USA abhängig war.

Der Antikommunismus ist nicht nur eine politische Doktrin der herrschenden Schichten der USA, er ist ein Bestandteil der amerikanischen Ideologie. Er ist das negative Spiegelbild der Illusion von den Freiheiten des Free Enterprise, des uneingeschränkten sozialen Wettbewerbs, in dem angeblich alle die gleichen Chancen haben. Es gehört zum Glauben an den American Way of Life, daß sich jeder als ein potentieller Millionär fühlt, als gleichberechtigter Teilnehmer an der riesigen Lotterie des Lebens, die bei kleinstem Einsatz größte Gewinne verspricht. Jede sozial geschichtete Gesellschaft bedarf einer Ideologie zur Sicherung ihres Bestandes. Soziales Unrecht wird von den Volksmassen nur dann ohne Widerspruch ertragen, wenn es gar nicht als Unrecht erscheint, sondern als unvermeidliche Notwendigkeit, die von einer höheren Ordnung diktiert wird. Aber der blinde

Glaube an die Grundprinzipien der bürgerlichen Ideologien löst sich in diesem Jahrhundert unaufhaltsam auf. Er wird von der Säure der sozialen Krise zerfressen. Dieser Prozeß wird mehrere Generationen dauern. Zu seiner wirklichen Vollendung kann er aber erst kommen, wenn die kapitalistische Gesellschaft von Grund auf umgewälzt ist. Erst dann wird der Nährboden verdorren, der die Ideologien hervorbringt.

Vorläufig sind wir von diesem Ziel des historischen Ablaufs noch weit entfernt. Noch gibt es nirgends in der Welt eine ideologiefreie Gesellschaft. In der faschistischen Ideologie werden die Grundelemente der bürgerlichen Ideologie nicht etwa pervertiert, im Gegenteil, sie werden nur brutal verdeutlicht. Besonders in den USA treten diese Grundelemente heute in erschreckender Deutlichkeit zutage. Ein eklatantes Beispiel hierfür ist der Rassismus. In Deutschland richtete er sich gegen die Juden. Hätten wir eine größere Minderheit von Negern gehabt, so wären die Juden vielleicht verschont geblieben. In den USA beteiligen sich ja auch Juden an der Verfolgung und Unterdrückung der Neger. Selbst in Großbritannien, diesem klassischen Land der bürgerlichen Demokratie in Europa, gibt es heute ein Rassenproblem und auch bereits einen führenden Politiker, der gegen die eingewanderten Asiaten aus dem Commonwealth in einer Sprache wettert, die faschistisch ist: Enoch Powell.

Der Rassismus wurzelt in einem sehr allgemeinen Prinzip der modernen bürgerlichen Ideologie: in der biologischen Rechtfertigung des sozialen Unrechts. Danach sind die verschiedenen Menschen «von Natur» gut oder schlecht, faul oder fleißig, dumm oder intelligent, friedfertig oder gewalttätig. Alle diese Eigenschaften, ja selbst ganz spezielle Begabungen, sollen den Menschen angeboren, von den Vorvätern vererbt, von Geburt an mitgegeben sein. Danach ist es nur gerecht, wenn die Klugen, Fleißigen, Sparsamen und Starken in der gesellschaftlichen Hierarchie nach oben gelangen, während die geistig und charakterlich Minderbemittelten eben auch die materiell Minderbemittelten bleiben müssen.

Wer das glaubt, kann sich die soziale Not der Neger in den

USA natürlich auf die einfachste Weise erklären und noch dazu auf eine Weise, die ihn jeder Verpflichtung enthebt, für die Überwindung dieser Not auch nur einen Finger krumm zu machen.

Aus dieser ideologischen Quelle stammen nicht nur der Rassismus und überhaupt die Tendenzen zur Aggressivität gegen jede Andersartigkeit einzelner Menschen, sondern auch die nationale Überheblichkeit, das Sendungsbewußtsein, das die Unterdrükkung anderer Völker rechtfertigt, und die zynische Preisgabe aller moralischen Kategorien, wenn die eigenen nationalen Interessen mit ihnen in Konflikt geraten. Ich kann hier die vielfältigen psychologischen Mechanismen der Ideologiebildung nicht analysieren, bei denen die sexualpsychologischen Faktoren infolge der Jahrtausende währenden Unterdrückung der Frau durch den Mann eine sehr bedeutende Rolle spielen. Das ist Gegenstand einer wissenschaftlichen Disziplin. Entscheidend ist mir, daß diese Mechanismen heute noch fast ungebrochen wirksam sind. Sie bewirken, daß der Faschismus eine andauernde latente Entwicklungschance der bürgerlichen Gesellschaft ist, die erst durch revolutionäre Umwälzung der Gesellschaft endgültig überwunden werden kann.

Darum darf man auch Erscheinungen wie die NPD in der Bundesrepublik nicht bagatellisieren. Diese Partei selbst mag nicht viel mehr als eine stinkende Blase sein, die früher oder später zerplatzen wird. Aber der Sumpf, dem sie entstiegen ist, bleibt und wird zu gegebener Zeit mehr und Schlimmeres hervorbringen als nur stinkende Blasen. Darum ist es auch eine völlige Fehleinschätzung der gesellschaftspolitischen Situation in der Bundesrepublik, wenn man etwa meint, daß diese latente Gefahr zwar eine ständige Bedrohung, aber eben nur die Bedrohung einer bisher Gott sei Dank funktionierenden Demokratie darstelle. Die perfektionierte «repräsentative» Demokratie der Bundesrepublik ist eine Illusion. Karl Jaspers hat die Hohlheit dieser Demokratie schonungslos enthüllt, in der nicht der Wählerwille, sondern einige Cliquen von Partei-Oligarchien über die Politik und darüber entscheiden, wer an die Schaltstellen der Administration herangelassen wird. Sie manipulieren mit Hilfe der Presse und anderen Massenmedien weitgehend die öffentliche Meinung. Die Frage ist nur: Wer manipuliert diese Oligarchien?

Als Hitlerdeutschland 1945 zusammengebrochen war, war auch die politische Landschaft Deutschlands ein wüster Trümmerhaufen. Damals vollzog sich in einer Art ursprünglicher Akkumulation der Aufbau der Parteioligarchien, überall maßgeblich gelenkt von den Organen der Besatzungsmächte. Zu Anfang überwogen in den neu geschaffenen Parteiapparaten aus der Emigration heimgekehrte deutsche Antifaschisten und Männer der Widerstandsbewegung, die aus Zuchthäusern und Konzentrationslagern befreit worden waren. Aber mit dem Anwachsen der politischen und staatlichen Bürokratien war es unvermeidlich, daß man auch weniger belastete, «umerzogene» ehemalige Mitglieder der Nazipartei in die Institutionen der neuen «demokratischen» Ordnungen aufnehmen mußte. Dabei zeigte es sich schnell, daß gerade diese Leute, deren politische Vergangenheit Schönheitsfehler hatte, sich durch besondere Unterwürfigkeit und Dienstbereitschaft auszeichneten. In dem Maße, in dem bedingungsloser Konformismus von den Herrschenden als Tugend honoriert wurde, gelang es den Leuten mit der befleckten Weste, wieder viele führende Stellungen im Staat und in der Wirtschaft einzunehmen. Einer der eklatantesten Fälle in der Bundesrepublik war wohl der Staatssekretär Globke, ein Mitverfasser und parteioffizieller Kommentator der berüchtigten Nürnberger Rassengesetze.

Solange der Kapitalismus besteht, ist die Gefahr des Faschismus nicht beseitigt, ganz besonders in Deutschland. Trotzdem glaube ich, daß es möglich ist, auch vor einer revolutionären Umwälzung die Kräfte des Faschismus entscheidend zu dezimieren. Es gibt Länder, wie zum Beispiel Schweden, die diese Ansicht rechtfertigen. Aber in der Bundesrepublik sind die sozialen und ökonomischen Verhältnisse, insbesondere die große Machtzusammenballung in den Händen weniger Großbanken und Konzerne, einer solchen inneren Entspannung nicht günstig, ganz abgesehen von den unseligen traditionellen Elementen in der

Ideologie der deutschen Kleinbürger, die durch und durch faschistoid ist.

Die politische Perspektive wird noch düsterer, wenn man ins Auge faßt, welche Rolle die nationale Frage in Zukunft in Deutschland spielen wird. Oder sagen wir lieber: spielen könnte, um wenigstens auch die optimistische Version unseres nationalen Schicksals nicht gänzlich abzuschreiben. Das Gedächtnis der Menschen ist schwach. Darum ist es leicht, selbst die jüngste Vergangenheit, die die Mehrheit der Bürger miterlebt hat, total zu verfälschen. Die Zerreißung der deutschen Einheit wird heute von der Mehrheit der Deutschen in völliger Verdrehung der Tatsachen als ein Werk des Ostens angesehen. Daß sie primär einfach das Ergebnis des Zweiten Weltkriegs ist, in dem die Völker Europas den großdeutschen Ambitionen der Nazis endgültig den Garaus machten, daß also alle Nachbarn Deutschlands für die Zerstückelung Deutschlands waren, daß es sogar in erster Linie die Westmächte waren, die die Spaltung Deutschlands systematisch herbeiführten, weil sie insbesondere für die Erreichung der politischen und militärischen Ziele der USA gegenüber der Sowjetunion eine unbedingte Notwendigkeit war, während die Russen bei einer Fortsetzung der alliierten Kontrollratspolitik unter Aufrechterhaltung der deutschen Einheit Möglichkeiten gehabt hätten, ihren Einfluß weiter nach Westen auszudehnen – diese und viele andere simple Tatsachen sind fast spurlos aus dem Bewußtsein getilgt.

Statt dessen hat eine systematische Kampagne bewirkt, daß die Spaltung als ein Werk der Kommunisten angesehen wird, so daß Antikommunismus und nationales Geltungsstreben bereits wieder in der altgewohnten Weise eine gefährliche Einheit bilden. Gerade jetzt erleben wir, wie die CDU/CSU auf dieser ideologischen Grundlage ihren Kampf gegen die Deutschlandpolitik Willy Brandts und insbesondere gegen die völkerrechtliche Anerkennung der DDR führt. Angeblich, um die Spaltung Deutschlands, die eine Tatsache ist, nicht zu legalisieren, wird der andere deutsche Staat für illegal, der eigene aber für allein legal erklärt. Das bedeutet, daß man eine Wiedervereinigung Deutschlands nur durch Annexion der DDR für möglich hält. Man will also die Unterwerfung der DDR, und das ist, wie jeder weiß, nur mit Gewalt, nur durch Krieg möglich. Dieses Ziel ist faschistisch. Solange es in der Bundesrepublik verfolgt wird, ist dort der Faschismus noch am Leben, auch wenn man noch so oft scheinheilig behauptet, man wolle dies Ziel nur auf friedlichem Weg erreichen. Der einzige Weg, der zur Wiedererlangung der deutschen Einheit führt, ist die friedliche Annäherung, die die gegenseitige gleichberechtigte Anerkennung voraussetzt.

Zwar ging 1945 die Zeit der Naziherrschaft in ganz Deutschland zu Ende. Der Nazistaat brach zusammen. Aber die Zeit, in der die Ideen, Ziele und politischen Praktiken der Nazis auf der politischen Bühne operieren, sie ging noch nicht zu Ende, jedenfalls nicht in der Bundesrepublik. Aber in der DDR, ging sie dort zu Ende?

Politisch-ökonomisch ist in der DDR der Nazi-Ideologie der Boden entzogen. Es gibt keinen Privatbesitz an Produktionsmitteln mehr. Der Kapitalismus hat aufgehört zu existieren. Das bedeutet aber nicht, daß bürgerliches und faschistisches Denken aus den Köpfen der Menschen bereits mit einem Schlage verschwunden seien und sich ein neues Bewußtsein durchgesetzt hätte. Ideologien leben länger als die Zustände, die sie hervorbrachten. Ihre Quellen reichen tief in die Vergangenheit, und ihre letzten Rudimente leben fort bis weit in die Zukunft hinein.

Aber mit diesen sehr allgemeinen Feststellungen ist die Frage der ideologischen Situation in der DDR in ihrer eigentlichen Problematik natürlich kaum erfaßt. Eine Unzahl innerpolitischer Zustände und Erscheinungen in der DDR erzeugt zumindest den Anschein eines Fortlebens, ja einer Neuauflage faschistischer Verhaltensnormen und Denkweisen. Es gibt wieder «die» Partei, eine langweilige, gleichgeschaltete Presse, eine übermächtige Geheimpolizei, ein Parlament ohne Opposition, eine amtliche Kulturpolitik, die sich in alle Fragen der Kunst und der Literatur einmischt, eine staatlich verordnete Weltanschauung und eine staatliche Unterdrückung aller Abweichungen von der herrschenden «Ideologie». Die Rechte des Bürgers gegenüber den staatlichen Organen sind fragwürdig: Es gibt keine Verwaltungsgerichte, vor denen der Bürger sein Recht gegenüber obrigkeitlicher Willkür zur Geltung bringen kann. In der ersten Verfassung der DDR, die 1969 durch eine neue ersetzt wurde, war die Einrichtung solcher Gerichte noch vorgesehen. Aber es kam nie dazu. Heute hat der Bürger auch verfassungsmäßig nur die Möglichkeit, seine Beschwerden in Form von Eingaben an den Staatsrat und die Volksvertretungen vorzubringen, was in der Praxis meist darauf hinausläuft, daß seine Beschwerde vor die gleiche Stelle kommt, über die er Beschwerde führt. Es gibt noch unzählige nicht bedeutungslose Praktiken und Gebräuche in der DDR, die zumindest formal in der peinlichsten Weise an die vergangenen Tausend Jahre erinnern. Ich will sie hier nicht aufzählen. Zwar will ich keine dieser politischen Erscheinungen rechtfertigen. Im Gegenteil, ich meine, sie verdienen die schärfste Verurteilung. Aber ich habe versucht, verständlich zu machen, warum ich trotzdem diesen Staat als einen entscheidenden Fortschritt in der deutschen Geschichte bejahe und ihn für den Teil Deutschlands halte, der zur Überwindung von Kapitalismus und Faschismus in Deutschland entscheidend beitragen kann.

Gleichwohl diskreditieren diese Rückstände den Sozialismus und verzerren sein Bild in unerträglicher Weise. Ich sehe um mich heute viele, die alle Hoffnung verloren haben, daß der Ausweg aus dieser Lage noch offen ist. Ich sehe auch viele, besonders unter den jüngeren, die unsere Revolution in den sozialistischen Staaten für endgültig gescheitert ansehen, aber auf den Sieg des Sozialismus in den großen kapitalistischen Zentren hoffen. Und ich sehe die radikalen Linken, die sich auf Mao Tse-tung berufen. Sie halten nichts von dieser ganzen verrotteten westlichen Welt, ob sie sich nun kapitalistisch oder sozialistisch gebärdet.

Ich selbst glaube nach wie vor daran, daß die sozialistischen Staaten, und damit auch die DDR, den Anschluß an die Zukunft noch nicht endgültig verpaßt haben. Der XX. Parteitag der

KPdSU und der Prager Frühling des Jahres 1968 sind die beiden großen historischen Ereignisse, die diese Überzeugung aufs neue in mir gefestigt haben.

Darum schrieb ich dieses Buch.

Texte zur Diskussion des Marxismus

Louis Althusser / Etienne Balibar, Das Kapital lesen Bd. I + II [rde 336 + 337]

Michail Bakunin, Gott und der Staat und andere Schriften = Texte des Sozialismus und Anarchismus [rk 240]

Eduard Bernstein, Die Voraussetzungen des Sozialismus und die Aufgaben der Sozialdemokratie = Texte des Sozialismus und Anarchismus [rk 252]

Ernst Bloch, Karl Marx und die Menschlichkeit. Utopische Phantasie und Weltveränderung [rde 317] – Freiheit und Ordnung. Abriß der Sozialutopien. Mit Quellentexten [rde 318]

Hans Christoph Buch (Hg.), Parteilichkeit der Literatur oder Parteiliteratur. Materialien zu einer undogmatischen Ästhetik [dnb 15]

Nikolaj Bucharin, Ökonomik der Transformationsperiode = Texte des Sozialismus und Anarchismus [rk 261]

Milovan Djilas, Die unvollkommene Gesellschaft. Jenseits der «Neuen Klasse» [rororo 1377]

Friedrich Engels in Selbstzeugnissen und 70 Bilddokumenten dargestellt von Helmut Hirsch [rm 142]

Frantz Fanon, Die Verdammten dieser Erde. Vorwort: Jean-Paul Sartre [rororo aktuell 1209]

Ernst Fischer, Kunst und Koexistenz. Beitrag zu einer modernen marxistischen Ästhetik [RP 53]
– Auf den Spuren der Wirklichkeit. Sechs Essays [RP 62]
– Die Revolution ist anders. Ernst Fischer stellt sich zehn Fragen kritischer Schüler [rororo aktuell 1458]

Die Frühsozialisten 1789–1848 II = Texte des Sozialismus und Anarchismus = [rk 280]

Roger Garaudy, Marxismus im 20. Jahrhundert – [rororo aktuell 1148] – Die ganze Wahrheit oder Für einen Kommunismus ohne Dogma [rororo aktuell 1403] – Kann man heute noch Kommunist sein? Eine historisch-dialektische Analyse [RP 72]

Garaudy/Metz/Rahner, Der Dialog oder Ändert sich das Verhältnis zwischen Katholizismus und Marxismus? [rororo aktuell 944]

Ernesto Che Guevara, Brandstiftung oder Neuer Friede? Reden und Aufsätze. Hg. und mit einem Nachwort versehen von Sven G. Papcke [rororo aktuell 1154]
– Aufzeichnungen aus dem kubanischen Befreiungskrieg 1956–1959. Mit einem einleitenden Text von Fidel Castro [RP 71]

Robert Havemann, Dialektik ohne Dogma? Naturwissenschaft und Weltanschauung [rororo aktuell 683]
– Fragen, Antworten, Fragen. Aus der Biographie eines deutschen Marxisten [rororo 1556]

Günter Hillmann, Die Befreiung der Arbeit. Die Entwicklung kooperativer Selbstorganisation und die Auflösung bürokratisch-hierarchischer Herrschaft [rde 342]

Werner Hofmann, Grundelemente der Wirtschaftsgesellschaft – Ein Leitfaden für Lehrende [rororo aktuell 1149]

Ho Tschi Minh in Selbstzeugnissen und 70 Bilddokumenten dargestellt von Reinhold Neumann-Hoditz [rm 182]

Joachim Israel, Der Begriff der Entfremdung. Makrosoziologische Untersuchung von Marx bis

457/9–9a

Texte des Sozialismus und Anarchismus

klassiker rororo

Die russische Arbeiteropposition
Die Gewerkschaften in der Revolution. Hg.: Gottfried Mergner [291]
Michail Bakunin
Gott und der Staat und andere Schriften. Hg.: Susanne Hillmann [240]
Eduard Bernstein
Die Voraussetzungen des Sozialismus und die Aufgaben der Sozialdemokratie. Hg.: Günter Hillmann [252]
Louis-Auguste Blanqui
Schriften zur Revolution. Nationalökonomie und Sozialkritik. Hg.: Arno Münster [267]
Nikolaj Bucharin
Ökonomik der Transformationsperiode. Hg.: Günter Hillmann [261]
Die Frühsozialisten 1789–1848
II. Hg.: Dr. Michael Vester [280]
Gruppe Internationale Kommunisten Hollands
Grundprinzipien kommunistischer Produktion und Verteilung. Intelligenz im Klassenkampf und andere Schriften. Hg.: Gottfried Mergner [285]
Ferdinand Lassalle
Arbeiterlesebuch und andere Studientexte. Hg.: Wolf Schäfer [289 Sept. 1972]
Wladimir Iljitsch Lenin
Für und wider die Bürokratie. Schriften und Briefe 1917–1923. Hg.: Günter Hillmann [246]
Rosa Luxemburg
Schriften zur Theorie der Spontaneität. Hg.: Susanne Hillmann [249]
– Einführung in die Nationalökonomie. Hg.: Karl Held [268]
Pariser Kommune 1871
I Texte von Bakunin, Kropotkin und Lavrov. Hg.: Dieter Marc Schneider [286]
– **II** Texte von Marx, Engels, Lenin und Trotzki. Hg.: Dieter Marc Schneider [287]
Pierre-Joseph Proudhon
Bekenntnisse eines Revolutionärs, um zur Geschichtsschreibung der Februarrevolution beizutragen. Hg.: Günter Hillmann [243]
Die Rätebewegung I. u. II. Hg.: Günter Hillmann [277 u. 269]
Otto Rühle
Schriften. Perspektiven einer Revolution in hochindustrialisierten Ländern. Hg.: Gottfried Mergner [255]
– Baupläne für eine neue Gesellschaft. Hg.: Henry Jacoby [288]
Peter Kropotkin
Worte eines Rebellen. Hg.: Dieter Marc Schneider [290]
Josef W. Stalin
Schriften zur Ideologie der Bürokratisierung. Hg.: Günter Hillmann [285]
Leo Trotzki
Schriften zur revolutionären Organisation. Hg.: Hartmut Mehringer [270]
– Stalin
Eine Biographie I. und II. Hg.: Hartmut Mehringer [283 u. 284]
Wilhelm Weitling
Das Evangelium des armen Sünders / Die Menschheit, wie sie ist und wie sie sein sollte. Hg.: Wolf Schäfer [274]

Marxistisch-Leninistisches Wörterbuch der Philosophie

Herausgegeben von Georg Klaus und Manfred Buhr

rororo handbuch

Band 1-3

Philosophie ist heutzutage öffentlich. Politische, soziale und ökonomische Auseinandersetzungen werden mit einem Begriffsapparat geführt, der die Zerrissenheit der Philosophie reflektiert. Die Inflation der Begriffe geht Hand in Hand mit der Inflation der Mißverständnisse, gesteigert durch die hohen Anforderungen der modernen Logik, Informatik, Kybernetik. Dieses auf marxistisch-leninistischer Basis erarbeitete Lexikon trägt zur Klärung der Begriffe bei.

rororo handbuch 6155; 6156; 6157

746/1

John Desmond Bernal

Wissenschaft

Science in History

1 Die Entstehung der Wissenschaft

2 Die wissenschaftliche und die industrielle Revolution

3 Die Naturwissenschaften der Gegenwart

4 Die Gesellschaftswissenschaften

Dieses Standardwerk des britischen Gelehrten J. D. Bernal ist die erste universale Analyse der gegenseitigen Beeinflussung von Wissenschaft und Gesellschaft während der Menschheitsgeschichte von der Steinzeit bis zum Atomzeitalter. Theoretische Grundlage seiner Betrachtungen sind die Lehren des historischen Materialismus.

«Eine großartige Zusammenschau des Aufstiegs der Wissenschaft und ihrer gesellschaftlichen Konsequenzen; eine Darstellung, die den Leser mit Bewunderung für Professor Bernals enzyklopädisches Wissen erfüllt.»

The Times Literary Supplement

sachbuch rororo

400 Bilddokumente, Karten, Zeittafeln
Namens- und Sachregister, 1260 Seiten,
in Kassette

657/1